シリーズ
総合政策学をひらく
Exploring New Horizons in Policy Management

流動する世界秩序とグローバルガバナンス

慶應義塾大学総合政策学部

シリーズ「総合政策学をひらく」刊行にあたって

　未来を考える。そのための学問を展開してきた慶應義塾大学湘南藤沢キャンパス（以下SFC）において、総合政策学部は、未来を歩み抜くための政策を考えることを学部の教育と研究の中心に置いてきた。政策を「人間が何らかの行動をするために選択し、決断すること」と捉え（加藤 1989）、また「人間の行動が社会であり、その社会を分析する科学は、総合的判断に立脚しなければ成り立たない」という認識のもとに、総合政策学という学問が存在している（加藤・中村 1994）。この総合政策学という学問が生まれ、SFCに総合政策学部が設置されてから30年あまりが経過した。

　いま私たちが生活する社会は、大きく変動している。社会が共有してきた価値や利益は流動し、社会が了解してきた規範や制度といったゲームのルールは動揺している。これまで当然のこととされてきた前提の多くは変化している。グローバル化と相互依存の深化は、国際社会の平和と繁栄を保証すると見做されてきたが、現実の国際社会は異なる姿を示している。自由民主主義は、社会が追求する政治体制の既定値であって、これが後退することはないと考えられてきた。しかし自由民主主義の退潮、権威主義の台頭という認識が広まっている。情報通信技術の進歩は、自由民主主義の深化につながると理解してきたが、それは権威主義の強化に貢献する側面もあることが分かってきた。

　社会が共有していると信じる利益や価値は、時間の経過とともに変化するのである。社会の秩序は流動する。社会問題の多くは、従来型の解決方法に常に懐疑的であり、常に新たな発想を要求している。

　SFCは、総合政策学を、現実社会の問題、すなわち政策問題を実践的に解決する取り組みをつうじて知の蓄積を図ろうとする、「実践知の学問」と定義している（國領 2008）。そうであるがゆえに総合政策学は、常にあるべき自らの姿を問い続けるべきもの、と理解してきた。「社会が変わり続ける限

り、総合政策学の知見は常に古くなりつつあり、更新され続けなくてはならない。社会に間断なく問題が生まれ続ける限り、これだけ学んでおけば良いという固定化された知識では不十分である」と（土屋 2021）。

そもそも社会の問題は、必ずしも、特定の学問領域に立ち現れるわけではない。問題を解くための有効な政策的判断を導くためには、複数の学問分野からの視点が必要である。学問には、それぞれ固有の研究対象としての領域がある。経済活動を対象とする経済学、法律を扱う法学、政治現象を分析する政治学がある。これに対して総合政策学は、既存の学問領域とは異なる性格を持つ。既存の学問を discipline oriented の学問と捉えるのであれば、総合政策学という学問は issue oriented の学問といえる。より正確にいえば、総合政策学は、discipline oriented の学問を前提としながらも、社会問題の解決の方向性と具体的な解決手段である政策を検討し、その実践のあり方を模索する issue oriented の学問である。

総合政策学が、個々の先端的な学問領域に通暁しつつも、それを総合的に捉え直して、問題解決のために学際領域に踏み込もうとする学問と理解される理由はここにある。総合政策学が魅力的であるのは、秩序の変動と社会問題の変化を的確に捉え、問題の変化に適応する学問を構築しようとする考え方を備えているからである。

SFC と総合政策学部は、その開設から 30 年あまり、総合政策学のあるべき姿を繰り返し自問してきた。その最も包括的な取り組みが、学部の創設から 20 年を機に刊行された、シリーズ「総合政策学の最先端」（全 4 巻）である[1]。同シリーズは、総合政策学を「大きな変革を経験しつつある人間社会の動向を的確に理解するための視点としての方法ないし研究領域」と定義した（小島・岡部 2003）。そしてシリーズを刊行するための基盤となった研究プロジェクトが、「文部科学省平成 15 年度 21 世紀 COE プログラム『日本・アジアにおける総合政策学先導拠点』」であった。ここで総合政策学は「実践知の学問」と簡潔に定義された。研究プロジェクトの軌跡と成果は、慶應義塾大学学術情報リポジトリ（KOARA）に納められている（総合政策学ワーキングペーパーシリーズ 2003）。

そしてこのたび総合政策学部は、SFC 創設 30 年を区切りとして、シリー

ズ「総合政策学をひらく」を刊行する。シリーズ「総合政策学をひらく」は、これまでの総合政策学の歩みを振り返り、現在の総合政策学の姿を確認し、これからの姿を展望する試みである。SFC で修学することを選択した学生たちが 30 年先の世界を歩み抜くための学問を示そう、という試みである。本シリーズは、『流動する世界秩序とグローバルガバナンス』、『言語文化とコミュニケーション』、『社会イノベーションの方法と実践』、『公共政策と変わる法制度』、『総合政策学の方法論的展開』の 5 つの巻によって構成されている。各巻のねらいは、それぞれの「はじめに」および「序章」が詳細に論じている。

　本シリーズの編集委員会は、2021 年 8 月に立ち上がった[2]。執筆は 2019 年 12 月にはじまった新型コロナウイルス感染症の世界的な感染爆発、そして 2022 年 2 月のロシアによるウクライナ侵攻は、人間社会に大きな衝撃をあたえ、秩序の変革を強く促している。所収された各論文の筆者は、30 年後の世界に生きる学生たちの姿を思いながら執筆したに違いない。

　本シリーズの刊行は、湘南藤沢キャンパス教職員、慶應義塾大学出版会の編集担当者による共働の成果である。関係するすべての方と本シリーズの刊行を慶びたい。刊行にあたっては、慶應義塾大学からさまざまなご支援をいただいた。伊藤公平塾長、土屋大洋常任理事に感謝したい。

2023 年 1 月

総合政策学部長　加茂具樹

1)　岡部光明編『総合政策学の最先端Ⅰ　市場・リスク・持続可能性』慶應義塾大学出版会、2003 年。金子郁容編『総合政策学の最先端Ⅱ　インターネット社会・組織革新・SFC 教育』慶應義塾大学出版会、2003 年。梅垣理郎編『総合政策学の最先端Ⅲ　多様化・紛争・統合』慶應義塾大学出版会、2003 年。香川敏幸・小島朋之編『総合政策学の最先端Ⅳ　新世代研究者による挑戦』慶應義塾大学出版会、2003 年。
2)　編集委員会は、加茂具樹総合政策学部長・教授、神保謙総合政策学部教授、廣瀬陽子総合政策学部教授、宮代康丈総合政策学部准教授、山本薫総合政策学部専任講師、琴坂将広総合政策学部准教授、宮垣元総合政策学部教授、新保史生総合政策学部教授、和田龍磨総合政策学部教授、桑原武夫総合政策学部教授、清水唯一朗総合政策学部教授によって組織された。

参考文献

加藤寛（1989）、「未来は君たちのものです 慶應義塾 SFC を志望する諸君へ」『慶應義塾
　大学湘南藤沢キャンパス　総合政策学部　環境情報学部 （1990 年 4 月開設）』慶應義
　塾湘南藤沢新学部開設準備室。

加藤寛・中村まづる（1994）『総合政策学への招待』有斐閣。

小島朋之・岡部光明（2003）「総合政策学とは何か」『総合政策学の最先端』慶應義塾大学
　出版会。

「平成 15 年度　文部科学省 21 世紀 COE プログラム研究拠点形成補助金『日本・アジア
　における総合政策学先導拠点』研究成果」（総合政策学ワーキングペーパーシリーズ
　2003）https://koara.lib.keio.ac.jp/xoonips/modules/xoonips/listitem.php?index_id=77910

國領二郎（2006）「巻頭の辞」、大江守之・岡部光明・梅垣理郎『総合政策学　問題発見・
　解決の方法と実践』慶應義塾大学出版会。

國領二郎（2008）「政策 COR の軌跡と意義」『KEIO SFC JOURNAL』第 8 巻第 1 号、7–19
　頁。

土屋大洋（2021）「巻頭言　特集　古くて新しい総合政策学のすすめ」『KEIO SFC JOUR-
　NAL』第 21 巻第 1 号、4–5 頁。

目　次

シリーズ「総合政策学をひらく」刊行にあたって　　加茂具樹　i
はじめに　　廣瀬陽子　1

第 1 部　リベラルな秩序と管理された秩序の相克　　　　　　　　　7

第 1 章　権威主義の台頭と民主主義の後退　　　　　　　加茂具樹　9

第 2 章　市場経済と国家　　　　　　　　　　　　　　　和田龍磨　31

第 3 章　サイバー・宇宙空間・技術のガバナンス　　　　土屋大洋　51

第 II 部　世界と地域のガバナンス　　　　　　　　　　　　　　67

第 4 章　ロシアとユーラシア世界　　　　　　　　　　　廣瀬陽子　69

第 5 章　米欧世界とは何か
　　　　　──価値による生き残り戦略　　　　　　　　鶴岡路人　89

第 6 章　バイデン政権が向き合った三つの危機
　　　　　──そして、新たに加わったウクライナ危機　　中山俊宏　107

第 7 章　アフリカとグローバルヘルス　　　　　　　　　國枝美佳　121

第 8 章　インド太平洋の地政学・地経学　　　　　　　　　神保　謙　141

第 III 部　地域と社会のガバナンス　　　　　　　　　　　　　　155

第 9 章　民族・宗教からみる「法治」と「中国化」　　　田島英一　157

第 10 章　中国の政策執行における政治動員
　　　　　　──農村の基層ガバナンスの課題　　　　　　鄭　浩瀾　175

第 11 章　ムスリマのヴェールをめぐる議論と実践
　　　　　　──インドネシアを事例に　　　　　　　　　野中　葉　193

第 12 章　自由、選択と人間の不安　　　　　ヴ、レ・タオ・チ　217

索　引　241

はじめに

　本書の狙いは、第1に、現代世界の紛争や協調がどのような原因やメカニズムで生じているのかを理解していただくことである。そして第2に、世界・地域・国家の統治の仕組み（ガバナンス）はどのように模索され、実践されているのかを理解していただくことである。さらに第3に、現状の問題の原因やメカニズム、そしてガバナンスの現実を頭に置いた上で、実際に実践されている政策と理論・分析枠組みを相互作用させた事例をお読みいただき、実際にご自身でも色々な分析や対応策の検討をしていただくことによって、実践的な政策立案の力を読者の皆様に身につけていただくことである。

　世界の秩序は大きな変動期にある。いま国際社会が共有してきた価値と利益に対する認識は流動し、国際社会が了解してきた規範や制度といったゲームのルールは動揺している。私たち日本社会は、既存の世界秩序の中で平和と繁栄を享受してきた。そうであるが故に、この秩序の流動を感度良く捉えると同時に、冷静な現状分析を行うことが必要である。

　『流動する世界秩序とグローバルガバナンス』、本書のタイトルをご覧になって、具体的なイメージができた方は多くないかもしれない。

　グローバル化の進展、新興国の台頭、情報通信技術の革新は、世界政治の新たな仕組みとルールの形成を必要としている。他方で、地域の実情に即して国・地方・コミュニティでの統治も模索されている。こうした複合的な国際環境を、諸学問領域の統合や実践的な把握と活用を通じて考察・提示しよ

うと試みる姿勢が、慶應義塾大学湘南藤沢キャンパス（SFC）におけるグローバル領域へのアプローチの特徴である。SFC の教員の層は実に厚く、現在の諸問題を解決する上で重要な多くのディシプリン、地域、アプローチ、問題領域がカバーされている。本書がカバーできているのは、それらのほんの一部に過ぎないが、SFC の研究を垣間見ていただけるはずである。

　本書は、3 部から成り、現代世界のガバナンスに関する新潮流、地政学・地経学による新たな地域形成、地域研究の実践的・政策論的アプローチを紹介している。

　第 I 部の狙いは、さまざまな世界におけるガバナンスがいかなるものなのかということを明らかにすることにある。世界を揺るがしている権威主義国家やサイバーや宇宙の問題、そして日々の生活に直結する経済などをどのように統治しているのかを探り、複雑化する世界に向き合う私たちの課題を改めて考える。

　第 II 部では、地域にフォーカスしつつ、各地域の個別の問題にも同時にアプローチして、地域と諸問題をクロスさせた形でガバナンスを考える。地域の特性を理解できるだけでなく、個別トピック、例えばエネルギー問題や保健政策、ハイブリッド戦争など、現代世界における重要な問題のケーススタディの意味合いも持っているため、重層的に現代世界の問題を捉えることができるようになるはずだ。

　第 III 部のアプローチも第 II 部と似ている部分があるが、国家と社会の課題を重ね合わせた形でガバナンスを考える。国家のケースとして中国、インドネシア、ベトナムなどが取り上げられ、それらの国家が抱える問題、民族や宗教、地域の問題、ジェンダー、人間の安全保障などの問題にフォーカスすることにより、地域と社会問題が立体的に浮かび上がる。

　このように、本書は、世界、地域、国家と多くの課題・問題をカバーしている。本書を読むことにより、世界のさまざまな姿、そして多くの問題領域をリアルに捉えることができるようになり、また、それらの知識を他の事例に当てはめて考えることによって、現在の世界のかなりの問題領域をカバーすることができるようになるだろう。現在の諸問題をしっかりと見つめ、その問題の所在を捉え、そして多面的に分析し、対応策を考え、ひいては政策

提言ができるような基礎体力が身につけられるだろう。

　何かを考える時に、そんなにいろいろな知識やアプローチが必要なのか、疑問に思う方もいるかもしれない。そのヒントを得るために、本書の出版時に現在進行形で戦闘が行われているロシアのウクライナ侵攻を事例に考えてみよう。ロシアのウクライナ侵攻は 2022 年 2 月 24 日に始まった。この侵攻はなぜ始まったのだろうか？　その背景には、ロシアの勢力圏構想とウラジーミル・プーチン大統領のメンタリティ、さらにウクライナの主権国家としての欧米世界との共存の願望や民主化への胎動があったわけだが、背景はそれだけではない。プーチン大統領を刺激してきた欧米の政策も重要な背景であった。また、ロシアの経済を支えてきたのが石油や天然資源収入だったということがあり、近年、世界の脱炭素傾向が強まる中でロシアがエネルギーを武器にする決心をしたと主張する論者もいる。さらに、新型コロナウイルス問題がプーチン大統領のメンタリティに影響したと考える研究者もいる。加えて、ロシア正教とこの戦争の関連性を強調する者もいる。ロシア人とウクライナ人の民族間問題や歴史に問題の原点を問う学者もいる。ロシア、ウクライナが位置するユーラシアの地政学、地経学による分析を試みる専門家もいる。さまざまな主張があるが、これらの主張にどれも「間違い」はないと思われる。それぞれのポイントの濃淡はあるにせよ、すべてのポイントがこの戦争に関わっていて、これらの問題を総合的に捉え、分析しなければ、本問題に本当に切り込むことはできないと思われるのである。そして、ここに列挙した論点は、本書のどこかでほとんど描かれていると言ってよい。

　なんらかの問題を考えると、ほとんどの場合、理由は一つではないし、多くの問題が複合的に絡んで問題は発生し、そして複雑化しながら進展してゆくことに気づかされるはずだ。このように、世の中の事象は極めて複雑で、一つの地域の問題も世界中に影響し、また世界からの影響を受けるし、政治・経済などは常にリンクしあっている。よって、さまざまな研究領域を網羅的に学んで初めて世界の真髄が見えてくるといえるだろう。これらを解きほぐして分析し、対策を考えるためには、やはり総合政策学的アプローチが不可欠なのである。

　本書を読めば、多くの問題の最先端の見方、分析を学ぶことができ、物事

のリンケージや重層性にも気付かされることだろう。そして、世界、地域を見る目を自ら構築して、さまざまな問題の背景、それらの問題の連関を分析してみていただきたい。そして、独自の分析で未来を構築してほしい。

　総合政策学部は、1990年に日本では初めて、この慶應義塾大学SFCで誕生した。学部創設からほぼ30年が過ぎたが、思えばこの約30年は激動の時代であった。31年前、つまり総合政策学部が誕生してまもなくソ連が解体され、冷戦が終焉したわけだが、欧州の旧共産圏の地殻変動ともいうべき体制の大転換やソ連のみならずユーゴスラヴィアも含む連邦解体などで多くの紛争や混乱が起きた。また、2001年には米国同時多発テロが起き、世界はテロとの戦いにシフトした。イスラーム過激派の問題も世界を悩ませた。同時に環境問題が日々深刻化する中、2020年からは新型コロナウイルス問題が世界を混乱に陥れた。そして、歴史は単線的には進まないことも明らかになった。例えば、ロシアのウクライナ侵攻は、21世紀を中世、もっと控えめに言っても第二次世界大戦時の世界観に我々を引き戻した。そして世界を揺るがしてきた問題は枚挙に暇がない。まさに、激動の30年だったと言えるだろうし、同じような激動が今後30年もあると予測できる。残念ながら、それは決して幸福への一本道ではないと思われる。

　最後に、ロシアのウクライナ侵攻は「力による現状変更」の試みであり、国際法や国際秩序の無力さを露呈させた。そして、中国など、いわゆる専制主義国家は同じ方向に向かいかねない。これまで国際社会は、グローバリズムと相互依存の深化は国際社会の平和と繁栄を保証すると信じてきた。自由民主主義にもとづく政体がデフォルトであって、その後退はありえないと考えていた。インターネットをはじめとする情報通信技術の発展は、人々の情報へのアクセスコストを低め、政策決定の透明化を促し、自由民主主義の定着と深化を支えると期待していた。しかし、現実は、こうした前提を当然視することができなくなっている状況に、私たちはいまおかれている。国際社会に突きつけられた課題はあまりに大きく、それをこれから我々が解決してゆかねばならない。本書の中にはウクライナ侵攻の動向いかんで大きな影響を受ける内容もあるが、他方で、今後の問題解決にヒントをくれる内容も多く含まれているだろう。本書が世界の問題解決に近づくための一助となるも

のとして皆様に読んでいただけたら嬉しい限りである。

　なお、本書には当初の計画と異なった部分がある。それが、中山俊宏さんの章である。本来、中山さんには第Ⅰ部・第1章で民主主義のガバナンスというテーマで原稿を書いていただく予定であった。中山さんは、アメリカ政治外交、アメリカ政治思想を専門とされ、SFCではもちろん、日本のメディアや政府関係各所でも、さらに国際的にも幅広く活躍されていた極めて優れた研究者であった。しかし、大変残念なことに、2022年5月1日に他界された。中山さんのSFCの教育研究の発展へのご貢献と学術的業績を顕彰する意味を込めて、生前に書かれた論文を第Ⅱ部・第6章に所収した。

編者を代表して
廣瀬陽子

第 I 部
リベラルな秩序と
管理された秩序の相克

第*1*章 権威主義の台頭と民主主義の後退

加茂具樹

はじめに

　国際秩序は大きな変動期にある[1]。国際社会が共有してきた価値と利益に対する認識は流動し、国際社会が了解してきた規範や制度といったゲームのルールは動揺している[2]。権威主義の台頭と民主主義の後退への警鐘が鳴らされている（日本比較政治学会 2014；日本比較政治学会 2017；宇山 2019；Levitsky and Ziblatt 2018 ＝ 2018；川中編著 2018；日本比較政治学会 2020；呉・蔡・鄭 2017 ＝ 2021；Diamond 2019 ＝ 2022；川中 2022）。

　これまで国際社会は、自由民主主義にもとづく政治体制が既定値であって、その後退はありえないと考えていた。「情報は民主主義の通貨である」といわれるように（土屋 2012, 241）、インターネットをはじめとする情報通信技術の発展は、人々の情報へのアクセスコストを低くし、また情報源の多元化を促し、自由民主主義の深化を支えるものだ、と信じられてきた。しかし、この前提を当然視することができなくなっている状況に、いま私たちはおかれている。デジタル社会の深化が選挙干渉のリスクを高めている。ロシアによるウクライナ侵攻は、リベラル・デモクラシー、グローバリゼーションと相互依存の深化だけでは、国際社会の平和と繁栄を保証できないことを示唆している。

　私たちは、既存の国際秩序のなかで平和と繁栄を享受してきた。そうであるがゆえに、いま、目の前ですすむ秩序の変動を感度よく捉え、冷静な現状分析をおこなうために必要な、優れた国際的センスを備える必要がある。新

しい秩序の萌芽は、既存の秩序が後退してゆく過程に現れるからである。

　本章は権威主義政治に注目する。いま国際秩序の変動を牽引しているのは、中国やロシアといった権威主義の大国である。国際秩序の行方を展望する手掛かりを得るために、権威主義の台頭、民主主義の後退という現象を概観し、権威主義政治について考えてみたい。

I　民主主義と権威主義

1　楽観から警戒へ

　国際秩序の行方に関する展望は、冷戦構造が崩壊した 1990 年代から 30 年という時間をへて一転した。

　「民主化の第三の波」という考え方がある。いまから 30 年前の国際社会が共有した、国際秩序観だったといってよい。サミュエル・ハンチントン（Samuel P. Huntington）が著書『第三の波』のなかで、この言葉を提起した（Huntington 1991 = 1995）。同書は、1970 年代に南欧ではじまり、その後、1990 年代にいたるまでに、ラテンアメリカ、東アジア、東欧に広がった民主化のグローバルな展開を「民主化の波」といい、これを 20 世紀後半の重要な政治的潮流と捉えた。

　同様に、1989 年にフランシス・フクヤマ（Francis Fukuyama）が発した「歴史の終わり？（The End of History?）」という問いは、人々の時代認識を先導した（Fukuyama 1989）。後にフクヤマは、自著『歴史の起源』において、1970 年代以降、ハンチントンのいう「民主化の第三の波」にのって、世界各地で民主主義国家の数が飛躍的に増大していたことを捉えて、「21 世紀初頭には、自由な民主主義こそが、政体の既定値としての形態であることが、政治風土のなかで当然のことと受け止められるようになった」と論じていた（Fukuyama 2011 = 2013, 27）。しかしフクヤマによれば、「『第三の波』は 1990 年代末に頂点に達し、21 世紀に入ってからの 10 年間には、今度は『民主化の後退』が生じた」という（Fukuyama 2011 = 2013, 28）。2020 年のインタビューのなかでフクヤマは、「世界の民主主義についていえば、いまの状態は 30 年前の 1989 年 11 月よりも明らかにずっと悲観的に思える」と述べていた

（Fasting 2021＝2022, 19）。「1989 年 11 月」とは、ベルリンの壁の崩壊のことである。

　このように、30 年という時間をへて、国際社会の民主主義と権威主義に対する認識、そして将来の国際秩序に関する展望は、大きく変化した。「民主主義の台頭と権威主義の後退」という楽観から、「権威主義の台頭と民主主義の後退」という警戒への変化である。何が起きているのか。

2　民主主義国家の漸減

　「民主主義の後退と権威主義の台頭」を示す様々な指標がある。よく知られている指標が、スウェーデンにあるシンクタンクの V-Dem 研究所（V-Dem Institute）が、毎年発行している調査報告書「デモクラシー・レポート（Democracy Report）」にある。2022 年 3 月に発表した報告書（"Democracy Report 2022: Autocratization Changing Nature?"）は、2021 年の世界の民主主義のレベルが、ベルリンの壁が崩壊した 1989 年のレベルにまで後退している、と評価していた（The V-Dem Institute 2022）。

　この「デモクラシー・レポート 2022」をもう少し詳細に確認してみよう。報告書は、国家の体制を 4 つに整理し、分類している[3]。すなわち「民主主義」（democracy）を「自由民主主義」（liberal democracy）と「選挙民主主義」（electoral democracy）の 2 つに分類し、また「権威主義」（autocracy）を「閉鎖的権威主義」（closed autocracy）と「選挙権威主義」（electoral autocracy）に分類している。

　報告書によれば、2021 年の時点で権威主義の国家は 90 カ国であり、世界の人口の 70％ に相当する 54 億人がその体制のもとで生活している。このうち選挙権威主義の国家は、2021 年には 60 存在し、世界の人口の 44％ に相当する 34 億人が生活している。閉鎖的権威主義の国家には、世界の人口の 26％（20 億人）が生活し、その数は 30 にのぼる。

　一方で、2021 年の時点で民主主義の国家の数は 89 である。国家の数こそ権威主義の国家（90 カ国）と遜色ない。しかし民主主義の国家に生活する人々は、世界人口の 29％ にすぎない。そして民主主義の国家のうち、自由民主主義の国家は、2021 年には世界人口の 13％ に相当する 34 カ国であっ

た。2012 年の 42 が同国数のピークであり、それから 10 年を経て人口比は大きく減少したことになる。この推移について本報告書は、1995 年以来、これほどまでに減少した経験はなかったと説明している。また、選挙民主主義の国家数は 2021 年には 55 カ国に達し、世界のなかで二番目に多い体制のタイプである。しかし、世界人口のうちに占める割合は低く 16% にすぎない。

　報告書は「自由民主主義指数（liberal democracy index）」を示しながら、1974 年からはじまった「民主化の第三の波」は、冷戦終結後にピークに達し、2011 年頃から世界的に自由民主主義の国家の数が減少していると訴えている。その一方で報告書は、閉鎖型権威主義の国家の台頭を指摘していた。2012 年には 20 カ国であったものが、2021 年には 30 カ国になったことを指して、世界は「独裁化の第三の波」（the third wave of autocratization）の新たな展開に晒されていると問題提起をしている。

　アメリカに本部を置く国際 NGO 団体である「フリーダムハウス」（Freedom House）が公表する数値も、「民主主義の後退と権威主義の台頭」を示している（Freedom House, 2022）。フリーダムハウスが公表する数値もまた、世界各国の政治体制を長期にわたって追跡し、それを分析してきたものとして、国際社会における評価、認知度は高い。毎年刊行している報告書「Freedom in the World」は、各国の自由度を「自由」（free）、「一部自由」（partly free）、「自由ではない」（not free）で評価し、世界の各国を 3 つの集団に分類している。その最新の報告書は 2022 年 2 月に発表された。

　2022 年度版のデータによれば、「自由」に分類された国家は 83、「部分的に自由」に分類された国家は 56、「自由がない」に分類された国家は 56 となっている。これを人口比でみると、「自由」な国家に居住している人口は、全体の 20.3% にとどまる。2005 年の 46.5% と比較すると、それが大きく後退していることがわかる。「自由がない」国家に居住している人口は 38.4% で、2005 年の 36.1% と同じ水準を維持している。一方で「部分的に自由」の国家に居住している人口は、2005 年には 17.9% であったものが 2021 年には 41.3% と大きく増加している。「自由」と「自由がない」との間に位置する「部分的に自由」が、過去 15 年間で増加している。国際社会の自由度が

大きく後退しているのである。

3 希少な政治的財としての民主主義

　これらの数値は、以下の2つの現実を示している。第一に、私たちは「民主化の第三の波」の退潮のなかにある、と考えた方がよい。

　「第三の波」を提起したハンチントンは、人類の歴史には民主化の高まりが3度訪れていると述べていた。19世紀半ばにはじまった波、20世紀半ばにはじまった波、そしていま私たちが向き合っている20世紀後半にはじまった民主主義のグローバルな展開という波である。

　この3つ目の波は、南ヨーロッパにはじまり、その後、ラテンアメリカへ波及したあと、1980年代になってアジアに到達し、フィリピン、韓国、台湾における権威主義体制を選挙によって選ばれる政府へと変えた。1989年には、東ヨーロッパの社会主義諸国にも波及し、東ドイツやポーランドの社会主義政党による一党支配の連鎖的な崩壊として観察された。その後、1990年にモンゴルではモンゴル人民革命党が一党支配を放棄し、1991年にはソ連邦が解体した。1998年にはインドネシアが続いた。2000年代には、ユーゴスラビアのブルドーザー革命、ジョージアのバラ革命、ウクライナのオレンジ革命、キルギスのチューリップ革命とつづき、2010年末から11年初頭にかけてのチュニジアでのジャスミン革命に端を発したアラブの春と続いた。

　この波にのる国際社会は、権威主義体制から民主主義体制に向かう連鎖のなかにあると捉えられがちだが、ハンチントンはそうした単純な見方をしていなかった。民主化の波には「ペースを落とし、いくつかの揺り戻しの波も発生しているという兆候があった」とも述べていた。「もし、民主化の第三の波がペースを落としたり停止したりしたとき、第三の揺り戻しの波を作り出し、それを特徴づけるのは、どのような要因なのだろうか」と問題提起していた。いま私たちは、この第三の波が退潮してゆく過程を目撃していることになる（Huntington 1991 = 1995, 278–283 303–304）。

　そして、第二には自由民主主義の国家は少数だということである。自由民主主義政治のもとで生活している人類は本当に少ない。V-Dem研究所の報告書が示すとおり、2021年の時点で、選挙権威主義の国家と閉鎖的権威主

義の国家を含めた権威主義国家は 90 カ国にのぼり、世界の人口の 70% に相当する 54 億人がその体制のもとで生活をしている。そして、日本のような自由民主主義の政治体制を採用している国は 34 であり、そうした政治のもとで生活をしている人口は世界の全人口のわずか 13% にすぎない。

この 2 つの現実を前にして私たちは、どうすればよいのか。

私たちは、民主主義は希少な政治的財であることを再認識すべきである。自由民主主義の政治の下に生まれ、そこで生活する私たちの目には、権威主義の政治こそが特異にみえる。しかし、世界的な視点で自らの姿を見直したとき、私たちこそが希少な存在なのである。私たちには、民主主義の優位性を高めるための努力が必要であると同時に、国際社会の多数を占める権威主義政治を識る努力が必要なのである（もちろん、それは権威主義の価値観への妥協を意味するのではない）。考えてみれば、日本の近隣には、非民主主義国家が少なくない。権威主義政治の大国に囲まれた日本は、政治的にも軍事安全保障の領域においても「緊張」に囲まれている。

「民主化の第三の波」という考え方は、1980 年代末から 1990 年代にかけて政治変動のメカニズムを解明することに関心をもつ研究者を惹きつけた。筆者もその一人であった。そして何よりも民主化という波の拡大は、民主主義にもとづく政治が、政治体制の既定値であるという期待を生んだことは、前述したフクヤマの言葉に表れているとおりである。

世界の民主主義や民主化に関する研究論文を数多く所収し、また広く認知されている学術雑誌に *Journal of Democracy* 誌がある。1990 年に刊行された同誌の第一巻の巻頭言は、「1980 年代は、世界的に民主主義が復活した時代であった」との言葉ではじまる（Diamond et al. 1990）。そして同巻頭言の末尾は、次の高揚感のある言葉で締めくくられている。「20 世紀最後の 10 年間は、世界史の重要な転換点となることが予想される。全体主義的なイデオロギーと体制の崩壊は、人類が自由の新時代を迎えるための絶好の機会を提供している。しかし、この幸福な展望は、民主的な勢力と思想が最近の成果を強化し、拡大することができると証明された場合にのみ実現されうる。*"Journal of Democracy"* は、この重大な任務に貢献することを目的としている」。

いま私たちは、転換点を歩み、頂点を越えたその先に立っている。*Journal*

of Democracy は、1997 年 9 月に "Consolidating the Third Wave Democracies" と題する特集を組んでいた（Diamond et al. 1997）。しかし、それからおよそ20 年後の 2016 年 4 月には、"Authoritarianism Goes Global: The Challenge to Democracy" を、また同年 8 月には "Democracy to Decline" という特集を組んでいた（Diamond et al. 2016a; Diamond et al. 2016b）。これらの特集は、国際社会の民主主義と権威主義をめぐる国際秩序観の変動を観察する有力な手掛かりといえる。

　現実の政治は複雑である。権威主義は数十年にわたる衰退を経て再び興隆しつつある。権威主義体制は民主化することが運命づけられているのではない。権威主義政治は例外なのではなく、特異な政治体制と捉えるべきではない。遠い存在と考え、思考を止めてはいけない。よく知られているとおり、人類は権威主義体制のもとで生きてきた時間のほうが長い。政治学の多くが民主主義体制を研究対象としてきたなかで、権威主義体制の研究には依然として広大な未開拓地を残している。問われているのは、権威主義をいかに理解するか、である。

II　権威主義をいかに理解するか

1　権威主義体制の危機か民主化の萌芽か

　権威主義に対する理解は、一定の先入観に縛られていると考えてよい。エリカ・フランツ（Erica Frantz）は、権威主義政治に対する理解には共通のステレオタイプがある、という（Franz 2018 = 2021, 13）。権威主義政治の特徴は抑圧的で強制的であり、「独裁」（dictatorship）という言葉のように独裁者が一人ですべてを思うがまま決める、という見方が多い。しかし、権威主義体制の適応（aclaption）や強靱性（resilience）をめぐる研究から見えてくることは、持続性のある体制は専制的な側面だけでなく、包摂的な顔もある（加茂ほか 2012；Martin eds. 2013）。その政治を注意深く観察してゆくと、体制の指導者や指導層が、体制をかたちづくるさまざまなアクターとの利害調整を行いながら、体制を維持してゆこうとする生き残り戦略を見出すことができる。権威主義政治を動かしているものはなにかを考え、分析対象を前提から問い直す必要がある。

1970年代以降に生起した「民主化の第三の波」に関する世界的な規模での期待のなかで、あらゆる政治体制は民主主義の体制に向かって発展してゆくという命題が、無意識のうちに織り込まれていた、といってよい。権威主義体制を民主主義体制への移行の可能性をもつ、体制移行の途上にある不完全な民主主義体制と捉え、そこで生じた政治動向を、私たちは「弱く不安定な権威主義体制の危機」、さらには「民主化への萌芽」という仮説で捉えてきた（Levitsky 2015）。考えるまでもなく「弱く不安定な権威主義体制の危機」と「民主化への萌芽」はまったく異なる概念であって、権威主義体制が流動しても、それが民主主義体制に帰結するわけではない。しかし、権威主義体制の危機のなかに民主化の可能性を見出そうとする視座が、これまで一般的であった（武藤 2021）。

　中国共産党による一党支配という権威主義政治に関する研究も、おなじ課題に直面してきた。現在でこそ、「なぜ、中国共産党による一党支配は持続しているのか」が中国政治をめぐる問いの核心にあるといってよいが、いまからおよそ30年前の1990年代の中国政治研究は、「いつ、どのように民主化するか」が中心的な問いであった。まるで民主化が運命づけられているような議論だったのである（加茂 2013, 2020）。

　それでは、中国政治研究は、なぜ「いつ、どのように民主化するのか」という問いに囚われてきたのか。それには2つの要因があった。1つは国内要因である。1980年代以来の中国共産党による一元的な政治は、中国共産党が自ら推進してきた経済改革（「改革開放」路線）の成功が創り出した、豊かで、多様化し、多元化した社会とのあいだで、増大する矛盾に囚われている、というのが当時の中国政治分析の一般的な分析枠組みであった。そして、この矛盾の限界として1989年の天安門事件は理解されてきた。同事件後も、中国政治と中国社会との間の矛盾は残されたままである。そのため、現代中国政治研究は、常に、「天安門事件の再演の可能性」を想定してきたといってよい。

　いま1つは国際的な要因である。1980年代に深化したアジア地域における民主化と、東欧諸国における社会主義政権の崩壊やソ連邦の解体は、天安門事件と同時進行的に展開していた。1989年6月4日は中国においては天

安門事件が起こった日であり、東欧の民主化を先導したポーランドにおいて
は東欧圏初の自由選挙の投票日であった（木戸 1990, 1）。当時、中国の事実
上の最高指導者であった鄧小平は、天安門事件を「国際的大気候」[4] と「中
国自身の国内的小気候」[5] によって引き起こされた、と述べていた（鄧小平
1993, 302–308）。この言葉は、中国もまた「第三の波」のなかにあるという認
識とつながる。こうした条件もまた、当時の中国政治研究が「天安門事件の
再演の可能性」を想定した要因となったと考えてよいだろう。

2　なぜ権威主義政治は不安定と言われるのか

　もちろん、中国政治が、一元的な政治のもとで経済成長を追求する限りに
おいて、「天安門事件の再演の可能性」は、引きつづき有効な視座である。
共産党が「カラー革命」を警戒していることは、その証左である。ただし、
いまあらためて検討すべきことは、その視座を支えてきた、中国共産党によ
る一党支配は多様化する社会との間の摩擦の克服、すなわち体制の脆弱性を
克服することはできない、という論理であり、それを支える仮説である。

　この「権威主義体制脆弱論」を支える仮説の1つは、ハンチントンが、近
代化（経済発展）と社会変動の関係に注目した研究、『変革期社会の政治秩
序（*Political Order in Changing Societies*）』において提起した「近代性が安定を生み
出し、近代化が不安定を生む」というパラドックスに由来する（Hunting-
ton 1968 = 1972, 32–73）。

　ハンチントンが指摘したパラドックスは3つの段階によってかたちづくら
れている（図1–1 を参照）。第一は経済発展による社会的挫折感の生起である
（図1–1 の①）。経済成長の過程にある変革期社会、すなわち発展途上国では
経済発展にともなって社会的流動化（経済発展によって生まれる人々の新しい
期待や要求のこと）が進むが、経済発展は社会的流動化よりも遅い速度でし
か進展しないため、社会的挫折感が生じることは不可避である。

　第二の段階が社会的挫折感の増加と政治参加の欲求の拡大である（図1–1
の②）。先の社会的挫折感は、人々の移動の機会（経済発展にともない、人々
は新しい就職の機会を求めて農村から都市へ移動し、都市内部に移動する）の増
大によって緩和する。しかし、人々は、十分な移動の機会を得ることができ

$$① \frac{社会的流動化}{経済発展} = 社会的挫折感$$

$$② \frac{社会的挫折感}{移動の機会} = 政治参加$$

$$③ \frac{政治参加}{政治的制度化} = 政治的不安定$$

図 1-1　近代化と社会変動の関係
出典：Huntington（1968＝1972）

ないと、増大する社会的挫折感の解決を求めて、政治参加を選択する。この結果（第3段階目に）、政府が要求に適応する政治参加のメカニズムを構築し、それを人々に提供（政治的制度化）できなければ、政治的不安定性が高まる、というものである（図 1-1 の③）。

　実際に、戦後の経済発展を概観したとき、長期の高度成長と長期の社会安定を同時に実現できた国家は少なかった。日本、韓国、台湾はそのうちの数少ない成功例である（蒲島 1988, 71；蒲島・境家 2020, 64）。世界銀行が述べた「東アジアの奇跡」もまた、ハンチントンが示したパラドックスの克服がいかに困難であるのかを示している（The World Bank 1993＝1994）。

　興味深いことは、経済成長がはじまった 1980 年代以来の中国において、この研究に多くの中国国内の研究者が関心を示していたことである。現在、習近平指導部において要職に就いている王滬寧共産党中央政治局常務委員は、復旦大学教授であった時期に、関連する研究論文を執筆していたことはよく知られている（王滬寧 1993；許陳静ほか 2015）。その後の中国の政策文書には、同書が示した概念のいくつかが織り込まれていることもまた興味深い。

　ハンチントンの研究は、経済発展を志向する国家における政治安定の鍵の1つが、政治参加の制度化にあることを示唆している。この論点への理解をさらに深めるためには、例えばデイビット・イーストン（David Easton）の政治体系（political system）という考え方が役に立つ（Easton, 1965＝2002, 46）。

　政治体系とは、諸価値の権威的配分と、その配分という決定を社会に受け入れさせるという2つの特質をもつ様々な役割を担う成員によって構成され

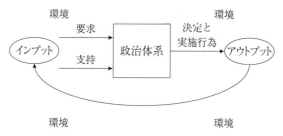

図 1-2　政治体系と循環する政治過程

出典：Easton（1965＝2002）

ている。政治体系を政策決定機構（政府）と置き換えてよい。イーストンは、この政治体系の持続について、政治体系の中心にある政治過程が循環していることと説明している。

　この循環する政治過程とは、①社会を構成する個人あるいは集団（国民）ごとに異なる価値を表している要求が政治過程にインプットされていく過程と、②権威的配分という政策決定に変換されるアウトプットの過程、そして、③執行された政策決定が社会に影響し、その結果、社会を構成する個人あるいは集団（国民）が政治体系に対して支持の感情をもつ、および体系に対してさらなる要求を表出するというインプットの過程にフィードバックする過程、によってかたちづくられている（図1-2を参照）。

　政治体系（政府）が持続することとは、インプットとアウトプット、そしてアウトプットのあと再度インプットの段階にフィードバックするという政治過程が、途切れなく結びついた流れ（循環）が成立していること、である。ただし、留意すべきことは、政治体系が持続するためには政治過程の循環が単に成立しているだけでなく、政治体系へのストレスを可能な限り低め、安定的な流れ（循環）が実現していることが重要だ、ということである。

　要するに、政策決定に必要で適切な情報が政策決定機構（政府）にインプットされ、政策決定機構（政府）が決定したアウトプットに対して、社会がそれを自らが表出した要求に順応的であると評価し、社会が政策決定機構に対して一体感を抱いたとき（＝「支持」の表明）政治体制は持続する、とイーストンはいうのである。

　以上の整理をふまえれば、民主主義政治は、権威主義政治よりも政治体制

を持続させることが容易だ、という理解につながる。少なくとも、持続のコストは権威主義政治よりも低い。民主主義政治のもとで国民は、国家の指導者を選出する選挙や陳情活動、行政訴訟などの司法の活用、あるいはメディアでの発言等といった、政策決定機構、すなわち政府に要求を訴える様々な選択肢をもっている。この結果政府は、政策決定に必要なより多くの情報を手にすることができる。また政府は国民によって選出されることから、自らの政策決定と執行が国民の要求に応えているかどうかの責任を負う。つまり国民と政府とのあいだに、アカウンタビリティ（説明責任）が確保されており、インプットとアウトプットの質を高め、それは政治体系（政府）の執政による支持獲得を促す（高橋 2015）。そうであるがゆえに、民主主義体制は安定し、持続すると理解されてきた。

　一方で、多くの先行研究は、権威主義体制における政治過程において、社会と政策決定機構（政府）とのあいだに循環する情報は民主主義政治と比べて不十分であるととらえ、政治過程の循環を持続させることは難しいと評価してきた。

　なぜなら、権威主義的な体制の下に暮らす人々は、政策決定機構（政府）に対して要求を表出する手段は限られていて、多くの権威主義的な体制は、議会や選挙や政党といった民主的制度を設けてはいるものの、その活動は制限され、アカウンタビリティも確保されていないために政策決定機構（政府）は社会が表出する要求を十分に汲み取ることはできず、またできたとしても適切に集約、調整して政策化することは難しいと理解されてきたからである。

　そして社会は、政策決定機構（政府）には自分たちが表出する要求を的確に集約、調整する意志と能力がないと判断したとき、やむを得ずに「暴動」という制度外の非合法的な方法を用いて要求を表出しようとするのである。そもそも、これらの体制の政策決定機構（政府）は、自由で民主的な手続きを経て選出されたわけではないことから、そもそも自らの政策の決定と執行について社会に対して責任を負う意識は乏しい。

　だからこそ天安門事件以後の 1990 年代、中国政治研究者の中心的な研究関心は、ソ連や東欧諸国の民主化の実現と、その背景にあった市民社会論に

強い影響を受けるかたちで、中国の市民社会の成長と異議申し立て活動の活発化が中国共産党による一党支配に与える影響を分析することに注力してきたのである。これが「権威主義体制脆弱論」を支える仮説である。

3　それでも権威主義体制は持続してきた

　蒲島郁夫は、この政治過程の安定的な循環を実現させる能力を、統治能力という言葉で説明している（蒲島 1988, 5）。政策決定機構である政府が政治参加をつうじて伝達される社会の選好に順応的に反応するとき、また社会が参加をつうじて国家と一体感をもったとき政治システムは安定するが、政府が社会の選好に拒否的に反応し、あるいは社会が政府に著しい不信感をもつようになると、政府と社会の間には緊張が高まってくる、と蒲島は論じている。

　そして蒲島は、政府の統治能力を社会の選好に対する応答の能力と定義している。政府の統治能力が低ければ低いほど、政治参加によって伝達される社会の選好に政府は適切に応答できないので、そうした政府は政治参加を強権的に抑えようとする。物理的な強制力が十分高ければ、一定の期間、社会の要求を抑えることは可能であるが、ある一定限度を超えるとちょうど堤防が決壊するように政治参加は一挙に噴出し、政府と市民の緊張関係はいっそう高じてくるというのである。2019 年から 2021 年にかけて香港において展開した「逃亡犯条例改正」に反対するデモ活動がその典型といってよい（倉田 2021）。

　さらに蒲島は、統治能力の成長という概念を提起し、政治の歴史的展開の中心的論点を、次のように提起していた。興味深い整理なので引用しておこう（蒲島 1988, 5–6）。

　　一般的に政府は、政治参加のチャネルを拡大し、異なる社会の選好を効果的に調整するという困難な決定を何度も経験することによって統治能力を高めうる。しかし、政府はそのような手続きを踏むよりも、政治参加の抑制、情報の非公開、政治的制裁に頼って効率的に国家を運営するという近道を選びたがる。政治の歴史は政治参加を抑制しようとする政府と、参

加の権利を求める市民の葛藤の歴史と言っても過言ではない。

　ところが、それでも権威主義体制は持続するのである。なぜだろうか。抑圧するだけの支配では、統治のコストは高くつく。権威主義体制には専制的な側面だけでなく、包摂的な顔もある。権威主義政治には、これまで研究者が見落とし、適切に評価してこなかった統治能力があると考えたほうがよさそうだ。

　それは具体的には何か。その典型的な事例が、選挙や政党、議会といった民主的制度である[6]。民主主義の国家と同様に、権威主義の国家にも選挙や政党、そして議会が設けられている。選挙を実施するにも、政党を組織し運営するにも、議会を開催し、運営するにもコストはかかる。にもかかわらず、そうした民主的制度を権威主義体制の政治指導者は取りそろえるのである（Gandhi 2008）。

　たしかに権威主義体制の議会の活動は、民主主義体制とは異なりその機能に制限が設けられている。いわば偽装された民主的制度である。しかし、それは権威主義国家の指導者が、民主的な国家であるとカモフラージュするために設けた装置と考えないほうがよい。今日、民主的な外観と権威主義的な政治実践を併せ持つ体制がふえている。V-Dem 研究所のデモクラシー・レポートが示す数値において、「選挙型権威主義」（electoral autocracy）に分類される国家がふえていることが、それを示している。

　これまで権威主義国家の民主的制度の活動に関心をもつ研究者は、その政治的な機能の活発化が民主化を促す働きをするかどうかに注目してきた。近年、この問題に関する研究は、1つの結論を導き出している。権威主義国家の民主的制度は民主化の萌芽としての役割を担うというよりも、かえってそれは政治体制の安定性を高める役割を担うというものである。

　権威主義体制の民主的制度の政治的機能を「体制の持続」という概念と関連づけて理解するためには、その体制におけるトップリーダーが体制を持続させるために克服しなければならない政治課題とは何か、を理解することが近道だ。近年、権威主義体制に関する研究は急速に発展し、その理論的な精緻化がすすんでいる。その研究の一翼を担っているスボリック（Milan W. Svo-

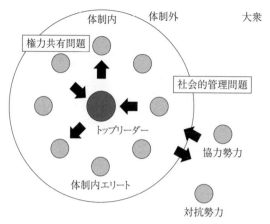

体制内　　　体制外　　　　大衆

権力共有問題

社会的管理問題

トップリーダー

協力勢力

体制内エリート

対抗勢力

図 1-3　権力共有問題と社会的管理問題

lik）によれば、権威主義的な政治体制のトップリーダーには克服しなければ
ならない 2 つの問題があるという（Svolic 2012）。

　第一の課題が、トップリーダー（指導者）と体制内のエリートとの間の権
力共有（the prpblem of authoritarian power-sharing）の問題である。権威主義体制の
トップリーダーは、1 人で国家を統治するわけではない。現実には他の複数
の体制内エリートと協力し、任務を分担しながら国家を統治する。政治体制
の安定を維持するためには、トップリーダーは体制内エリートとの対立や、
彼らの離反を防ぎ、安定的な関係を構築しなければならない。

　そして第二の課題が、社会的管理（the problem of authoritarian control）をめぐ
る問題である。トップリーダーと体制内エリートは、あたかも彼らを取り囲
むように存在する大衆による挑戦を未然に防ぎ、もし彼らによる敵対的な行
動があった場合には力で対抗する必要がある。

　これらの課題を克服するために、権威主義体制のトップリーダーは民主的
制度がもつ、体制を安定させるための政治的機能を活用してきた。先行研究
によれば、それは 3 つあるという（Svolic 2012；久保 2013；加茂 2013）。第一
は、トップリーダーと体制内エリートとの間のコミットメント問題を克服し、
「体制内エリートの離反を防止する」機能である。トップリーダーは、民主
的制度が体制内エリートたちと権力を共有し、安定的な関係を構築する手段
として機能することに期待してきた。コミットメントの問題とは、体制内エ

リートはトップリーダーが提示した自らに安心を供与し取り込むことを目的とした権力共有の提案を、実際には履行しないのではないかと疑うことを指す。このとき、民主的制度はトップリーダーの提案を法律・法規あるいは決議に置き換える役割を担う。提案を法律や決議として確認すればトップリーダーは勝手気ままに提案を変更したり、無視したりすることはできなくなる。こうして民主的制度は体制内エリートのトップリーダーに対する疑いを抑え、対立、離反を未然に防ぐ働きをするという。

　第二は「反体制勢力の抑制と弱体化」機能である。権威主義体制のトップリーダーは、潜在的あるいはすでに明示的な存在となっている対抗勢力の伸張を抑えるための手段として、民主的制度が機能することを期待してきた。議会という場での予算案の審議や法制度の整備の機会をつうじて、トップリーダーは対抗勢力が恩恵を得るような予算を選択的に分配し、法律の制定をつうじて政治的資源の配分を制度化することができる。「分断して統治する」ためである。こうして民主的制度は、彼らを分断し、団結することを阻止して、勢力を弱体化させることができるという。

　そして第三が「統治の有効性の向上」機能である。トップリーダーは民主的制度がもつ、政策決定に必要な情報、すなわち社会の要求や不満を把握する機能に期待してきた。民主的制度をつうじて収集した情報をふまえて、政治指導者は社会の期待に順応的な政策を形成、執行する。そうすることによって、国民の体制に対する支持を高めることができる、というわけである。

　かつて政治体制の移行をめぐる研究は、権威主義国家中国を含め、権威主義政治の不安定化を「弱く不安定な権威主義体制」ととらえ、そこに「民主化の萌芽」を見出そうとしてきた。しかし現実の政治は、こうした単純な体制移行の実態を示してこなかった。権威主義体制を不完全な民主主義体制と位置づけるべきではない。近年、権威主義政治にかんする研究は飛躍的に発展している。外形的には民主的な制度を整えつつも、権威主義政治の実態が並存する政治についての研究が深まっている。競争的権威主義（competitive Authoritarianism）や選挙権威主義（electoral Authoritarianism）は、その典型的な成果である（Schedler ed. 2006; Levitsky and Way 2010）。

　権威主義体制が、私たちの予想に反して長く持続しているのだとすれば、

これまで私たちは、その統治能力を適切に評価できていなかった、あるいは低く見積もりすぎた、ということになる。権威主義体制は私たちが想像するより頑強と考えたほうがよい。そして私たちは権威主義政治を非自由民主主義政治と単純視すべきではない。それは多様なのである。

おわりに

　国際秩序はいま、大きく変動している。第二次世界大戦後の国際秩序が、戦争終結よりも前からはじまっていたように、既存の秩序が流動する過程で、新しい秩序が萌芽する。そうだとすれば、権威主義の台頭と民主主義の後退という政治潮流への理解は重要である。

　いまグローバルガバナンスにおける権威主義国家の存在感は増している。例えば国際秩序の流動を牽引する中国をめぐる問いは、「中国は台頭するのか」が問いであったが、いまや「その力をどのように使うのか」が問われている。中国は、どのように国際社会と関わろうとしているのか。この問いが重要であるのは、中国と国際社会の相互作用が、これからの国際政治、経済、軍事、そしてグローバルガバナンスの規範の形成に影響を与えるからである。気候変動、経済成長、そして海洋秩序やサイバー空間、極地、宇宙をはじめ、国際社会が直面している問題を解決するための有効な制度を設計するためには、権威主義国家中国の関与が不可欠である。そうなると、日本外交に問われるのは、異なる国際秩序観をもつ権威主義国家中国との共存である。

　私たちは権威主義政治に対する理解を深めなければならない。もちろん、それは権威主義政治の価値観を容認することを意味しない。世界の人口の圧倒的多数が、依然として権威主義政治のもとで生活をしている。その政治のダイナミズムを理解することは、そこに住む人々の生活やその政治を動かしているものは何かを理解することであり、そのことは、権威主義諸国の国家目標や国益のかたち、ひいては国益、国家目標を実現する手段としての外交の理解へとつながる。

　よく知られているように、権威主義という概念は、リンス（Juan J. Linz）が、著書『全体主義と権威主義体制』において非民主主義政治、非全体主義政治

を説明するために提起した（Linz 1975 = 1991）。民主主義体制と全体主義体制の間のグレーゾーンへの理解を深めるための概念である。しかし、今日、概念としても実態としても全体主義が消滅し、民主主義と権威主義という概念が、人類の政治体制を整理する概念として残った。ただし、この権威主義という概念は多様な非自由民主主義の世界を説明する概念としては雑駁すぎる。「民主主義 vs. 権威主義」の視座では世界秩序を理解できない。

　既存の秩序が流動し、新しい秩序がかたちづくられようとしている。そこでの主要なアクターである権威主義諸国（その多くは新興国家である場合が多く、今日、グローバルサウスという概念で整理される）は、各々の国益をかけた外交を展開している。そうであるがゆえに権威主義政治への理解は必要である。それは目の前ですすむ秩序の変動を感度よく捉え、冷静な現状分析をおこない、30年後の国際社会を歩み抜くために必要な、優れた国際的センスを備えるために必要な手段である。

1)　国際秩序についての一般的な定義は、国際政治学者のヘドリー・ブル（Headley Bull）が示している。ブルは国際秩序を「主権国家から成る社会、あるいは国際社会の主要な基本的目標を維持する生活様式のことを指す」と定義している（Bull 1995 = 2000, 9）。

2)　ブルは国際社会が存在している、ということを「一定の共通利益と共通価値を自覚した国家集団が——その相互関係において、それらの国々自身が、共通の規則体系によって拘束されており、かつ、共通の諸制度を機能させることに対してともに責任を負っているとみなしているという意味で——一個の社会を形成しているとき」と説明している（Bull 1995 = 2000, 14）。つまり国際秩序が変動しているというのは、関係する国家間で、それまで共有していた「共通利益」と「共通価値」についての基本的な認識と、それを支える規範や制度として共有していたゲームのルールが動揺しているということである。いままさに、私たちが共有していたと考えていた利益と価値が流動し、了解していたと考えていたゲームのルールが動揺しているのである。

3)　「選挙民主主義」（electoral democracy）は「市民は意味のある、自由で公正な複数政党制の選挙に参加する権利をもっていること」と定義する。「自由民主主義」（liberal democracy）は「選挙民主主義」の要素にくわえ「市民は個人とマイノリティーの権利をもち、法の下に平等であり、行政の行動は立法府と裁判所によって制約されていること」と定義する。「閉鎖的権威主義」（closed autocracy）は「市民は複数政党制の選挙を通じて政府の最高意思決定者または立法府のいずれかを選択する権利をもっていない」と、「選挙権威主義」（electoral autocracy）は「市民は複数政党制の選挙を通じて、行政府の最高意思決定者と立法府を選択する権利をもっているが、結社の自由や表現の自由

など、選挙を意味のある、自由で公正なものにする自由が欠けている」と定義する。定義は以下の研究を引用した。Bastian Herre（2022）, "In most countries, democracy is a recent achievement. Dictatorship is far from a distant memory," *Our World in Data*, https://ourworldindata. org/democracies-age

4) 東欧諸国やソ連邦における政治改革の深化、民主化の動きを指す。

5) 経済改革としての「改革開放」路線を深化させるために、政治改革の推進を求める中国国内の要求を指す。

6) 現代中国における民主的制度は人民代表大会である。例えば、Kevin, O'Brien（1994）, "Agents and Remonstrators: Role Accumulation by Chinese People's Congress Deputies," *China Quarterly*, No. 138. Tomoki, Kamo（2012）, "Representation and Local People's Congresses in China: A Case Study of the Yangzhou Municipal People's Congress（co-authored with Hiroki Takeuchi）," *Journal of Chinese Political Science*, Vol.17, No.4.

参考文献

宇野重規（2020）『民主主義とは何か』（講談社現代新書）講談社。

宇山智彦（2019）「進化する権威主義　なぜ民主主義は劣化してきたのか」『世界』2019年4月、89-96。

蒲島郁夫（1988）『政治参加』東京大学出版会。

蒲島郁夫・境家史郎（2020）『政治参加論』東京大学出版会。

加茂具樹（2013）「現代中国における民意機関の政治的役割——代理者、諫言者、代表者。そして共演。」『アジア経済』LIV-4, 11-46.

加茂具樹（2020）「継承された改革と継承されなかった改革——中国共産党が提起した社会協商対話制度と協商民主制度」『アジア研究』Vol. 66, No. 3, 68-85.

加茂具樹・小嶋華津子・星野昌裕・武内宏樹（2012）『党国体制の現在——変容する社会と中国共産党の変容』慶應義塾大学出版会。

川中豪編著（2018）『後退する民主主義、強化される権威主義　最良の政治制度とは何か』ミネルヴァ書房。

川中豪（2022）『競争と秩序——東南アジアにみる民主主義のジレンマ』白水社。

木戸蓊（1990）『激動の東欧史——戦後政権崩壊の背景』中央公論社。

久保慶一（2013）「特集にあたって——特集・権威主義体制における議会と選挙の役割」『アジア経済』Vol.54, No.4。

倉田徹（2021）「香港政治危機——圧力と抵抗の2010年代」東京大学出版会。

高橋百合子（2015）『アカウンタビリティ改革の政治学』有斐閣。

土屋大洋（2012）「党国体制と情報社会——インターネット規制を事例に」『党国体制の現在——変容する社会と中国共産党の適応』慶應義塾大学出版会。

土屋大洋・川口貴久編（2020）『ハックされる民主主義——デジタル社会の選挙干渉リスク』千倉書房。

日本比較政治学会編（2014）『体制転換／非転換の比較政治』ミネルヴァ書房。

日本比較政治学会編（2020）『民主主義の脆弱性と権威主義の強靭性』ミネルヴァ書房。

日本比較政治学会編（2017）『競争的権威主義の安定性と不安定性』ミネルヴァ書房。

武藤祥（2021）「ポスト・グローバル時代における政治の『権威主義化』」『ポスト・グローバル化と国家の変容』ナカニシヤ出版。

鄧小平（1993）『鄧小平文選　第三巻』北京：人民出版社。

王滬寧（1993）「社会主義市場経済的政治要求：新権力構造」『社会科学』1993 年第 2 期。

許陳静・王肖瀟・李静濤（2015）「三任総書記的智嚢　王滬寧　政治的人生」『環球人物』第 31 期総 302 期。

呉介民・蔡宏政・鄭祖邦編（2017）『吊燈裡的巨蟒：中國因素作用力與反作用力、新北市：左岸文化出版（＝2021、川上桃子・呉介民編、川上桃子監訳、津村あおい訳『中国ファクターの政治社会——台湾への影響力の滲透』白水社）。

Bull, Hedley（1995）*The Anarchical Society: A Study of Order in World Politics*, Second Edition, Hampshire: Macmillan Press（＝2000、臼杵英一訳『国際社会論——アナーキカル・ソサイエティ』岩波書店）.

Diamond, Larry（2019）*Ill Winds: Saving Democracy from Russian Rage, Chinese Ambition, and American Complacency*, New York: Penguin Press（＝2022, 市原麻衣子訳『侵食される民主主義　内部からの崩壊と専制国家の攻撃　上・下』勁草書房）.

Diamond, Larry Jay and Marc F. Plattner（1990）"Why the "Journal of Democracy"", *Journal of Democracy*, 1（1）, 3-5.

Diamond, Larry, Marc F. Plattner, Yun-Han Chu, and Hung-Mao Tien eds.（1997）*Consolidating the Third Wave Democracies: Themes and Perspectives*, Baltimore: The Johns Hopkins University Press.

Diamond, Larry, Marc F. Plattner, and Christopher Walker eds.（2016a）*Authoritarianism Gose Global: The Challenge to Democracy*, Baltimore: The Johns Hopkins University Press.

Diamond, Larry, and Marc F. Plattner eds.（2016b）*Democracy in Decline?*, Baltimore: The Johns Hopkins University Press.

Dimitrov, Martin（2013）*Why Communism Did Not Collapse: Understanding Authoritarian Regime Resilience in Asia and Europe*, New York: Cambridge University Press.

Easton, David（1965）*A Systems Analysis of Political Life*, New York: John Wiley & Sons, Inc.D.（＝2002, 片岡寛光監訳『政治生活の体系分析　上下』早稲田大学出版部）.

Fasting, Mathilde with Francis Fukuyama（2021）*After the End of History: Conversations With Francis Fukuyama*, Washington D.C.: Georgetown University Press,（＝2022, 山田文訳『「歴史の終わり」の後で』中央公論新社）.

Frantz, Erica（2018）*Authoritarianism: What Everyone Needs to Know*, New York: Oxford University Press（＝2021、上谷直克・今井宏平・中井遼訳『権威主義——独裁政治の歴史と変貌』白水社）.

Fukuyama, Francis（1989）"The End of History" *The National Interest,* No. 16, 3-18.

Fukuyama, Francis（2011）*The Origins of Political Order: From Prehuman Times to the French Revolution*, London: Profile Books（＝2013, 会田弘継訳『政治の起源——人類以前からフランス革命

まで　上下』講談社）.

Gandhi, Jennifer（2008）*Political Institutions under Dictatorship*, Cambridge: Cambridge University Press.

Huntington, Samuel P.（1968）*Political Order in Changing Societies*, Cambridge: Cambridge University Press（＝1972, 内山秀夫訳『変革期社会の政治秩序　上下』サイマル出版会）.

Huntington, Samuel P.（1991）*The Third Wave: Democratization in the Late Twentieth Century*, Norman: University of Oklahoma Press（＝1995, 坪郷實・中道寿一・藪野祐三訳『第三の波――20世紀後半の民主化』三嶺書房）.

Levitsky, Steven, and, Lucan A. Way（2010）*Competitive Authoritarianism: Hybrid Regimes after the Cold War*, Cambridge: Cambridge University Press.

Levitsky, Steven and Lucan Way（2015）"The Myth of Democratic Recession," *Journal of Democracy*, 26（1）45-58.

Levitsky, Steven and Daniel Ziblatt（2018）*How Democracies Die*, New York: Crown（＝2018, 濱野大道訳『民主主義の死に方――二極化する政治が招く独裁への道』新潮社）.

Linz, Juan J.（1975）*Totalitarian and Authoritarian Regimes*, Boston: Addison-Wesley,（＝1995, 睦月規子・村上智章・黒川敬吾・木原滋哉・高橋進訳『全体主義体制と権威主義体制』法律文化社）.

Schedler, Andreas, ed.（2006）*Electoral Authoritarianism: The Dynamics of Unfree Competition*, Boulder: Lynne Rienner.

Svolic, Milan（2012）*The Politics of Authoritarian Rule*. Cambridge: Cambridge University Press.

The Freedom House（2022）"Freedom in The World 2022: The Global Expansion of Authoritarian Rule".

The V-Dem Institute（2022）"Democracy Report 2022: Autocratization Changing Nature?"

The World Bank（1993）*The East Asian Miracle: Economic Growth and Public Policy*, New York: Oxford University Press（＝1994、白鳥正喜・海外経済協力基金開発問題研究会訳『東アジアの奇跡―経済成長と政府の役割』東洋経済新報社）.

第2章 市場経済と国家

和田龍磨

はじめに

フォーマルな教育を受けた多くの経済学者[1]は、厚生経済学の第1基本定理というものを理解しているだけでなく、心のどこかで信じている。この定理は、「競争均衡はパレート最適である」という。競争均衡とは、単体では価格支配力を持たない多くの売り手と買い手が存在する市場で決まる価格・配分のことで、わかりやすくいえば市場経済での結果である。一方のパレート最適とは、誰かの効用（厚生）を下げずにはほかの何人の効用（厚生）も向上させることができない、その意味で最適な状態をいう。つまり、この定理によれば市場経済とは最も望ましい状態を作り出すものなのである。もちろん、ほとんどの経済学者はこの定理の限界を知っている。すなわち、公害などの外部性や、誰でも同時に無料で利用できる公共財が存在する市場では成り立たないし、作るほどに生産にかかる単価が減少するような産業（収穫逓増産業あるいは平均費用逓減産業）についても成り立たない。そのような例外があってもマクロ経済レベルでは、この定理が成り立つような環境を想定して経済学者は分析を行うことがほとんどなのである。そして、そのような環境では政府が市場に何らかの介入を行えば非効率性が発生し、効用（厚生）が下がるということを簡単に示すことができる。

むろん、現実の経済には例外的な環境も存在すれば、効率と公平（あるいは衡平）は別概念であるからこの定理のみによって市場経済礼賛につながらない、というのが大方の経済学者の見方であると思われるが、程度の差こそあれ、経済政府の市場介入は不全なものを補正するときのみに使われるべき

表 2-1　政府による市場介入の目的と具体的な政策

目的	政策
危機回避	銀行規制（バーゼル合意）、財政構造の安定化（途上国）、資本取引規制（途上国）
課税回避やテロ組織の活動制限	国際共通最低課税ルール、資本移動規制、現金取引制限、電子資産規制
国際取引の円滑化	為替レートの選択、中央銀行協調
環境・人権	環境規制の標準化、労働法規の基準化
知財保護・経済安全保障	WTO などの共通ルール、経済安全保障で制限できる経済活動の限定

だとする考えが主流である。

　本章では主として経済学の視点から、市場経済における国家の役割を論じる。国際秩序を維持し、経済厚生を高めるという目的のために国家（政府）が果たさなければならない役割は何か、政府の介入はなぜ正当化されるのかを考察する。国家が介入を行う目的を明らかにし、国家間での諸規則・規制の基準化・標準化、国際ルール作りが重要であることを示す。

I　目的別にみる国際秩序のための国家による市場介入

　国際秩序を維持し、厚生の向上を図るために現状では国家の市場への介入が行われているが、それらはいくつかの明確な目的、ゴールのために設定されていると考えられる。それぞれの介入は、標準的な経済学が仮定し、厚生経済学の第 1 基本定理が成立するような条件を満たさないために、市場での競争が必ずしも経済厚生を高めない場合や、価値判断として効率性よりも公平性や国家安全保障などほかの基準を望む[2]ことによっている。表 2-1 には国際秩序のために複数の国家が共同して行う政策とその目的をまとめており、以下それぞれについて述べていく。

II　危機回避のための政策

1　途上国と先進国での危機

これまで世界経済は多くの危機に見舞われてきた。最近では2008年のアメリカにおけるサブプライムローンに端を発する国際金融危機が挙げられるが、地域的な危機はかなりの数に上っており[3)]、1997年のアジア危機など日本に直接、大きな影響を与えたものも多い。

これらの危機はいくつかの類型に分類でき、ミシュキン（Mishkin 2021）やクルーグマンら（Krugman *et al.* 2018）が論じているように、原因と危機の展開過程が異なるために、危機あるいはその波及を防ぐという目的で論じる際には途上国と先進国での危機に分けて考える方が合理的である。

2　途上国での危機と危機防止策

途上国では財政規律が不十分であることから紙幣乱発が起き、その結果深刻なインフレーションとなることが多く、これをインフレーション危機と呼んでいる。政府の徴税力が低いにもかかわらず、経済成長のため、あるいは政治腐敗によって大きな政府支出があり、これを補うために紙幣を乱発するのである。

最近であればこのようにしてハイパーインフレーションが起きた国にジンバブエがある。ハイパーインフレーションでは国外からの資本が引き揚げられるほか、さまざまな価格が急激に変化するため経済が混乱し、生産や投資が大きく後退し、所得が減少する。または、インフレーションが起きる前に、外国からの投資の急減、生産性の低下や突然の資産価格下落に端を発し、経済の今後が懸念される結果、資本逃避（capital flight）によって為替レートが暴落するか、固定相場の場合には通貨切り下げを余儀なくされ、通貨危機が起きることもある。その後、先進国に比べて脆弱な銀行部門で債権を回収できずに破綻が続出する銀行危機が続き、外国への債務は履行不能になる債務危機が起きるというのが典型的な危機のシナリオである。

現実に危機が起きれば、過去の例からもわかるように多くのケースで国際通貨基金（IMF）などが救済を行う。ここで問題になるのはモラルハザード

である。つまり、救済されるのがわかっているので、放漫財政を継続する恐れがある。実際にはIMFの救済はローンの形をとるだけでなく、さまざまな財政支出の大幅削減などの更生プログラムの強制をローンの条件とするために、国としてはあまり望ましいものではない。このためモラルハザードはある程度避けられている。また、債務不履行についても一度行えば、信用問題からしばらくの間は国際金融市場から借り入れを行うのが困難になるため、国としてはできるだけ債務不履行は避けたい。

　世界経済全体でみれば、途上国発の危機はアメリカを起源とする危機に比べて影響はさほど大きくないが、アジア危機では比較的大きな経済である韓国や日本にも波及したことを考えれば、危機防止のために途上国に財政規律を求める必要はある。現実的には外貨準備を含めたマクロデータの開示や、IMFのローンを当事国にとってコストの高いものにするだけでなく、IMFへの保険金・積立金を創設して、その支払い額を財政状況に応じて変化させるようなスキームが必要であると考えられる。

　さらに、資本逃避が起きる前に外国資本が多く流入していたために通貨危機が起きるという考えから、資本流出を規制するルールをあらかじめ作るとともに、資本流入を規制しておくという考えが重要であるといえる。特に、財・サービスの輸入に関連しない、金融資産や不動産の外国居住者との売買については規制を行うという政策も、危機防止の観点からは有効と考えられている。また、後述のような銀行部門への規制も有効であろう。

3　先進国での危機

　日本における1980年代後半から1990年代後半までを思い浮かべると理解しやすいが、典型的な先進国の危機は株価などの資産価格の下落を発端として始まる。資産価格の急激な低下は、実はそれに先立つ資産価格バブルが崩壊した結果である場合も多い。またこのバブルが、それまでの規制を緩和したことによってハイリスク・ハイリターンの取引が活発化した結果であることもある[4]。銀行貸出が回収不能になり、銀行のバランスシートが悪化し破綻する銀行も現れ、銀行危機となる。そして破綻しない銀行も貸し出しを制限し、それによって投資需要が減り、それに伴い生産、所得にも大きなマイ

ナスの効果を生む。このため特に銀行部門を危機に対して頑健なものにすることと、過度な規制緩和をしないことで危機の可能性を下げるという政策が有効だと考えられている。

4　銀行・金融部門のモニタリング──銀行の国際展開をめぐって

　途上国、先進国ともに危機が起きる際には銀行危機が起こるために、銀行など金融業のモニタリング（監視）と規制が政府による有効な手段である。金融業が危険な融資や投資などの過剰なリスクを取ることは危機を助長するために、どの程度のリスクを取っているのか、危険な動きはないかを政府が監視するわけである。

　クルーグマンら（Krugman *et al.* 2018）が解説しているように、金融における国際展開が発達したのは、実は国家間で金融規制ルールが異なり、規制の隙間を縫うように金融機関が利益を得られたことが理由の1つである。彼らの説明によれば、通常、規制当局は国内の金融機関とその海外支店や子会社の監督を行うが、国内に存在して営業をしている部分に比べ、外国に存在している部分については、保護対象となる自国民への影響が少なく、また情報が十分に得られないこともあり、さほど厳しい監視をしていない。そして、外国に所在する部分では当該国の法規に従うため、国内と外国で規制に差があることが多い。このため金融機関はこのような規制の差を利用し、リスクが高く収益率が高い業務を規制が緩く監督が不十分な国外で行うことにより、国内のみでの営業では得ることのできない利益を得ることができる。つまり、各国の規制の差が国際展開をするインセンティブになったわけである。危機の防止という観点でいえば、銀行に過剰なリスクを取らせないことが重要であるため、規制の差をなくすような各国間でのルールの規格化・標準化が必要である。そのような取り組みの1つは銀行の自己資本規制、準備率規制、保有資産についての国際的な取り決めとしての「バーゼル規制」である。これは銀行が十分な自己資本を持つことによって資産価格が急低下する局面であっても債務超過に陥ることを避けるのが狙いであり、スイス・バーゼルに1974年に創立されたバーゼル委員会によって提唱されている。これまでバーゼルⅠ、バーゼルⅡとよばれる合意に基づく規制が施行されてきたが、

2007 年のサブプライムローン危機、2008 年の金融危機の際に規制が十分でないことが認識され、2010 年にバーゼル III が合意された。今後も技術進歩による電子通貨取引の活発化によって新たな規制についての合意が必要になると考えられるが、金融部門は途上国・先進国ともに危機の発端となることからこうした規制の必要性を世界的に認識する必要がある。

　前述のとおり、特に先進国においては危機に先立つバブルの出現が、実は規制が緩和されたこと、あるいは新技術に規制が追いついていないことに起因するものが多いとしばしば指摘されている。金融部門においては特に、規制緩和が経済厚生を高めるよいものだという主張に惑わされず、国際間で大きな差異のない規制を今後も検討していく必要がある。

III　課税回避や資金洗浄、テロ組織活動の制限

1　課税回避への対応——国際最低税率

　OECD で国際最低課税率が議論された結果、2021 年に 137 の国と地域で合意され、多くの国が 2023 年から最低 15％ を課税する方針である。投資は経済成長を生むとともに雇用や所得をもたらすので、その促進のためには一般論として課税は望ましくない。経済学的にはみれば課税は厚生経済学の第 1 基本定理で示された、最も効率的な資源配分を行う市場を歪めるからである。もちろん、現実には効率性の側面からのみならず、配分の観点も重要であり、個々の国によって課税に関する考えは異なるため、現実に資本課税が存在するのは想像に難くない。そこで疑問になるのは、なぜ最低課税率を国際的に定める必要があるのかということである。国際最低課税率が考案された背景には、各国が巨大企業を誘致するために課税率を下げるという競争が発生することにより巨大多国籍企業が巧みな会計手法や生産地の変更によって支払い税額を極端に減らしているという現実がある。結果として、種々のインフラを使っているにもかかわらず、操業している国の多くには税金を支払わないということが可能になってしまい、国内外の他の納税者に対して不公平が生じることが最低課税率を定める理由の 1 つである。もう 1 つの理由は、課税回避のためだけに不要な移転を行うことで、最も生産性の高いとこ

ろではない場所で生産されるという経済的非効率性の問題があるためである。

　このように多国間の取り決めとして国際最低課税率を決定することは、理論的には不公平の解消とともに不要な移転をなくして効率性を高める。ただし、これまで低い資本課税を国家戦略としてきた国にとっては、税収が減少することが明らかであるから全く歓迎できることではない。また小規模企業はこの国際最低課税率の例外となっていることは、今後制度の抜け穴となりうるなど、現実的な問題は多く残されている。

2　資金洗浄、テロ活動の制限──資本移転への介入

　本来、国際投資は生産性の高い国に投資を行うことによって全世界の生産を効率的に行うとともに、分散投資によるリスク回避という利点がある。これは天災といったその他の理由によりある地域での投資が期待を下回るものであったとしても、世界には被害を受けない地域もあるため、自国内だけに投資するのでなく、国際的に投資を行うことで分散投資を実現し、リスク回避が可能になるのである。それゆえ、国際投資は積極的に規制されるべきものではない。

　しかしながら現実には国境を越えて資金を移動する場合については、どの国の政府も何らかの制約をかけていることがほとんどである。これは課税回避や、違法に得た収益を洗浄する、マネーロンダリング、あるいはテロ組織の活動を防ぐことが大きな目的である。1で述べたように、途上国においては危機回避のための資金移動規制という意味合いもある。銀行間の送金などは記録が残るので、資金洗浄は容易ではないと考えられているが、金や現金は匿名性があるため、資金洗浄に使われやすい。このため、国境や国際線の空港で一定量以上の金や現金を持っている場合には申告を義務づけるということが日本やアメリカをはじめ各国で広く行われている。

3　非現金化（キャッシュレス）・現金電子化

　国境を越えずとも課税回避などの違法行為は可能であり、このような行為を減らすことを目的として高額紙幣を流通させないという政策がしばしば採用される。アメリカでは50ドル札、100ドル札の流通量は極端に少ない。

偽造であった場合に被る損害を考えれば受け取りたくないという需要側の理由もあるが、政策的な理由も大きい。なお、かつてアメリカで流通していた500ドル以上の高額紙幣の発行は行われていない。ただし、高額紙幣を流通させないという政策はキャッシュレスという電子決済化なしには困難である[5]。

　電子決済化が必要であるとすると、利用者は何らかのデバイスを持つ必要がある。例えば、現在でもスマートフォンなしに電子決済を行うことも不可能ではないが、不便である。あるいは、定期的な収入がなく銀行口座を持たずに現金で生活している人にはキャッシュレスは厳しいものがある。つまり、現金を排除してしまうと概して低所得者には大きな負担を強いることになるため、このような社会的コストも正しく理解し、認識する必要がある。

4　補論──非現金化をめぐるロゴフの議論（Rogoff 2016）

　キャッシュレスへの反対論として、停電や災害の際に決済が不可能になるということが挙げられるが、ロゴフ（Rogoff）によれば、そのような状態は長期間続かず、スマートフォンなどのデバイスは非常用のライトにもなるほどであるから信頼できる。さらに、経済学的にはキャッシュレスには金融政策の有効性を高める効果がある。これは非常に重要なポイントである。景気を刺激する金融政策では、金利が下がるように貨幣供給量を増加させて投資を促進させることで総需要を喚起するというプロセスを期待するが、ゼロ金利ではこのような効果は期待できない。なぜならばマイナス金利というのは通常想定できないうえ、預金をすることで手数料を取られるのであれば、現金を自宅や事務所で保管し、銀行預金をしないはずだからである。銀行が中央銀行に持つ口座や、国債の利回りを除けば、金利が実際にマイナスになるということは考えにくい[6]。

　しかし、キャッシュレスになったらどうであろうか？　現金を保蔵することができなくなり、金利がマイナスになることを受け入れるしかないのである。すると、金利が下がってマイナスになればなるほど、口座残高が急速に目減りするのであるから、経済主体は投資なり消費を増やすはずである。したがってキャッシュレスによってゼロ金利下でも金融政策が有効になる、と

いうのがロゴフの主張である。キャッシュレスのもう1つのメリットは前述のとおり、違法活動を減少させることであり、これについてはロゴフも肯定的に述べている。

　ロゴフをはじめ、多くの経済学者が指摘するように、現金、特に高額紙幣の流通量を大幅に減少させることが望ましい。もちろん、現金に頼らざるを得ない人のために少額紙幣の発行（例えばアメリカでは5ドル以下の紙幣の発行）は必要である[7]。

5　現金電子化の新たな課題——電子（仮想）通貨への規制

　消費者保護の観点から、何らかの規制は必要である。市場で取引される株や債券のような金融資産には、発行主体の情報が正確に告知される必要がある。一方で美術品などの資産には、政府による規格化は必ずしも存在するわけではない。しかしながら、売買が行われる場としての市場の効率性を考慮したときに、偽物があるかもしれない、詐欺かもしれないという市場では売買は成り立ちにくいうえに、実際に騙されて損害を被る人もいる。このようなことから、電子通貨の国際的な認証・規格化、市場の状況についての報告は今後義務付けるべきである。つまり、完全な匿名性は認められなくする必要がある。これは違法行為の防止という観点からも危機対応という点からも重要である。資産価格が暴落した際に株式市場のようなサーキットブレーカーがなければ、このような電子通貨発の危機もありうる。

　電子通貨にはビットコインのようにドルやユーロなど政府・中央銀行発行の貨幣で測られた価格が変動するものと、それら貨幣との交換比率を固定したステーブルコインがある。後者については投機性のある資産ではなく、貨幣に代わるものとして今後検討する余地がある。なお、ステーブルコインをめぐっても詐欺の問題および現金化する際に多くの制限を受けるといった問題[8]が指摘されている[9]。

　また現在、多くの中央銀行では中央銀行電子通貨（Central Bank Digital Currency, CBDC）の発行または発行が検討されている。アメリカのシンクタンクである Atlantic Council（https://www.atlanticcouncil.org/cbdctracker/（最終アクセス：2022年8月30日））によれば現在、バハマなど11の国と地域ではすでに

発行され、日本、カナダ、ユーロ圏を含む 26 の国と地域では開発中であり、アメリカなど 47 の国と地域では制度や実施方法を検討中である。どのような方法で発行されるか、CBDC の使途が限定されるかなどの違いがあるために、現状ではこのような CBDC が必ずしも現行の貨幣を電子化したものとはいえない。また 2022 年 1 月にアメリカ連邦準備制度がまとめたレポート（Board of Governors of the Federal Reserve System 2022）によると、政府による承認と議会による立法なしには前進しないことを明言しており、主に技術的な問題から、世界最大の経済大国であるアメリカでの CBDC の発行には時間がかかるとみられる。しかしながら、間接的にせよ民主的に選ばれた政府によって発行される貨幣であること、それゆえに法的に価値が認められて強制力もあることから、民間発行の電子通貨のメリットを上回り、今後は既存の電子通貨にとって代わるものとなると考えられる。しかしながら、そこでは電子通貨そのものについてや認証など、流通方法についての国際的な規格化といった共通のルール作りが必要となるであろう。

IV　国際取引の円滑化

1　為替レート政策

　国際取引において、為替レートは非常に重要である。金本位制においては、金の国内通貨での価格を公式に定めれば、同じく金本位制を採用している国の通貨との為替レートは自動的に定まることになるので、為替レートを固定あるいはコントロールする必要はない。ところが不換紙幣を前提とする場合には変動相場制をとるか、中央銀行あるいは政府が固定相場制において為替レートを固定する、または前者 2 つの中間を採用する場合もある。実際、IMF による定義では現在世界各国で使われている為替制度は 10 のレジームにわたる [10]。このうち、クリーンフロートあるいはフリーフロートと呼ばれる、為替市場に為替レートの決定をすべて委ねてしまう制度は政府による為替介入を排除しており、1 つの究極の形である。その対極は自国通貨を持たず、他国（通常は近隣の大国）の通貨を自国でも使用するというものである。この場合には当然のことながら自国の金融政策を使うことはできない。

このため、この制度が維持される限りにおいては、為替レート政策における自国政府の役割が排除されるといってよい。

この2つの為替制度の間に、固定相場制や政府・中央銀行による介入といったコントロールされた為替制度が存在する。為替レートを固定する場合には中央銀行は公式レートで無制限に為替の両替をする義務を負い、市場レートが公式レートから乖離した場合には為替介入を行う。もしも外貨準備が枯渇し、公式レートでの交換が不可能になった場合には公式レートを変更するか、固定相場制から変動相場制に移行する必要がある。また、固定相場を採用した場合、公式為替レートを維持するためには貨幣供給量が為替レートと整合的なレベルでなければならず、そのために自国独自の金融政策を持つことができない[11]。

2 ブレトンウッズ体制

過去に存在した不完全な金本位制と不換紙幣を含むシステムとしては、第二次世界大戦後のブレトンウッズ体制が挙げられる。金為替本位制と呼ばれることもあるこの制度においては、この体制に加盟する各国中央銀行は外貨準備として金または外貨建資産を持ち、ドルと自国通貨の為替レートの固定に努めた。一方で、アメリカの中央銀行である連邦準備制度は、各国の中央銀行に金1オンスあたり35ドルという交換比率で金とドルの交換を保証した[12]。このためドルは金と同様の価値を持つ貨幣であると考えられ、ドル以外の円やポンドなどの通貨もドルとの為替レートは固定されているために、不換紙幣でありながらも間接的であるにせよ金との交換が保証されていると考えられた。

しかし実際にはこの制度の維持は困難であった。アメリカは金とドルとの交換を保証しさえすればよく、独自の金融政策を行うことができた。一方で、他国は為替レートを固定する義務を負ったために独自の金融政策をとれないという非対称性そのものにも問題があった。アメリカの拡張的な財政政策[13]および金融政策でインフレーション気味となり、アメリカによるドルと金との交換が早晩不可能になるのではないかという疑念から、この制度全体への不信が継続的に起きたことによってブレトンウッズ体制は打撃を受け

た。ドルと金の交換レートを変更することでブレトンウッズ体制崩壊を短期的に回避することは可能であったが、当時の政権が翌年の選挙に向けて拡張的財政・金融政策を取り続けたいという政治的な思惑もあり、1971 年にニクソン大統領令によってアメリカが一方的に金とドルとの交換を停止することにより、事実上ブレトンウッズ体制は崩壊した。

　この例からわかることは、多国間システムとしての固定相場制維持は困難であり、中心となる通貨に特別の地位を与え、その通貨と金の交換価値を定めることは、中央銀行の金保有量が相当な速度で増加しない限り、制度の脆弱性になりうるということである。

3　固定相場・共通通貨とその問題点

　固定相場を採用している国同様、ユーロを自国通貨として用いている国は、原則として自国の金融政策を行えない。つまり、自国の判断でユーロの通貨供給量を増減させることはできない。考えてみればこのことは当然で、日本でいえば、1 つの県が勝手に 1 万円札を印刷して供給できないことと同じ理屈である。つまり、自国通貨を持たないということは自国の金融政策を行えないのである。このことにより、例えばドイツでは景気過熱気味で金融引き締めが求められる時にギリシャでは不況で金融緩和が求められるというような場合であっても、金融政策はドイツとギリシャで別個にというわけにはいかない。

　このように通貨同盟を組む場合には金融政策を完全に放棄しなければならず、経済政策は財政政策に頼らざるを得ない。ところが、ユーロ圏では政府による継続的な財政赤字が禁止されているために、地域経済格差は放置されるどころか、一層深刻化している。対照的にアメリカは経済状況の異なる50 州からなっている連邦国家であり、地域経済格差がありながらもその問題が連邦制を揺るがしかねないほどの問題にならないのは、州間での実質的な所得移転が連邦政府によって行われていることが大きな理由の 1 つである [14]。例としては連邦政府からの補助金、給付金以外にも軍事基地を含む連邦政府機関を恒常的に困窮している場所に設置することなどが挙げられる。しかしながら、ユーロは設立当初から所得の移転（加盟国間での補助金のやり

取りなど）を否定しており、域内の他国が困窮している地域に経済的な援助を行うことはできない。

　一般的に、域内の経済構造が多岐にわたっているために景気循環や経済成長が域内でも地域ごとに異なるような場合には、上記のような財政連邦制（fiscal federalism）なしに共通通貨は可能ではなく、またそういった国どうしでは固定相場も現実的ではない。固定相場制においては一方的に自国通貨を切り下げることが可能であるし、ブレトンウッズ体制下では、深刻な不均衡（fundamental disequilibrium）の際には、協議により通貨の切り下げが認められていたので、制度的には可能であった。しかし、ブレトンウッズ体制が30年ほどしか存続できなかったのは、体制内の国々の経済状況が相当に異なり、かつ時間とともに変化し続けたことも1つの理由ではあった。今後、地域経済圏その他で通貨統合を検討する際には、所得移転を伴う可能性があることを考慮する必要がある。さらに変動相場であっても急激な為替の変化は円滑な経済取引の障害となるため注意が必要であり、中央銀行間での弾力的な協調介入が可能になるように、自国中央銀行が自国通貨を他国中央銀行に貸し付けるという為替スワップラインの確保は重要である。

V　環境保護と労働

　環境問題とその原因である外部経済は、「はじめに」で述べた厚生経済学の第1基本定理が成立しない典型的な例の1つである。規制や政府介入なしには環境は悪化の一途をたどる。しかしながら、自国内の環境問題に比べて地球規模のものは、その悪影響が各国に一様のものではない。このために自国にとっての規制のコストが自国の受けるベネフィットを上回り、規制強化に反対する国が続出するという事態もしばしば起きている。そのため国際的なルール作りがゴールであるが、規制の細部や線引きの交渉は非常に困難が伴う。それゆえカリフォルニア州やヨーロッパ諸国のように、大きな市場を擁しながらも自動車関連の生産を行う企業が少ないために規制のコストが比較的低い国が率先して排ガス規制を作成し、諸国がそれに追随するように国際ルールができるという形も現実的である。

合理的な企業は賃金の低い国で生産を行い、世界市場で販売することで大きな利潤を得ることができる。このような流れが続けば、低賃金国での労働供給が増え、賃金水準が上昇し、労働者も恩恵を得られる、というのがグローバリゼーションの利点と考えられている。しかしながら、途上国にはさほど産業がないために低賃金労働者の立場は弱く、生活が維持できる水準でありさえすれば働く[15]ことで賃金上昇が起きずに搾取が行われ、グローバリゼーションによる労働需要増は児童労働の増加や労働条件の悪化を招いていると主張されることもしばしばある。このために貿易協定には途上国での労働条件や最低賃金などの条項を盛り込むことや、労働条件の向上を目指さない途上国からの製品に課税することなどが求められる。

　一方の先進国においても、グローバリゼーションの結果として低賃金国からの低価格製品流入によって、特に低賃金労働者の賃金下落や労働需要の減少が指摘される。

　このようにみると、グローバリゼーションは途上国においても先進国においても労働者に悪影響を与えているといえるが、これは本当なのであろうか？　Feenstra and Taylor（2017）がいくつかの文献を挙げて解説しているように、このようなアンチ・グローバリゼーションはむしろ先進国のポピュリスト的・保護主義的な見方が、途上国での不幸をことさらに主張して、関税や輸入制限などの保護主義的貿易政策の推進[16]を狙っているとみることもできる。

　ではこのような異なる思惑の下で、各国が果たす役割は何であろうか？　貿易に関していえば、過度の規制を設けることによる厚生の低下は大きく、また技術進歩や途上国の経済発展のスピードを考慮すると、労働条件なども絶えず変化していくと思われる。このような状況下で、十分に調査を行って労働市場についての基準化・規格化、国際ルール作りをするということは現実的ではない。むしろ、個別案件ごとに対応する方針として、悪労働条件を作り出している個別企業に制裁を課せる法制度[17]を国際ルールとして確立する方が現実的であると思われる。

VI　知的財産保護と経済安全保障

1　知的所有権

　新しいアイディアや創造、デザインなどを知的財産とし、特許や商標など
によってその発明や発見、創作を行った者の経済的権利である知的財産権を
保護するという概念は比較的新しい。ゆえに知的財産権の定義や設定範囲が
各国ごとに異なるという点は国際秩序によって脅威である。知的財産を定義
し、その所有権を守るのは政府の重要な役割であり、これは発明や創作のイ
ンセンティブを確保するためである[18]。

2　経済安全保障

　モノについての財産権同様、私人の権利が国家などに守られていることが
知的財産権であるのに対し、経済安全保障の観点から、国家の安全保障（national security）にかかわるために、知的財産権を一層強く保護するだけでなく、
その使われ方をも制約する動きが近年日本でも高まり、これは 2022 年に成
立した経済安全保障推進法にもみて取れる。軍事技術は民間が開発したとし
ても、その危険性から知的財産権の使用が限定されるというのは合理性があ
る。なお、経済安全保障の考え方では、国家と国民の安全保障に関すること
であれば知的財産に関することだけでなく、インフラや軍事転用可能なモノ
にも及ぶ。そして安全保障にかかわる、外国からの投資を監視するという流
れは今後も強まっていくものと思われる。しかし、政府によっての規制や監
視は世論の影響を受けやすいのも事実である。アメリカの外国投資委員会
（CFIUS）が、1980 年代には日本によるアメリカ企業買収という日本企業の
脅威に半ば過剰反応することよってその構造が形成された[19]ように、政治
的な意味合いが強く、雇用や所得の上昇という経済厚生の評価が正確にでき
なくなることも考えられる。安全保障は国家主権にかかわることであるから
何よりも優先するという考え方は説得力があるが、経済安全保障という言葉
が独り歩きし、そのために法律・規則が過度に保護的・裁量的な運用となっ
て国際的な経済活動が大幅に制限されることにならないように慎重を期さね
ばならない。そのため、どういった部分までは経済安全保障の枠組みで規制

が正当化できるかについて、ある程度の国際ルールが必要である。

おわりに

　自由主義市場経済においても、さまざまな形で政府の介入は肯定的にとらえられるべきである。現在、世界規模での経済活動が行われる場では、ルールがあいまいであり、先進国の国内でみられるような成熟した市場とはなっていない。これは財産権についての考え方や、経済取引のうち何が合法でどういった行為が違法であるという規定が国によって異なり、また国境を越える取引では政府の強制力が十分でないことに起因すると考えられる。したがって、効率性の観点から、市場の力を過大評価して経済取引の自由をことさらに主張することは大変危険なことである。

　重要なことは国際秩序のためにも国際的な市場を整備することであるが、規格化や標準化、国際ルールの創設ということには多大な労力や金銭的なコストがかかる上、国や地域による価値観の違いを乗り越え、何よりも主権国家間の取り決めを作成することは簡単なことではない。そこで、どの分野で、なぜ基準・標準化、国際ルールが必要なのかについてコンセンサスを得る必要がある。目的ごとにみれば、①危機回避、②課税回避、テロ活動違法取引の制限、③国際取引の円滑化、④環境・人権保護、⑤知的財産保護と経済安全保障のそれぞれについては、そういった取り決めを作成する合理性を各国が了解しやすい。

　今日の急速な技術の進歩は、経済活動そのものとそれを取り巻く環境を絶えず変化させている。そのような状況下では、国際秩序や経済厚生のために取り組むべき課題が今後も次々と出現すると思われる。一例としては本章でも取り上げた、近年著しい発展を遂げている電子資産であり、この取引についての規制作りは急務であると考えられる。

---

1)　1970年代のいわゆるルーカス革命（合理的期待革命）以降に教育を受けた経済学者であり、それ以前のケインズ経済学が主流であったころの経済学者には必ずしもこのような傾向はみられないかもしれない。

2) 例えば所得格差がどの程度であるべきかという問題は典型的な価値判断の問題である。

3) 経済危機についての分類や原因についての歴史的研究としては Reinhart and Rogoff（2009）に詳しい。

4) 2007 年のアメリカにおけるサブプライムローンに起因する世界的な金融危機について、規制緩和あるいは規制が不十分であったとする見方については Blinder（2013）が経済学の見地から一般向けに詳述しており、ノンフィクション小説としては Lewis（2010）とその小説を基にした同名の映画（邦題『マネー・ショート 華麗なる大逆転』）には金融業がいかに規制されておらず、それが危機につながったかが描かれている。

5) 正確には電子化せずともキャッシュレスは可能である。アメリカでは小切手の存在があったために電子決済化以前にキャッシュレスが相当程度実現していたが、この小切手の決済にはコストがかかった。例えば、2004 年までは小切手が決済されるためには小切手の現物が輸送される必要があったが、そのために 2001 年の同時多発テロによって航空機が飛行禁止になった際には小切手の決済が全米で非常に困難になった。このような背景もあり、2003 年に Check Clearing for the 21st Century Act という法律が成立し、紙の小切手を電子化しての決済が一般に行われるようになった。

6) 現在日本銀行が行っている政策の 1 つがこのマイナス金利であり、法定準備率を超過する各銀行の当座預金について手数料を取ることにより、実質的にマイナス金利となっている。このようなことが起きるのは、銀行が収益を見込める貸出先が十分にないからであると考えられている。また、現金保有のコストがマイナス金利を支払うよりも高いためにこのような超過準備が発生している。国債の利回りがマイナスになるのも同様に現金保有のコストが高い経済主体がいるからである。個人であれば、治安がさほど悪くない場合には金利がマイナスになれば自宅で現金を保有すればよいが、数百億を扱う企業が現金を持つことには輸送、警備など莫大なコストがかかる。銀行預金も銀行破綻のリスクが皆無ではない。このため最も安全な資産である国債で持つことが合理的となり、国債の利回りがマイナスになるほど国債価格が上がるのである。現金保有のコストが低い個人であればこのようなマイナスの利回りを持つ国債を買うことは合理的ではない。

7) 日本の場合には日本銀行法第 46 条第 2 項の規定により、売り手は紙幣を受け取る義務があるが、例えばアメリカの場合には連邦法で負債の法的決済手段として定められているのみである。つまり公的機関でない限り、売り手は紙幣を受け取りたくなければ、売らないことにすれば負債が発生しないので「高額紙幣お断り」ということができるのである。連邦準備制度によれば、このような受け取り拒否を禁止する州法の規定は可能である。（https://www.federalreserve.gov/faqs/currency_12772.htm 最終アクセス：2022 年 8 月 30 日）。

8) 一度に大量のステーブルコインを換金できない、一定の時間をおかなければ次回の換金はできない、などの制限。

9) 詳細は Presidents' working group on financial markets, the Federal Deposit Insurance Corporation, and the Office of the Comptroller of the Currency（2021）にある。

10) 詳細は International Monetary Fund（2021）を参照。自国通貨なし、カレンシーボード、

伝統的な固定相場、水平の幅を持つ固定相場、安定化された相場、クローリング（傾きのある幅を持つ）固定相場、クローリングのような相場、ターゲットを持たない管理された変動相場、フロート（変動相場）、フリーフロートである。

11）　正確にはトリレンマという、固定相場、自国独自の金融政策、自由な資本移動の3つのうち2つが実現可能である。このため資本移動規制をかければ固定相場であっても独自の金融政策を実行することができる。

12）　連邦準備制度理事会は各国の中央銀行に対してドルと金の交換を保証したが、個人や企業に対しては交換を保証しなかった。また、アメリカでは1933年にルーズベルト大統領による大統領令以降、市民による金の保有が禁止されていたため、事実上交換の必要はなかった。金の保有が完全に合法化されたのはブレトンウッズ体制が崩壊した後のことである。そのような意味で、ブレトンウッズ体制ではドルでさえも不換紙幣であった。

13）　ベトナム戦争とジョンソン大統領の「偉大な社会」という社会福祉拡充政策によって支出が増加したという見方が支配的である。

14）　このほか、アメリカでは英語が事実上の公用語であり、労働法規や専門資格も州ごとに若干の違いはあるとはいえ非常に類似していることから、労働移動がヨーロッパよりも活発であることは重要である。そのような労働移動によって、構造的な不況に苛まれている地域からそうでない地域に労働者が移動することで経済的困窮に陥る人が少ないこと、また困窮地域で労働供給が減少すれば賃金の下落も止まることから、ユーロ圏よりは問題が少ないといえる。その他、ユーロ圏の抱える制度とその経済に関する構造的な問題については Stiglitz（2016）が詳細かつ批判的に述べている。

15）　グローバリゼーションの理想論が想定するように労働市場において労働供給曲線は右上がりになっておらず、水平に近い状態になっているので、グローバリゼーションによって労働需要が増加しても賃金は低水準に留め置かれる、という論理である。

16）　過去には日本がダンピングでアメリカから制裁を科され、現在は日本が新興国に対して制裁関税を課しているが、ダンピングは生産している外国が本来あるべき価格よりも安く輸出を行っているために自国製品が市場で不利になっている結果、自国製品生産に携わる労働者が不利益を受けているという主張に基づく。また、外国の労働者も本来支払われるべき賃金が支払われていないから、彼らも被害者であるとする。いずれにしてもダンピングと主張することで保護的関税が正当化される。

17）　当事者以外も訴えることができるのか、立証責任、裁判所の管轄地など。

18）　当然のことであるが、他人のアイディアや発明を無断で合法的に使用でき、音楽、映画、絵画などの複製・販売が何の問題もなくできるのであれば、新しい発見や発明、創作についての経済的なインセンティブはなくなる。

19）　外国投資委員会の設立自体は1975年のフォード大統領令によるが、1988年に議会が Exon-Florio 条項として法制化した審査プロセスには、富士通による半導体企業買収計画に対する反発が大きく影響している。Congressional Research Service（2018）を参照。

参考文献

Blinder, A.S.（2013）*After the Music Stopped: The Financial Crisis, the Response, and the Work Ahead*, East Rutherford: Penguin Press.

Board of Governors of the Federal Reserve System（2022）"Money and Payments: The U.S. Dollar in the Age of Digital Transaction" https://www.federalreserve.gov/publications/files/money-and-payments-20220120.pdf（最終アクセス：2022 年 8 月 30 日）.

Congressional Research Service（2018）"The Committee on Foreign Investment in the United States（CFIUS）" https://crsreports.congress.gov/product/pdf/RL/RL33388/68（最終アクセス：2022 年 8 月 30 日）.

Feenstra, R.C. and A.M. Taylor（2017）*International Economics*, 4th ed., New York: Macmillan.

International Monetary Fund（2021）*Annual Report on Exchange Arrangements and Exchange Restrictions*.

Krugman, P., M. Obstfeld and M. Melitz（2018）*International Finance Theory and Policy*, 11th ed., Boston: Pearson.

Lewis, M.（2010）*The Big Short: Inside the Doomsday Machine*, New York: W. W. Norton & Company.

Mishkin, F.（2022）*The Economics of Money, Banking, and Financial Markets*, 13th ed., Boston: Pearson.

Presidents' working group on financial markets, the Federal Deposit Insurance Corporation, and the Office of the Comptroller of the Currency（2021）"Report on Stablecoins" https://home.treasury.gov/system/files/136/StableCoinReport_Nov1_508.pdf （最終アクセス：2022 年 8 月 30 日）.

Reinhart, C.M. and K.S. Rogoff（2009）*This Time is Different: Eight Centuries of Financial Folly*, Princeton: Princeton University Press.（= 2011, 村井章子訳『国家は破綻する――金融危機の 800 年』日経 BP）

Rogoff, K.S.（2016）*Curse of Cash*, Princeton: Princeton University Press.（= 2017, 村井章子訳『現金の呪い――紙幣をいつ廃止するか？』日経 BP）

Stiglitz, J.（2016）*The Euro: How a Common Currency Threatens the Future of Europe*, New York; W. W. Norton & Company.

第3章 サイバー・宇宙空間・技術のガバナンス

土屋大洋

はじめに

　有史以前から長い間、人類が作戦領域（operational domain）としてきたのは陸と海であった。陸上では人は食料その他の資源を求めて争い、海洋に船を使って人がこぎ出すにつれ、海もまた争いの場になったことは想像に難くない。空が作戦領域に加わるには、1903 年にライト兄弟が動力付きの飛行機を飛ばすまで待たなくてはならなかった。約 10 年後の 1914 年に第一次世界大戦が始まると、空は偵察機や爆撃機によって使われるようになり、やがて戦闘機同士による空中戦も行われるようになった。世界最初の空軍は、第一次世界大戦末期の 1918 年に編成された英国空軍である。

　陸、海、空という三つの作戦領域に続き、第四の作戦領域として認められたのが宇宙である。1957 年にソビエト連邦が人類最初の人工衛星スプートニクを打ち上げ、宇宙時代の幕が切って落とされた。ジョン・ルイス・ギャディス（John Lewis Gaddis）が「偵察衛星レジーム」と呼ぶ宇宙の軍事利用も始まった（ギャディス 2003）。

　そして 1990 年代半ばにインターネットが普及し始め、不可欠な社会インフラとして認知されるようになると、安全保障における情報技術（IT）の普及も進み、サイバースペースは第五の作戦領域と呼ばれるようになった。さらに、2018 年に閣議決定された日本の防衛計画の大綱においては、第六の作戦領域として電磁波が加えられた。

　本章では宇宙とサイバースペースに注目する。新たな作戦領域として宇宙とサイバースペースは認知されながらも、これらにアクセスするにはどうし

ても技術が不可欠である。有人宇宙飛行の機会はまだ極めて限定的だが、一般の人々は全地球測位システム（GPS）を使ったナビゲーションなどを日常的に使うようになっている。サイバースペースもまた、パーソナル・コンピュータ（パソコン）やスマートフォン（スマホ）を通じて身近なものとなった。そうした技術のガバナンスが国際政治経済上の政策課題となっている。

I　技術のガバナンスとグレート・ゲーム

1　技術のガバナンス

　技術が社会に影響を与え、変化させていくことはいうまでもない。しかし、技術と社会の関係は前者が独立変数で後者が従属変数として固定されているかというと、そう単純なものではない。新しい技術が生まれ、それが社会に広がっていくことによって社会を変えていくという見方をここでは「テクノパラダイム論」と呼ぼう。つまり、新技術によって新たなパラダイムが広がっていくという見方である。パラダイムとは本来科学的な思考集団についてトーマス・クーン（Thomas Kuhn）が述べたものだが、ここでは一つの技術が作り出す支配的な技術利用パターンと考えよう。これに従えば、新たな技術が生まれることによって社会は続々と変化していくことになる（児玉 1991；石井 1993）。

　それに対し、薬師寺泰蔵は、技術が一方的に社会を変えるのではなく、社会がそれぞれに合った技術を選択するという「テクノスタイル論」を展開した。同じ技術が、ある社会ではいち早く取り入れられるのに対し、別の社会では時間がかかるかもしれない。特定の国だけで爆発的に採用されるが、他の国ではそうでないものもある。例えば、ファクシミリ（ファックス）は、コンピュータの導入が遅れた漢字圏では広く使われ、日本ではいまだに名刺に必ずといって良いほど番号が書かれているが、利用する文字数が少ない欧米圏では廃れるのが早かった。薬師寺は「技術はそれぞれの文化と社会に依存して発展し、『テクノスタイル』を創る」という（薬師寺 1993）。

　軍事技術を見れば、文化に限らず、政治経済的な要因によって技術が選択されることは明らかだ。いくら核兵器が強力なものであったとしても、唯一

の被爆国である日本がそれを採択することは、1945年の第二次世界大戦終結以降、70年以上が経過してもなされていない。政治的な理由ならずとも、核兵器や空母、ステルス戦闘機といった巨額の研究開発費を要する技術を自分で開発しようとする国は少ない。

　本章で検討する宇宙とサイバースペースに関していえば、宇宙開発には巨大な投資が必要とされる。宇宙技術からスピンオフ（spin off）され、民生技術として活用されるものもあり、宇宙に投資する民間企業も増えている（福島 2020）。

　しかし、よりいっそう民間の役割が重要なのがサイバースペースである。もともと米国防総省の高等研究計画局（ARPA）によって開発されたARPANETが原型といわれるインターネットだが、1990年代に大規模な商用化が始まると、民間企業主導で発展してきた。やがてインターネットとその周辺で発展したサイバーシステムとそれを利用したサイバースペースは、軍事部門で活用されている。

2　サリエントとリバース・サリエント

　米国の技術史の研究者であるトーマス・P・ヒューズ（Thomas P. Hughes）は、技術システムの開発における凸部（salient）と凹部（reverse salient）という考え方を示した（Hughes 1992）。凸部とは技術システム開発の最前線における明白な突出部であり、凹部は最前線から遅れたへこみ部分ということになる。

　例えば、高速飛行をシステム上の目標とする飛行機開発においては、機体、制御、翼、着陸装置、パイロットの操縦、エンジンといったさまざまな技術を組み合わせるシステムが必要だが、その中でエンジンだけが突出しているということがある。その際にはエンジンの性能に見合うように他の技術を発展させていく必要がある。

　拡大と低コスト化を目標とする電灯と電力システムの開発に当たっては、発電機、タービン、管理、敷設作業、ランプ、燃料、配電、トランスミッションといった要素を組み合わせなくてはならないが、その中でトランスミッションの開発が遅れているため、全体のシステム構成がうまくいかないことがある。この際、トランスミッションが凹部ということになる（図3-1）。

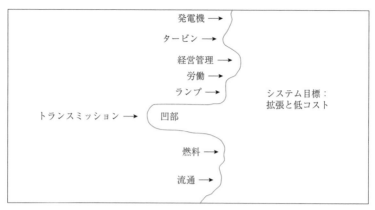

図3-1　凹部（reverse salient）の例

出典　Hughes（1992, 99）.

　そして、ヒューズは、重大問題（critical problem）という概念を用いる。つまり、凹部になっている技術に重点投資することによって、それを凹部から凸部に変えることができるということである。重大問題になっていたトランスミッションに高電圧技術を用いることで一気に技術習熟度が進み、凸部となって他の技術を牽引する部分になった。

　ゲームチェンジャー技術とは、凸部と凹部のうち、おそらく凹部を埋める技術であろう。足りないピースを埋めることによってシステム技術を完成させ、一気にアドバンテージを生み出し、ゲームをひっくり返してしまうことになる。

　技術が国際関係に影響を与えることは広く認識されている。軍事技術が各国の軍事力を直接的に変化させるだけではなく、民間の技術力が当該国の経済基盤を形成し、国力を支える。軍事技術が民間転用されることをスピンオフ、逆に民生技術が軍事利用されることをスピンオンというが、技術水準が高い国では両方の動きが見られる。

　特に現代においては、半導体に象徴されるように、軍事と民間経済活動の両方にとって不可欠な技術が存在するので、それを確保するための経済安全保障や地経学といった考え方が注目を浴びている。

　20世紀初頭にユーラシア大陸をめぐって大英帝国と帝政ロシアの間で行われたインテリジェンス・ゲームをグレート・ゲーム（Great Game）と呼ぶ

ことがある（キプリング 2015；土屋 2020）。帝政ロシアはロシア革命でソ連になり、ソ連解体後はロシア共和国となった。大英帝国の代わりに米国が西側世界の盟主になったが、ユーラシア大陸が地政学、そして近年の地経学の中心的関心であることには変わりない。近年では、グレート・ゲームは、グレート・パワー・コンペティション（Great Power Competition：大国間競争）と呼ばれることも多い。

特に新しい技術をめぐって繰り広げられるテクノ・グレート・ゲームは、近年の国際政治経済を理解するために不可欠の視点であろう。以下では、宇宙とサイバースペースのガバナンスという視点から新しいグレート・ゲームについて見ていこう。

II　国家と企業による宇宙のグレート・ゲーム

1　国家主導の宇宙開発

1957 年 10 月 4 日、ソ連が人工衛星スプートニク 1 号を打ち上げた。衛星軌道まで物体を打ち上げられるロケット技術は米国その他の国々に衝撃を与え、いわゆる「スプートニク・ショック」と呼ばれた。そうしたロケット技術は弾道ミサイルにも応用可能である。そもそも衛星軌道に人工物を置くことで何ができるのか、当時はまた未確定であり、現在のように衛星から写真を撮影したり、通信・放送を中継したり、地球表面や宇宙空間を観測したりできるようになるには時間を要した。

しかし、スプートニク・ショックは米国の科学技術投資を一気に加速させる効果を持ち、軌道計算のためのコンピュータの開発やロケット・エンジンの開発、そもそもの基礎科学への予算投入が行われた。

米ソ間の宇宙開発競争も激化した。ソ連はハエや犬などの生物を宇宙空間に送り出す実験を行った。1961 年 4 月にソ連は人間を宇宙空間に送り出し、地球軌道を周回させることに成功する。対抗する米国のジョン・F・ケネディ（John F. Kennedy）政権はアポロ計画を打ち出し、1969 年 7 月に米国のアポロ 11 号は月面着陸に成功した。

その後、各国は通信衛星を打ち上げるようになり、国際通信に使われるよ

うになった。通信衛星が実用化するまでは銅線を使った海底ケーブルが国際通信を担っていたが、その通信容量は限られていた。放送波も乗せられるようになり、国際テレビ中継も行われるようになった。

　そして、カメラを人工衛星に乗せ、上空から地表を撮影するスパイ衛星も打ち上げられるようになった。最初はフィルムが衛星から地表に向かってパラシュートで落とされた。やがて写真は電波に乗せて伝送された。カメラも通常の光学カメラだけでなく、合成開口レーダ（SAR）を使うことで雲がある場合にも地表の様子がわかるようになった。

　宇宙空間のガバナンスにおいて重要なのは二つの問題である。第一に、衛星軌道のガバナンスである。赤道上約3万6000キロにある静止軌道に人工衛星を置くことができれば、人工衛星は地球の自転と同期するため、地上から見ると人工衛星は静止しているように見える。通信や放送、気象観測に静止軌道衛星は不可欠である。しかし、宇宙空間は広大といえども、特定の国をカバーする静止軌道は無限とはいえない。人工衛星同士が衝突しないように打ち上げ、静止させることを考えれば、資源としての静止軌道は限られている。

　静止軌道の管理は国連の専門機関である国際電気通信連合（ITU）が行っている。米国の航空・宇宙企業ボーイングによれば、2010年6月30日現在、静止軌道には294の商用人工衛星が置かれていた（Boeing 2010）。他に軍事用の衛星もあるだろう。

　今後、いっそう困難が見込まれるのが、低軌道である。コンステレーション（constellation: 集合）と一般的に呼ばれるが、多数、時には数千の人工衛星を低軌道で同時運用し、途切れることなく地表と通信を行う衛星が使われるようになっている。あるいは、静止軌道衛星よりも低い軌道を飛ぶ地球観測衛星（約500〜900キロメートル）や測位衛星（約2万〜4万キロメートル）の軌道の管理も必要である。

　こうした人工衛星の軌道のガバナンスに加え、深刻さを増しているのが宇宙ゴミのガバナンスである。デブリ（debris）と呼ばれる宇宙ゴミは、人工衛星などの打ち上げやその他の人間の宇宙活動によって生じる。その多くは長期間にわたって宇宙空間に浮遊するだけでなく、猛スピードで人工衛星や宇

宙ステーションに衝突し、損傷を与える可能性もある。各国はデブリを増やさないように努力しているが、中国やインドの人工衛星破壊（ASAT）実験によって大量のデブリが発生している。

　各国の宇宙関連機関はデブリを観測しており、それらが人工衛星などにぶつからないようにしたり、地上に落ちてくる場合の予測をしたりしながら、情報交換・共有・公開を行っている。

　そうした宇宙に関する国際的なガバナンスの基礎となっているのが、1967年に発効した「月その他の天体を含む宇宙空間の探査及び利用における国家活動を律する原則に関する条約」、いわゆる宇宙条約である。それは、宇宙空間の探査・利用の自由、領有の禁止、平和利用の原則、国家への責任集中原則を定めている。

2　民間企業参入によるアクターの多様化

　宇宙条約は、宇宙活動を行うのが政府機関か非政府団体かにかかわらず、自国によって行われる活動については国家が国際的責任を負うとする国家への責任集中原則を定めているものの、近年では民間企業による宇宙利用、宇宙ビジネスへの参入が加速している。いわゆる「宇宙旅行」も始まっており、多額の料金を払えば民間人が宇宙空間に行くことも可能である。

　また、民間企業が打ち上げた人工衛星が高解像度の衛星写真を撮影し、それを販売することも行われている。資源探査や環境破壊の進捗度調査、さらには国際紛争の状況把握などにも民間の人工衛星が使われている。

　2022年2月に始まったロシアによるウクライナ侵攻に際しては、ウクライナの求めに応じて米国のスターリンク社が通信装置を大量にウクライナに提供することで、ウクライナにおける政府・民間の通信が確保された。

　米国の航空宇宙局（NASA）や日本の宇宙航空研究開発機構（JAXA）との政府機関と民間企業の協力も拡大しており、政府機関だけが宇宙を利用する時代のガバナンスとは異なってくることが予想されている。

　ソ連によるスプートニク・ショックは、いわば、技術における凸部であり、それがきっかけとなって宇宙をめぐる技術が一気に進展した。宇宙は当初は軍事的な目的での開発が先行したが、今日米国のグローバル・ポジショニン

グ・システム（GPS）が一般の位置情報把握に日常的に使われるスピンオフの典型になっている。

III　サイバー攻撃と認知戦の拡大

1　サイバー攻撃の多発

　インターネットの原型といわれる ARPANET は、軍事的な視点よりも、科学技術共同体に資するネットワークとして発展した。電子メールは当初はコンピュータの資源共有に伴う連絡手段であった。それがやがて 1990 年代に商用化が認められることによって、また情報技術（IT）のハードウェア、ソフトウェア、そしてサービス提供を担う企業が多く参加することによって、大きく変容した。

　しかし、その根本にある技術は、セキュリティを想定したものではなかったため、さまざまな問題を生み出すことになった。ハードウェアもソフトウェアも完璧なものはなく、ベストエフォート（最善の努力）による提供が許容されていたため、利用中に何度もアップデートが行われることになった。そして、そうした不備を悪用するという意味のエクスプロイテーション（exploitation：利己的な利用）が行われるようになり、サイバー犯罪（cyber crime）、サイバー攻撃（cyber attack）、そしてより広い意味のサイバー作戦（cyber operation）が行われるようになった。

　広義のサイバー攻撃は、サイバー犯罪、狭義のサイバー攻撃（人的・物的な被害を伴う）、サイバー作戦を包含して用いられているが、国家アクターおよび非国家アクターによる政治的、経済的、軍事的、さらには個人的な動機に基づくサイバー攻撃が日常的に行われるようになっている。

　こうしたサイバーセキュリティのためのガバナンスは総じて未熟である。サイバーセキュリティのガバナンスが難しい理由の一つに、誰がそうしたサイバー攻撃を行っているのかがわかりにくいというアトリビューション（attribution：特定、帰属）問題がある。サイバー攻撃がいつ、誰によって、誰に対して行われるのかがわかりにくく、被害者も数百日間それに気づかなかったり、あるいは全く気づかなかったりということもある。攻撃者が極めて有

利な非対称性がサイバーセキュリティのガバナンスを難しくしている。

2 認知戦

　サイバーセキュリティの問題をいっそう難しくしているのが認知戦をめぐる問題である。それは、選挙への外国からの干渉やハイブリッド戦との関連でこれまで議論されてきた。例えば、2016 年の米国大統領選挙においては、ロシアからソーシャルメディアを通じたフェイクニュースが大量に発信され、選挙において混乱が見られた。2014 年のロシアによるクリミア半島の一方的な併合に際しては、ロシアが半島における通信を掌握し、住民におかしなニュースを流すことに成功し、ハイブリッド戦の先駆けといわれた（廣瀬 2021；佐々木 2021 年；小泉 2021）。

　2022 年 2 月からのロシアによるウクライナ侵攻においては、ロシア政府は根拠のない主張を繰り返した。一方的な侵攻であるにもかかわらず、ウラジーミル・プーチン大統領はそれを「特別軍事作戦」と呼び、「ウクライナを侵攻してはいない」と主張している。ロシア国内においては、プーチン大統領はウクライナとナチスを結びつける根拠のない主張を繰り返し、侵攻を正当化しようとした。

　2022 年 8 月、米国議会下院のナンシー・ペロシ（Nancy Pelosi）議長がアジア各国を歴訪する中で、台湾も訪問し、蔡英文総統と会談を行った。ペロシ議長訪問前に米国のジョー・バイデン大統領と中国の習近平国家主席との間で行われた電話会談では、習主席は「火遊びは身を焦がす（Those who play with fire will perish by it）」と抗議したが、米国政府は、ペロシ議長は台湾を訪問する権利があるとして議長の訪問を容認した。

　議長が台湾を訪問すると、中国は台湾周辺で軍事演習を行うとともに、通常の 23 倍ものサイバー攻撃が行われたという。また、台湾の国防部は、「オンラインで噂になっているが、人民解放軍から中華民国の桃園空港に対するミサイル攻撃はなく、空港は通常通り機能している。我々はこの悪意ある行為を強く非難し、この偽情報を拡散しないようネチズンに求める」とツイートした（Ministry of National Defense, R. O. C. 2022）。ここでのネチズンとはインターネットなどのコンピュータネットワークを利用する人々の総称である。

プロパガンダや偽情報の歴史は古い。敵を欺くことによって自軍を有利にすることは何度も行われてきた。第二次世界大戦においては、1943 年にシチリア島上陸を可能にするためにミンスミート作戦（Operation Mincemeat）が行われ（Macintyre 2011）、1944 年のノルマンディー上陸作戦を成功させるためにフォーティテュード作戦（Operation Fortitude）が行われた（Macintyre 2016）。冷戦時代にも東西両陣営の間でさまざまな偽情報がベルリンや朝鮮半島などで流された。

　認知戦は 1990 年代後半には指揮命令戦（C2W）の一環として認識されるようになった。C2W は軍事作戦における情報戦（IW）の応用であるとされ、心理戦（PSYOP）、軍事的欺瞞、作戦セキュリティ（OPSEC）、電子戦（EW）、物理的破壊の統合的利用とされ、味方の C2 能力を防御しながら、敵の C2 能力に影響を与えたり、妨害・破壊したりすることとされている（Joint Chiefs of Staff, 1996, v）。

　1990 年代後半にインターネットが普及し始め、2004 年にフェイスブック、2006 年にツイッターがサービスを開始し、ソーシャル・メディアが人気を博すようになると、偽情報は国境を越え、紛争地帯以外でも日常的に見られるようになってきている。多くのフォロアーを持ったインフルエンサーと呼ばれるオピニオン・リーダーの発言が多くの人たちの言動に影響を与えるようになっている。2016 年の米国大統領選挙でドナルド・トランプ（Donald J. Trump）が勝利し、従来型のマスコミをフェイクニュースと呼び、ツイッターを使って自ら発信することを好む大統領が誕生したことは、人々が情報を入手し、家族や友人と共有する方法を大きく変えるようになった。

　2020 年はじめから始まった新型コロナウイルスのパンデミックにおいては、さまざまな誤情報と偽情報がソーシャル・メディアを通じて拡散した。そうした情報は、誤情報や偽情報として拡散されたのではなく、多くの人がそれらを真実だと信じて拡散した。サイバーカスケードやエコーチェンバーと呼ばれる情報環境が作り出され、その中では人々は特定の情報に何度も接し、他の情報へのアクセスが限られることによって、誤情報や偽情報を強く信じてしまう傾向がある。

　こうしたメディア環境の変化が、新たな作戦領域としての認知領域への注

目を高めることにつながっている。非常時にソーシャル・メディアを通じて判断に迷うような情報が拡散されることによって混乱を引き起こしたり、まちがった対応を促したりする事態が起きるかもしれない。

　日本の防衛省の2022年版「防衛白書」は、中国が提唱する「智能化戦争」を紹介している。それは「IoT情報システムに基づき、智能化された武器・装備とそれに応じた作戦方法を用いて、陸、海、空、宇宙、電磁、サイバー及び認知領域において展開する一体化した戦争」だとされている。その上で、「『認知領域』における戦いは既に顕在化・進行中であると捉えられている」と述べている。

　今後も何らかの作戦行動や戦争が行われる際には、政府首脳や軍関係者、そして一般の人々の認知を混乱させる認知戦が行われる可能性が高い。しかし、こうした認知戦を規制する国際的な枠組みはほとんど存在しないのが現状である。

　そもそも、サイバー空間を規定する条約はほとんど存在しない。サイバー犯罪条約（ブダペスト・コンベンション）は数少ない例外の一つだが、それを批准している国は66カ国に限られている（Council of Europe 2022）。ヨーロッパ主導で起案された条約であることもあり、アジア太平洋地域でそれを批准している国は、オーストラリア、日本、フィリピン、スリランカ、トンガに限られる。中国や韓国は批准していない。そのブダペスト・コンベンションは偽情報やフェイクニュースについては規定していない（Council of Europe 2001）。

　国連総会第一委員会の政府専門家会合（GGE）はこれまで数次にわたって会合が開かれ、何度かレポートを出してきた（United Nations General Assembly 2021）。しかし、そこではサイバー攻撃を抑制するための方策に焦点が絞られ、情報の真偽に関する議論は行われていない。

　民間の有識者グループであるサイバースペースの安定性に関するグローバル委員会（GCSC）は八つの規範を提案した。そのうちの第二は「選挙インフラの防護に関する規範」である。それは「国家と非国家アクターは、選挙、国民投票、住民投票に不可欠な技術インフラを破壊することを企図したサイバー作戦を追求、支援、許容してはならない」と述べている（GCSC 2018）。

しかし、それは技術的なインフラストラクチャの防護が主眼であり、選挙における言説については規定していない。

　なぜそうしたガバナンスの枠組みは存在しないのか。それは、何が正しくてまちがっているかは主観的なものだからである。一方にとっては正しいと思われることも、他方にとっては真実とは受け入れられない場合がある。民主的な国の中では、最終的には裁判で法的に決着を付けることができるかもしれないが、国際社会における国際司法裁判所の役割は限定的である。国際司法裁判所が、南シナ海における中国の領海主張が根拠のないものであるとの判断を下したことは注目に値する。しかし、中国はその判断を尊重していない。

　しかし、こうした民間の役割も、認知戦を規制するグローバルなガバナンスを形成しているとはいいがたい。情報の正しさに絶対的な基準がなく、多くの人、政府、企業、団体が賛同できる規範やソフトローがない現状では、共通の地平を見出すことは難しい。

　「火をもって火を制す（Fight Fire with Fire）」という言葉も認知戦においては限定的である。敵を騙すことによって自らを優位に置くことが認知戦の要諦である。しかし、民主国家の政府や軍が無限定に偽情報、フェイクニュース、プロパガンダを発信すれば、自国民からの信頼も失うことになりかねない。インターネットとソーシャル・メディアによって情報が瞬時に世界中に拡散する環境においては、民主国家の政府は慎重な姿勢を取らざるを得ない。

　そうした中、2021 年に英国で開かれた G7 外務・開発大臣会合においては、「開かれた社会」というテーマの下、(1) メディアの自由、(2) インターネットのシャットダウン、(3) サイバー・ガバナンス、(4) 宗教・信条の自由、(5) 迅速対応メカニズム（RRM）、(6) 恣意的な拘束といった議題が取り上げられた。そして、「我々は、外国の悪意ある活動から我々の民主的制度と開かれた社会を守るための我々の継続的な共通の努力の一環として、迅速対応メカニズム（RRM）への我々のコミットメントを再確認する。我々は、共に協力することにより、我々の民主的制度とプロセスを標的とし、我々の民主主義の完全性に対する国民の信頼を損ねようとし、情報空間への干渉を試みる者を抑止することができる」とした（Ministry of Foreign Affairs of Japan 2021）。

セキュリティは、サイバースペースをめぐる技術の中でリバース・サリエントになっている。この技術的な欠陥を埋めるべく、新たな技術やサービスが提供されているが、どれもいまだ決定的ではない。ガバナンスはまだそれを埋めることができていない。

おわりに

本章では、宇宙とサイバースペースを中心に、新しい技術のガバナンスの問題を取り上げた。新しい技術は、サリエントあるいはリバース・サリエントとして認知されるが、社会がどのように技術を取り上げるかは一様ではない。しかし、宇宙とサイバースペースをめぐる技術は軍事ばかりではなく我々の日常生活にも深く影響を与えるようになっている。

そうでありながら、それらの技術のガバナンスはいまだ未熟な段階にある。宇宙においては宇宙条約が作られたが、宇宙デブリの問題を必ずしもうまく処理できていない。サイバースペースにおいては国連や民間が取り組んでいるが、多くの国が批准する条約の合意には至っていない。

そうした中で勃発した 2022 年のロシアによるウクライナ侵攻においては、宇宙技術、サイバー技術がさまざまな形で活用されるとともに、妨害もされた。民間企業もまた、そこでは大きな役割を果たした。それらを適切なガバナンスの下に置くにはまだ時間がかかるだろう。

人類が海を活用するようになってから数千年が経っているが、国連海洋法条約（UNCLOS）が発効したのは 1994 年である。スプートニク 1 号が打ち上げられたのが 1957 年、インターネットの原型となる ARPANET が始まったのは 1969 年である。それらの技術のガバナンスにはもう少し時間を要したとしても不思議なことではない。

参考文献
石井威望（1993）「技術のパラダイムシフト」『テレビジョン学会誌』第 47 巻 1 号、2–16。
キプリング、ラドヤード（2015）（三辺律子訳）『少年キム』（岩波少年文庫）岩波書店。
ギャディス、ジョン・ルイス（2003）（五味俊樹、阪田恭代、宮坂直史訳）『ロング・ピー

ス――冷戦史の証言「核・緊張・平和」』芦書房。

小泉悠（2021）『現代ロシアの軍事戦略』（ちくま新書）筑摩書房。

児玉文雄（1991）『ハイテク技術のパラダイム――マクロ技術学の体系』中央公論社。

佐々木孝博（2021）『近未来戦の核心サイバー戦――情報大国ロシアの全貌』扶桑社。

土屋大洋（2020）『サイバーグレートゲーム――政治・経済・技術とデータをめぐる地政学』千倉書房。

廣瀬陽子（2021）『ハイブリッド戦争――ロシアの新しい国家戦略』（講談社現代新書）講談社。

福島康仁（2020）『宇宙と安全保障――軍事利用の潮流とガバナンスの模索』千倉書房。

薬師寺泰蔵（1993）「千差万別　車の生きざま　雁が飛び立つとき②　調和と反発の『テクノスタイル』」『日本経済新聞』1993 年 3 月 13 日朝刊。

Boeing（2010）"Commercial Communications Satellites Orbit," Boeing 〈https://secure.boeingimages.com/archive/Commercial-Communications-Satellites-Orbit-2F3XC5KQCM9.html〉（accessed on October 10, 2022）.

Council of Europe（2001）"Convention on Cybercrime," Council of Europe 〈https://rm.coe.int/1680081561〉 November 23, 2001（accessed on October 10, 2022）.

Council of Europe（2022）"The Budapest Convention（ETS No. 185）and its Protocols," Council of Europe 〈https://www.coe.int/en/web/cybercrime/the-budapest-convention〉（accessed on October 10, 2022）.

GCSC（2018）"Call to Protect the Electoral Infrastructure," GCSC 〈https://hcss.nl/wp-content/uploads/2022/08/GCSC-Call-to-Protect-Electoral-Infrastructure.pdf〉 May 2018（accessed on October 10, 2022）.

Hughes, Thomas P.（1992）"The Dynamics of Technological Change: Salients, Critical Problems, and Industrial Revolutions," Giovanni Dosi, Renato Giannetti, and Pier Angelo Toninelli, eds., *Technology and Enterprise in a Historical Perspective*, Oxford: Clarendon Press, 97-118.

Joint Chiefs of Staff（1996）Joint Doctrine for Command Control Warfare（C2W）（Joint Publication 3-13.1）, Washington DC: Department of Defense.

Macintyre, Ben（2011）*Operation Mincemeat: How a Dead Man and a Bizarre Plan Fooled the Nazis and Assured an Allied Victory*, New York: Crown.

Macintyre, Ben（2016）*Double Cross: The True Story of the D-Day Spies*, London: Bloomsbury Publishing.

Ministry of Foreign Affairs of Japan（2021）"G7 Foreign and Development Ministers' Meeting Communiqué," Ministry of Foreign Affairs of Japan 〈https://www.mofa.go.jp/fp/pc/page6e_000238.html〉 May 6, 2021（accessed on October 10, 2022）.

Ministry of National Defense, R. O. C.（2022）"In response to rumors online, there is no missile attack from PLA against Taoyuan International Airport of R. O. C., and #TPE is working as usual. We strongly condemn this malicious act and urge netizens not to spread this disinformation." Twitter 〈https://twitter.com/MoNDefense/status/1554753303862337537?cxt=HHwWgoCj4Y75y5MrAAAA〉 August 3, 2022（accessed on October 10, 2022）.

United Nations General Assembly（2021）"Group of Governmental Experts on Advancing Responsible State Behaviour in Cyberspace in the Context of International Security," United Nations〈https://front.un-arm.org/wp-content/uploads/2021/08/A_76_135-2104030E-1.pdf〉, July 14, 2021（accessed on October 10, 2022）.

第II部
世界と地域のガバナンス

第4章 ロシアとユーラシア世界

廣瀬陽子

はじめに

ユーラシアとは、ヨーロッパとアジアを一つの大陸とみなす際の呼称であり、その二つの地域を併せた造語である。六大陸のうち、一番大きな大陸であり、地球の陸地面積の約四割を占める。しかし一方で、ユーラシアのど真ん中に位置するロシア、そして旧ソ連地域が、ユーラシアの象徴的イメージになってきた。他方、ロシアの外交を考える際に、必ず出てくる思想がユーラシア主義やネオ・ユーラシア主義であり、ロシアの行動原理を考える上で、ユーラシアという概念が極めて重要であることがわかる。

本章では、ロシアとロシアの最も重要な勢力圏、ないし「近い外国」であり、ユーラシアのかなり広い領域を占める旧ソ連地域をユーラシアの中心と位置づけた上で、ユーラシアにおける大国のパワーゲームやその狭間にある国の動き方、また、勢力圏を維持するためにロシアが用いてきた「ハイブリッド戦争」について考える。

I ロシアのユーラシア主義と勢力圏構想

1 ユーラシア主義とネオ・ユーラシア主義

ユーラシア主義とは、ロシア革命とそれによって成立したソ連に対する反応の一つとして、1920～30年代に白系ロシア人（ロシア人亡命者）から生まれた民族主義的思想潮流である。ブルガリアのソフィアでニコライ・トルベツコイ公らが1921年に出版した論集において、ロシア国民を「ヨーロッ

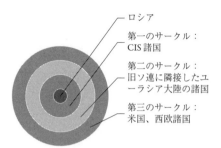

ロシア

第一のサークル：
CIS 諸国

第二のサークル：
旧ソ連に隣接したユ
ーラシア大陸の諸国

第三のサークル：
米国、西欧諸国

**図 4-1　プリーツェルのソ連解体後の
ロシアを取り巻く空間の分類**
出典：筆者作成。

人ともアジア人とも異なるユーラシア人」と規定し、特にヨーロッパ文化を
批判して、ロシア独自の歴史的発展の道を説いたことに源流があるという。
ロシアはヨーロッパから極東まで広がる広大な領土を持っていることから、
アジアでもヨーロッパでもなく、独自の社会・文化圏を想定し、地政学的な
概念であるユーラシアに位置すると見る考え方である。

　イリヤ・プリーツェル（Ilya Priezel）は、ソ連解体後のロシアをとりまく空
間を、ロシアを中心に同心円を描く形で三つのサークルに分類した（図4-1）。
第一のサークルが CIS（独立国家共同体）諸国、第二のサークルが旧ソ連領
域に近接するユーラシア大陸の国々であり、第三のサークルがロシアからは
一番遠い欧米諸国である（Priezel 1998）。このような分類は、ロシアの外交を
考える際に有益である。新生ロシアでは、これらの領域のどこに外交の重点
を置くかということで、さまざまな議論がなされたからである。

　その詳細は割愛するが、「ユーラシア主義」を主張する論者は第一のサー
クルを重視し、第三のサークル、つまり欧米と対決するために第二のサーク
ルとの関係維持を図ろうとする一方、「大西洋主義」を掲げるリベラル系の
論者は欧米との関係を最も重視し、第一、第二のサークルに該当する諸国と
も友好関係を維持していくべきだとした。簡単に言えば、ユーラシア主義は
欧米と対抗しつつ、ユーラシアに外交の力点を置き、旧ソ連諸国やアジア諸
国との連携をめざす方針であり、大西洋主義は親欧米路線であると言える。
また、それらの間で力点のバランスが少しずつ異なる中間的な議論も多く出
された。

最終的にロシアがめざすことになったのはユーラシア主義であるが、その背景には、ソ連解体によってソ連の欧州部が独立し、ロシアの重心がアジア寄りに移動したという地政学的背景、冷戦が終結したのちも、北大西洋条約機構（NATO）が東方拡大をつづけるなど反ロシア的な政策を米国などが採りつづけ、冷戦的な雰囲気が維持されたという事実などがある。

　そして、そのユーラシア主義は、ソ連解体後に、社会主義と訣別したロシアが、新たなナショナル・アイデンティティを模索する中で見直し、再解釈も加えられ、反リベラル的なネオ・ユーラシア主義という思想に発展し、ロシア内外で注目を集めるようになった（浜 2010）。その考え方は、外交にも大きな影響力を持ってきた。そのことは、ロシアのウラジーミル・プーチン（Vladimir Putin）大統領が主導して 2015 年に発足した経済同盟「ユーラシア経済連合」やその前身となる 2010 年発足の「ユーラシア関税同盟」、同氏が発足をめざし、2011 年に構想を発表していた「ユーラシア連合」など、プーチン大統領の肝煎りプロジェクト名にユーラシアが付されていることからも明白だろう。本来の定義とは異なり、ロシアから考える「ユーラシア」は旧ソ連地域を中心とし、それに友好国が加わった領域であると言えそうだ。

　ロシアは 2022 年 2 月 24 日にウクライナに侵攻し、そのことは世界を大きく揺るがすことになったが、ウクライナ侵攻においても、このネオ・ユーラシア主義がプーチン大統領の思考の根底にあると考えられている。プーチン大統領がソ連解体を「20 世紀最大の地政学的悲劇」と述べたように、ソ連解体は、多くの旧ソ連の人々、とりわけロシア人にとって、極めて辛いものであった。超大国として米国と世界を二分してきたソ連が葬り去られ、自分達の誇りも、アイデンティティも喪失してしまったからだ。さらに、ソ連解体後の政治経済の混乱により厳しい生活が続いた中で、欧米から自由民主主義をはじめとした欧米的価値観が押し付けられた（と少なくともロシア人が感じた）ことは、プーチン大統領はもとより、少なくないロシア人にも欧米や欧米的価値観に対してネガティブな印象を植え付けたのであった。

2　主権民主主義

　こうして、プーチン・ロシアは欧米とは異なる価値観を貫くことを選び、

自らその政治体制を「主権民主主義」であると謳った。主権民主主義とは、2005年当時、イデオロギー担当の大統領府副長官であったウラジスラフ・スルコフ（Vladislav Surkov）が生み出した造語であり、ロシア固有の民主主義モデルであり、ロシア独自の道を強調する新スラブ主義的な概念である。

スルコフの主張をまとめると、ロシアの民主主義は、ナショナルな国家性とロシアの伝統的文化の上に構築され、特殊ロシア的な性格をもつ。そして、ロシアの文化認識は全体論的、直観的、反機械論的であって、分析より総合、実利より理念、論理より形象、理性より直観、部分より全体が優越しており、そのことが、現実政治の本質を決定づけてきた。その上で、ロシアの政治文化には、(1)「中央集権」による政治的全体性の志向、(2)政治目的の「理念化」、(3)政治制度の「人格化」、という三つの特徴があり、そこにおいては、個人が制度となる。また、ロシアの政治理念にはメシア思想があることも重要だ。以上のことから、ロシア人の全体的世界観は形象化（具体像）を求め、カリスマ的な個人の形象によって表現されており、カリスマ的個人である指導者はプーチン大統領である。とはいえ、西側の知的資源へのアプローチなくして、経済の技術革新は不可能だとして、先進国の文化との接近も必要だという（袴田 2007）。

スルコフの主張をごくごく簡単にまとめれば、ロシアはプーチン大統領をコアにした独自の民主主義を構築しており、諸外国からの内政干渉は断固拒否する、という強い姿勢を言葉にしたものと言えるかもしれない。その背景には、欧米に対する強い不信感がある。スルコフが「主権民主主義」という概念を発表した2005年は、2003年、2004年と続いたいわゆる「カラー革命」の直後だとも言える。カラー革命とは、2000年代に旧ソ連領域において、権威主義的な政権の交代を求めて起きた民主化運動であり、具体的には2003年のジョージアでの「バラ革命」と2004年のウクライナでの「オレンジ革命」を指すが、欧米の財政的、技術的支援があったことも特徴とされる（なお、2005年のキルギスの「チューリップ革命」も「カラー革命」に含める向きもあるが、同「革命」は欧米の影響によるものではないため、筆者は「カラー革命」には含めない）[1]。

ロシアの「カラー革命」に対する反発は極めて大きいものがあった。自身

の勢力圏に欧米が干渉したとみなしたからである。そもそも欧米の価値の押し付けには嫌悪感を持っていたロシアだが、「革命」というラディカルな形でその価値の押し付けが実践されたことは、ロシアにとって許しがたく、欧米に対する不信感をかなり強めることとなった。

ロシアにとって、勢力圏の維持は極めて重要であり、まさに外交の根幹とも言えるものなのだ。

3　ロシアにとっての地政学

ソ連、そしてその継承国家であるロシアは、地政学を時代の状況に応じて政治、外交政策に援用し、地政学的な国際戦略を実践してきた。そして、地政学はソ連・ロシアが影響力を拡大させてゆくプロセスを理論的に支えてきたものであると言ってよい。ソ連解体直後のロシアは、政治経済的に混乱し、対外的拡大を考える余裕すらなかったが、2000年にプーチンが大統領に就任すると、国家の悲願として強いロシアの復活がめざされるようになり、地政学が再び大きな意味を持つようになった。

プーチン時代のロシア地政学を牽引してきたのがアレクサンドル・ドゥーギン（Aleksandr Dugin）である。ドゥーギンは地政学、哲学、政治思想などを専門とし、モスクワ大学などで教鞭もとっていた学者だが、政治アナリスト、戦略家としても知られる。1998年以後、政治にも深く関与するようになり、2002年には自らユーラシア党を設立、政治家としても活動するなど、さまざまな顔を持つ。プーチンのブレーンとも称されてきたが、プーチンとドゥーギンの直接の関係はほとんどなかったのではないかとも言われており、少なくとも2022年のロシアによるウクライナ侵攻の意思決定にドゥーギンが関わっていることはないと考えられる。とはいえ、ドゥーギンの『地政学の基礎——ロシアの地政学的未来（*Основы геополитики: Геополитическое будущее России*）』（1997年）は、軍事、外交関係者の必読書とされており、プーチン大統領が一定の影響を受けたことは間違いないだろう。

ドゥーギンの主な議論はドイツ地政学を完成させたと言われているカール・ハウスホーファー（Karl Haushofer）の主張を援用しており、英米型の地政学とは一線を画す。

ドゥーギンの前掲書の中心的主張は、米英および大西洋主義のユーラシアにおける影響力を失わせ、ロシアが併合や連携を通じてユーラシアにおける影響力を再構築していくべきだというものである。そして、ロシア人の世界統治のための闘争は未だ終わっておらず、ロシアは反ブルジョア・反米革命の舞台でありつづけているとし、「西洋主義、米国の戦略的支配、リベラルな価値による支配の拒否」を共通の敵に対する基本原則としてユーラシアの帝国が構築されるべきだと主張する。その目的を実現するためには、軍事力の役割は比較的小さく、ロシアの特務機関による破壊、不安定化、誤報・偽情報の洗練されたプログラムが果たす役割が大きいとされ、他国に攻撃や圧力を仕掛けるためにはロシアの天然ガス、石油、天然資源などの強固かつ有効な活用が望まれるとされる。ドゥーギンが推進するこれらの手段は、「ハイブリッド戦争」の本質と大きく関わるものである（後述）。そして、本書が提示するロシアの最終目的は全欧州の「フィンランド化」[2]、すなわち中立化であるという（Дугин 1997）。

4　グランド・ストラテジーと勢力圏構想

　それでは、地政学は現在のロシアの外交にどのような影響を与えてきたのだろうか。2000 年からロシアの政治を握ってきたプーチンは、自らの外交の理念として「グランド・ストラテジー（Grand Strategy）」を設定し、それを基盤として外交方針を構築してきた。

　グランド・ストラテジーとは、外交の基本をなす大戦略と位置づけられるが、その達成のために、プーチンはその時々の状況に即応してさまざまな「戦術・手段（Tactics・Instruments）」を効果的に組み合わせて用いることに長けてきたと言われる（ただし、戦争を指導する戦略の下位、また、戦闘を指導する先述の上位に位置する、「作戦術（Operational Art）」がプーチンには欠けており〈ソ連時代にはあった〉、それが現在のロシア外交で失策が目立つ原因だとも言える）。プーチンにとってのグランド・ストラテジーは、「勢力（影響）圏」（Sphere of influence）の維持である。

　ロシアにとっての具体的な勢力圏とは、第一義的には旧ソ連領域、ないしロシアが言うところの「近い外国」である。つまり前述の「第一のサーク

ル」であり、少なくともバルト三国を除いた領域については、欧米の影響力を何としても排除することが最低限の目標となる。第二義的なロシアの勢力圏は、冷戦時代の旧共産圏と旧ソ連諸国以外の友好国（反米度が高ければ高いほど望ましい）、そして地球温暖化による海氷の融解で戦略的意義が高まった「北極」などの新領域である。つまり、旧ソ連地域を勢力圏として堅持しつつ、欧米への対抗力を高めるために歴史的に縁のある地域や、欧米のお膝元などの戦略的意義の高い地域への影響力を強めていくことがプーチン外交の主軸だと言える。

　プーチン時代のロシアは、米国による一極的世界に反発し、中国とタッグを組みつつ多極的世界を実現し、自らもその一極を担うことを国際政治における重要な基本戦略として追求してきた。中国はロシアにとって警戒すべき相手ではあるのだが、米国による一極的支配を崩すという最重要の目的のためには、中国は重要なパートナーになるのである。ここで留意すべきことは、ロシアにとっては多極的世界の実現も、勢力圏の維持があってこそ成り立つということである。つまり、勢力圏の維持はロシア外交のすべての根幹をなしているといえるのだ。

　プーチンが考える本来のロシアの領土は「歴史的ロシア」というキーワードと彼の独自の判断基準から成り立っているようである。なお、「歴史的ロシア」という言葉は、基本的に旧ロシア帝国領を指す。そして、ロシアの領土の定義について、プーチンは独自の三つの判断基準を設けているという。それは、「18世紀末までにロシア帝国に含まれていた領土」、「ロシア語を話す人々」、「ロシア正教を信仰する人々」を含む領域であるという。

　そして、この基準に従えば、南コーカサス、一部のカザフスタンを除く中央アジア全域、バルト三国とモルドヴァ、そしてウクライナのカトリックおよび東方典礼カトリック教会［ユニエイト］（正教会や東方諸教会で用いられる典礼を用いながら、ローマ教皇権を認めてカトリック教会の教義を受け入れ、ローマ・カトリック教会とフル・コミュニオン関係[3]にあるキリスト教の宗派）を信仰する領域はロシアからは排除される。

　一方、エストニア北東部、ラトビア東部、ベラルーシ全土、ウクライナ東部・南部・中央部、沿ドニエストル（しかし、当地以外のモルドヴァは除く。

沿ドニエストルはモルドヴァ内の未承認国家であり、ロシアの支援を受けている。モルドヴァはもともとルーマニアの一部であったが、第二次世界大戦時の独ソ不可侵条約の秘密議定書、いわゆるモロトフ・リッベントロップ議定書により、バルト三国とともにソ連に併合された）はロシア連邦に含まれるべき土地であるとプーチンは考えているという。

　このプーチンの基準に基づけば、多くの土地はロシア連邦には本来含まれるべきではないということにもなる。例えば、北コーカサスの多くの共和国、沿ヴォルガ地域やロシア中南部地域の一部、ハバロフスク、サハリン、千島列島、カリーニングラードなどがそれに相当し、当然ながら北方領土も含まれる。だが、現実には、そのような土地ですら、プーチンは捨てる気がまったくないと言われており、それは、現在のロシアの北方領土問題に対する厳しい姿勢と平仄が合うとも言える。

　なお、2022年のウクライナ侵攻に絡むプーチンの発言からは、ロシア帝国の領域に強く固執している様子が見てとれる。

II　ユーラシアのパワーバランス

1　ソ連解体後のユーラシアのパワーゲーム

　ソ連解体はユーラシアの力の真空を生んだ。他方、欧米勢力は旧共産主義諸国の民主化・経済改革に乗り出し、旧共産圏を、欧州スタンダードを備えた国々に変革しようとしていた。しかし、それはロシアからはロシアの勢力圏を侵害する行為に思われた。そして、ロシアはユーラシアで欧米とパワーゲームを展開することとなり、EUやNATOへの加盟をめざす、ウクライナ、ジョージア、モルドヴァ（モルドヴァはNATO加盟の希望を表明したことはない）を牽制し、欧米側に行かないようさまざまな手段（後述）を使ったのである。2000年半ばくらいまでは反露的な性格が目立ったアゼルバイジャンも加わったGUAM（ジョージア、ウクライナ、アゼルバイジャン、モルドヴァというメンバー国の頭文字をとった地域機構。一時、ウズベキスタンもメンバーだった）に対しては、ロシアは警戒感を強めていた。

　こうして、旧ソ連解体後のユーラシアはロシアと欧米のパワーゲームが成

立しているかに見えた。

　ここで、ロシアの地理を考えたい。ロシアは、1,712万5,000平方キロメートル（日本の約45倍）という世界一広大な国土を持つ国で、国内に11ものタイムゾーンがあり、民族、宗教も多様である。ロシアというと、首都・モスクワやサンクトペテルブルクのイメージが強いことから、ヨーロッパの国だという印象が強いかもしれない。だが、ロシアは実際にはアジアの国でもある。大雑把に言うと、ロシア本土はウラル山脈を境に、その東側がアジア部、西側がヨーロッパ部とされているのだが、そのことはロシアの国土の約77％はアジア部に位置することを意味する。

　さらに、プーチン3期目の2012年あたりからは、プーチンは明確に「東方シフト」を打ち出し、アジアに目を向けてきた。それは、米国バラク・オバマ政権（当時）の、「アジア・ピボット（回帰）」となぞらえられることもあるが、ロシアのそれは、米国の政策とは根本的に性格が異なっている。米国のアジア・ピボットが外交の方向性であるのに対し、ロシアの東方シフトは、外交の方向性のみならず、内政の重点領域という意味も含む、内政・外交双方を彩る方針だからだ。その理由は、前述したように、ロシアは「アジアの国」であるという要素も色濃く持っているからである。ロシアのアジア部、特に極東やシベリアは歴史的に開発に着手しにくい地であり、ロシア帝政時代から、極東・シベリアの発展の課題は難題であり続けてきた。そしてその課題は、ロシア帝国にもソ連にも解決されないまま、プーチンに託されたと言って良い。そこで、プーチンは内政における重要課題として北方領土を含む極東、シベリアの発展に梃入れしつつ、さらに外交では中国を中心としたアジア太平洋諸国と緊密な関係を維持しながら、国際的にも中露が連携する形で米国と対抗し、多極的世界の構築をめざしているのである。

　また、当時の米オバマ政権は「リバランス」や「ピボット」というワードもよく用いた。「リバランス」とは再均衡の意味である。米国がこれまでとっていた外交戦略を修正し、アジア太平洋地域に重点領域を変更する軍事安全保障・外交政策をさす。アジア太平洋地域が米国外交における最優先事項の一つであると、オバマ大統領が2011年11月に宣言したことを契機に、米軍の再編成や外交戦略の変更などによって具現化されていった。特に、日本、

韓国、オーストラリアなどの同盟国との関係を再強化し、軍備を最適に再配分することによって、効果的で合理的な自国のプレゼンスをめざすことに重点が置かれた。また、「ピボット」とは、外交・安全保障の軸足をシフトさせる政策であり、「アジアへの回帰政策（Pivot to Asia）」という文脈で使われた。

つまり、リバランスとピボットはほぼ同義であり、オバマ外交の支柱をなしていたと言えるが、それらを体現していたのは何も米国だけではなく世界的な潮流であり、ロシアは東進し、中国は西進するという趨勢が見られた。世界規模のリバランスが生じた背景には、中国の台頭、米国のパワーダウン、インドを筆頭としたアジア諸国の成長、中南米の政治・経済的変動、テロリストなど非国家主体による不安定化などがあった。このような趨勢の中で、日本の安倍晋三首相（当時）が 2016 年 8 月に提唱した「自由で開かれたインド太平洋戦略（FOIP）」に代表されるように、欧米諸国にとってもインドの重要性が顕著となり、世界の中でインド争奪戦とも言える状況が起きる一方、インドは全方位外交で最大の受益を図ろうとしているように見える。

ロシアの東方シフトでは、当然中国の利害と衝突する可能性があった。特にロシアの「ユーラシア経済連合」、そしてもともとある旧ソ連諸国を影響圏とする考え方は、「一帯一路」を掲げてユーラシアへの影響力を拡大している中国の方針と明らかに抵触した。

それでも中露はユーラシアでの協調の道を選んだ。ユーラシアの中心となる中央アジアにおいては、ロシアが「政治・軍事」領域で、中国が「経済」領域でリーダーシップをとるという形で分業をし、中露は自国のユーラシア政策を共存共栄で発展させられるはずだった。しかし中国が経済を中心に特に伸長する中、中央アジアの中でキルギスやタジキスタンが中国の「債務の罠」に囚われてしまうなど中国の影響力がさらに顕著になった。経済的関係から、中国が諸外国に政治的にも影響力を及ぼすようになり、また影響力の範囲は、例えばタジキスタンの事例に見られるように、軍事にも及んでいるように見える。しかし、2014 年以降、ロシアはクリミア併合の余波で多くの制裁を受けるようになり、他方、中国は経済成長が堅調だったことから、2018 年くらいには、ロシアは公には認めないものの、実質的には自国が中

国のジュニアパートナーに成り下がったことを認めていたという見解もある。それでもロシアは、表面的には中国と緊密な関係を築きつつも、お互いに不信感を持ち続けるような、そしてそれがゆえに軍事同盟は組めないような「離婚なき便宜的結婚」という関係を維持しているとも言われてきた。

　それでもやはり中露の対抗関係は消失するものではなかった。対米関係では共同歩調をとるものの、中央アジアなど、勢力圏をめぐる対抗関係や、BRICs[4] や上海協力機構（SCO)[5] など、中露が指導的立場にあり、かつ欧米に対抗する意味合いが強いとされる組織内では中露の勢力争いが確実に存在する。それら組織に、新規メンバーを参加させる際の動きなどで、中露の主導権争いが顕著に展開される。

　そして、BRICs と SCO の両方のメンバーであるインドの位置づけというのもユーラシアのパワーバランスにおける重要な要素だと言える。前述のようにインドは、世界における存在感を顕著に強めているが、ロシアもインドとの関係を極めて重視している。そして、2022 年のロシアによるウクライナ侵攻で、世界がエネルギー部門にも及ぶ制裁をロシアに科す中、インドはロシアの制裁の抜け道にもなった。

　このようにユーラシアにおけるパワーバランスは欧米 vs ロシアという構図から、ユーラシアのアジア方面ではロシア vs 中国、そしてそこに、南アジアから影響力を及ぼすインドが加わるという図式に変化した。そして、2022 年のウクライナ侵攻により、国際的な地位を大きく落としたロシアが今後、このパワーバランスの中でどのような位置づけとなっていくのかが今後のユーラシアを考える上で大きな鍵となる。さらに、近年、存在感を増しているグローバル・サウスの存在も大きな影響を及ぼしてきそうであり、ユーラシアのパワーゲームも新たな段階に進むのかもしれない。

2　狭間の政治学

　このようにユーラシアにはパワーゲームがある。しかし、ロシアの周辺の国々に見られる小国は、ロシアの逆鱗に触れないよう遠慮がちに動いたり、はたまた欧米に積極的に働きかけたり、双方の間で絶妙なバランス外交を展開したり、とそれぞれの所与の条件や国家の方向性によって、さまざまな動

きを示してきた。つまり、地政学的な条件により、歴史的に常に諸外国から翻弄されてきた小国が生き抜いていく秘訣は、ロシア、欧米、そして地域によっては中国というビッグ・パワーの「狭間」でバランスをいかにうまくとるかということにあった。そしてこのような小国の外交・内政を考える上では、「狭間の政治学」の観点が不可欠である。この「狭間の政治学」とは、地理的には欧州とロシアの狭間に位置し、政治的にはさらに米国の要素も加わって、欧米とロシアの間でどちらに接近するかの選択を迫られ、またその選択によってさまざまな制約や試練を甘受せねばならなくなる、つまり、主権国家でありながら、政治的な自由が制限されているユーラシアの小国の政治を筆者は「狭間の政治学」と呼びたい。

　「狭間」に位置する小国は、いくら主権国家であるとはいえ、「真の独立」を獲得、維持することが難しく、また内政干渉を受けやすい状況にある。「真の独立」を希求することは、ロシアから距離を置き、親欧米路線をとるということとほぼ同義になる傾向があり、だからこそ「真の独立」が極めて難しくなる。この「狭間の政治学」の考え方は、多くのユーラシア諸国、とりわけ資源がなく、経済力が弱い国に適用できるが、このような状況があることを国際社会が認識する必要がある。なぜなら、このような状況を理解せず、極端な親欧米路線や改革を強いれば、それはロシアの逆鱗に触れることになり、ロシアが懲罰的行為を始めることになる。そうなれば、欧米スタンダードや民主化の達成がむしろ遠くなるような国家の危機に至ることは、ジョージアやウクライナの事例から明らかだ。

　「狭間」の国は、資源や国際インフラなど、経済力や地政学的重要性を持っていると、自身の外交の自由度が上がるが、資源も経済力もない小国は大国に対して対抗策を持ち得ず、大国の言いなりにならざるを得ない場合が多くなる。例えば南コーカサスの場合、資源保有国であるアゼルバイジャンは外交的な自由度が高く、欧米間のバランス外交を展開しているが、資源のないアルメニアはロシアに太刀打ちできず、欧米への接近も実行に移すことができない状態だ。ジョージアは資源保有国ではなく、経済力も強くないが、パイプライン、鉄道、道路など国際的な重要インフラのハブとなっていることから一定の自由度を持ち、反露・親欧米の確固たる姿勢を貫いてきた（廣

瀬 2022）。

Ⅲ 外交の手段とハイブリッド戦争

1 外交の戦術・手段

　プーチン・ロシアは、グランド・ストラテジーを達成・維持するために、どのような手段をとってきたのだろうか。プーチンは以下、8点に集約される戦術・手段を外交において巧みに用いてきた（Starr and Cornell eds., 2014 をもとに筆者改変）。

①外交とビジネス

　この二つは、ソ連時代から関係が深い旧ソ連諸国を、ロシアの勢力圏に維持しておくために有効な手段とされている。ロシアは意に沿わない国に対し、査証発給拒否や禁輸措置などを講じることで、相手にダメージを与えることができる。

②情報とプロパガンダ（メディア操作）

　2016 年の米大統領選挙でも、ロシアはさまざまな情報とプロパガンダを有効に使って干渉したと騒がれたことは記憶に新しいだろう。近年では、インターネットを駆使してフェイクニュースを大量発信するトロール（荒らし行為）部隊の暗躍や、サイバー攻撃によってウェブサイトの情報を書き換えたりする手法も増えている。ただ、メディアを活用した情報戦術は決して目新しいものではなく、ソ連時代から多用されてきた。

③政治家のすげ替えや教会の利用

　反露的思考を持つ指導者・政治家はクーデタや情報戦などを利用して失脚させ、親露的な者にすげ替えてきた。クーデタ支援やさまざまなレベルでの長短期的な政治的干渉などによって達成がめざされる。ロシア正教会を利用することもあり、信仰や人的要素から相手国の内政を揺るがしていく。

④反対勢力・市民社会・過激派の支援

反体制派や不安分子を経済面、技術面で支援し、内政の不安定化を図る。旧ソ連内の分離主義や未承認国家に対する支援など、多くの事例がある。

⑤破壊活動・テロリズム

暗殺など不可解な事件の多くにロシアが関与していると考えられている。英国での神経剤「ノビチョク」によるロシアの元スパイ、セルゲイ・スクリパル父子の暗殺未遂事件（2018 年）などでは、ロシアの脅威をあらためて世界に認識させた。

⑥経済・エネルギー戦争

①の外交とビジネスとも重複するが、かつての欧州以上に、旧ソ連諸国のエネルギー非産出国は、石油・天然ガスの多くをロシアに依存してきた。政治的にロシアに従順でない場合、ロシアはエネルギー価格を釣り上げたり、供給を停止してきた。相手国の輸出産品に対して禁輸措置を講じて、相手国を追い込むこともある。

⑦凍結された紛争や未承認国家、民族間の緊張の創出や操作

④とも関連するが、ロシアは「凍結された紛争」を意図的に創出し、また解決を阻止してきた。「凍結された紛争（Frozen Conflict）」とは、停戦合意ができていながらも、領土の不法占拠や戦闘や小競り合いの散発が継続し、「真の平和が達成されない状態」をさす。ただし、2008 年のロシア・ジョージア戦争やナゴルノ・カラバフをめぐるアゼルバイジャンとアルメニアの2016 年の四日間戦争および、2020 年 9 月末からの紛争再燃などに見られるように、「凍結された」紛争は再燃の可能性が高い。それらの際に、ロシアは相手国内に存在する分離主義勢力（未承認国家を構成）を支援することで、あえて民族間の緊張を生み出し、情勢を不安定化させた。この戦術は、ジョージア、モルドヴァ、ウクライナなどで特に効果的に用いられた。

⑧正規・非正規の戦争

　正規・非正規の戦闘を巧みに組み合わせる戦法は「ハイブリッド戦争」に代表されると言える。非正規の戦闘は、サイバー攻撃、秘密部隊の利用、プロパガンダ、政治工作、経済的手段、テロ、犯罪行為などで、枚挙にいとまがない。

　これらの手段はロシアが勢力圏を維持し、特に近い外国を離反させずに勢力圏に留めておくために多用してきたものであり、一部は欧米との抗争や嫌がらせのためにも使われてきた。

2　ハイブリッド戦争

　これら、ロシアが勢力圏維持のために、また欧米との対抗のために使われてきた手段の中でも、最も注目されているのがハイブリッド戦争である（廣瀬 2021）。2014年のロシアのクリミア併合、そしてそれに続くウクライナ東部への介入は世界を震撼させたが、その際にロシアが用いた手法は「ハイブリッド戦争」と呼ばれ、2022年のウクライナ侵攻ではロシア、ウクライナ双方が用いている手法である。また、2016年の米国大統領選挙の際には、ロシアのサイバー攻撃やフェイクニュースなどを拡散させるトロール（荒らし行為）などが米国政治を混乱に陥れたが、これもハイブリッド戦争の一部だと言える。

　ハイブリッド戦争とは、政治的目的を達成するために軍事的脅迫とそれ以外のさまざまな手段、つまり、正規戦・非正規戦が組み合わせられた戦争の手法である。いわゆる軍事的な戦闘に加え、政治、経済、外交、プロパガンダを含む情報・心理戦などのツールの他、テロや犯罪行為なども公式・非公式に組み合わされて展開される。そして、ハイブリッド戦争は、ウクライナ危機でロシアが行使したものとして注目されるようになった。非線形戦（非対称戦）と称されることもある。

　だが、ロシアはハイブリッド戦争を展開してきたのは欧米であり、「ロシアは欧米によるハイブリッド戦争の被害者」だという意識を強く持っている。ロシアからすると、さまざまな「制裁」も欧米からのハイブリッド戦争であ

り、ロシアの報復措置の対象となるのだ。

　そして、ロシアにおけるハイブリッド戦争はそれ自体が戦略というわけではなく、作戦であり、クリミア併合を経て、軍事コンセプトからロシアの外交政策の理論に準じるものに変わった。

　さらに、ハイブリッド戦争は、ロシアの国家戦略としても位置づけられている。プーチン大統領は、2014年12月25日に新軍事ドクトリンに署名したが、そこではハイブリッド戦争を思わせる内容が多く含まれるようになった。なお、同ドクトリンの草案は、2013年7月、すなわちウクライナ危機の前に提出されており、同危機の前から、ハイブリッド戦争はロシアの軍事戦略においても重視されていたことがわかる。

　ロシアのハイブリッド戦争の「定式」としては、いわゆるゲラシモフ・ドクトリンが有名である。それは、ロシア軍のバレリー・ゲラシモフ参謀総長が『軍産新報』2013年2月27日号で発表した論文に基づいている。アラブの春などに鑑み、新しい戦争の形態や方法を再考すべきだとした上で、21世紀の戦争のルールは大幅に変更され、政治的、戦略的目標の達成のためには、非軍事的手段は、特定の場合には軍事力行使と比較してはるかに有効であることが証明されていると主張しているのだが、この主張は「ドクトリン」とはほど遠いものだ。内容は欧米の議論や近年の紛争・戦争の焼き直しであり、さらに、ゲラシモフの定式化は、「ロシアが行うハイブリッド戦争」ではなく、一般的な概念であり、後述のようにロシアにとっての「ハイブリッド戦争」は諸外国が行うものであるということには留保する必要がある。とはいえ、その内容は、ロシアが実践しているものと合致しているのも事実である。

　だが、ゲラシモフの論文以前にも、ロシアでは1990年代から新世代戦争に関するさまざまな議論があった。多くの論者が早い時期から、技術発展、特にサイバーや情報など、非軍事的ツールが重要になることを強調しており、「非線形戦争」がこれからの戦争になるという指摘もなされていた。なお、非線形戦争では、個々の地域や都市が一時的に同盟を組むが、戦闘中に同盟を解消して新しい相手と同盟と組む、といった様相を呈することもあり、ロシアのクリミア併合でのオペレーションは「非線形戦争」だったと評価され

ている。

　ロシアの現代型戦争の目的は、「同盟の弱体化、自身の同盟の拡充」であり、本来、領土獲得は重視していないはずであったが、近年、クリミア併合（2014年）、ウクライナ東部・南部4州の一方的併合宣言（2022年）のように、これまでの行動原理とは外れた動きが多く見られるようになった。そういう意味では、ロシアのハイブリッド戦争の姿を確固たるものとして描くことは時期尚早かもしれない。

　その上で、ハイブリッド戦争は、第一に低コスト、第二に効果が大きい、第三に介入に関して言い逃れができる、という多くのメリットを持っている。低コストで大きな効果が得られるというのは、現在のロシアにとって極めて重要である。ロシアの軍事予算は、現在、世界第5位であるものの、1位の米国と比して、8%強の額でしかない。

　そして、その安価で効果的な戦いを可能にしている主な手法が、サイバー攻撃およびトロール攻撃などの情報戦、認知戦、加えて民間軍事会社（PMC）である。

　サイバー攻撃には多くの主体が関わっており、愛国者などによる非組織的なものもあるが、特に有名なのが、ロシア連邦軍参謀本部情報総局（GRU）が関わるファンシー・ベア（APT28）やロシア連邦保安庁（FSB）が関わるコージー・ベア（APT29）である。また、トロール部隊として有名なのが、サンクトペテルブルグに最大拠点を持つインターネット・リサーチ・エージェンシー（IRA）で、これらが米国大統領選挙の際に特に大きな役割を果たしたとされる。

　PMCはロシアでは法的に禁じられているので、外国に登記するなどされているが、政府の作戦に緊密に関わっていることが多い。PMCは、戦闘だけでなく、例えば資源採掘の安全保障や諸外国での軍事訓練などにも活用されるが、死亡保障などが不要で、柔軟に運用できるため、重宝されている。ロシアにはいくつものPMCがあるが、特に有名なのがワグネルでウクライナ侵攻でも大きな役割を果たしてきた。

　なお、トロール攻撃で最も有名なIRAもワグネルも、プーチンと近く、「プーチンのシェフ」と呼ばれるエフゲニー・プリゴジン（Yevgeny Prigozhin）

のコンコルド社の傘下にある。プリゴジンは、ロシア軍事部門とも深い関係を持ち、通信部門でも暗躍するなど、ロシアのハイブリッド戦争の黒幕ともいえる人物だ。なお、彼は資源採掘権の取得など、ワグネルの活動から大きな見返りを得ているとされるが、彼や彼の会社は米国から多数の制裁を発動されている。

おわりに

ロシアはユーラシアの国であるが、自国外交においてユーラシア外交を最も重視している。そしてそのユーラシアの多くの領域をロシアが勢力圏と考えていることは極めて深刻である。

ユーラシアの国々が置かれている状況は各国で違いがあり、その外交的自由度は一様ではないが、欧米・ロシアの狭間にあって国家の安定を維持するためには、慎重なバランス外交が求められている。また、その中でも旧ソ連諸国が独立してから30年以上が過ぎたが、これら諸国はまだ国家として成熟しておらず、現在もまだ各国が基礎体力作りを固めている最中で、ロシアはその脆弱性につけ込んでいるともいえる。

国家が政治的、経済的に脆弱であればあるほど、外部からの影響を受けやすく、また外部への依存度も増す。そうすれば、主体的な外交はできなくなり、地域協力にも多くの制約が生まれてくる。各国が、諸外国や自国の資源など所与のものに頼らない経済を確立した上で産業を多角化して経済的に自立すること、そして民主的な政治を確立することがまず各国が乗り越えるべき課題であり、さらに欧米諸国との連帯も大きな課題となるだろう。ロシアの「力による現状変更の試み」を許さない、という強い協力体制も今後の鍵となる。それらが成功した上で、初めて本来あるべきユーラシアの姿が見えてくると言えるだろう。

---

1)　なお、これらの動きは革命と呼ばれているものの、あくまでも民主化運動であり、政治学的な意味では革命ではないため、括弧をつけて表現している。
2)　「フィンランド化」とは、冷戦時代に独立を維持しながらも、国際的な中立を堅持し

つつ、ソ連の影響下にあったフィンランドとソ連の関係になぞらえて、自由民主主義や市場主義を維持しながらも共産主義勢力の影響下に置かれる状況を示したものである。

3) キリスト教の教会論において、相互に同じ教理を分かち合う、共同体同士、ないしは、共同体と個人との間にあるコミュニオンの関係を表す。コミュニオンとは教会の成員のより親密な交わりをさす。

4) BRICs とは、ゴールドマン・サックスの 2002 年 11 月 30 日の投資家向けレポート『Building Better Global Economic BRICs』で、2000 年代以降に成長の著しい四カ国として、ブラジル・ロシア・インド・中国が BRICs として紹介されたものが前身で、のちに南アフリカが加盟して BRICs となったもの。

5) 国際テロ・民族分離運動・宗教過激主義などへの対抗や経済面・文化面での協力を目的に、1996 年 4 月に中露、カザフスタン、キルギス、タジキスタンが結成した「上海ファイブ」が前身。2001 年にウズベキスタンが参加して、「上海協力機構（SCO）」へと発展した。2017 年にはインドとパキスタンも加盟し、2022 年にはイランの加盟も決まった。

参考文献

袴田茂樹（2007）「ロシアにおける国家アイデンティティの危機と『主権民主主義』論争」『ロシア・東欧研究』第 36 号。

浜由樹子（2010）『ユーラシア主義とは何か』成文社。

廣瀬陽子（2014）『未承認国家と覇権なき世界』NHK 出版。

廣瀬陽子（2021）『ハイブリッド戦争——ロシアの新しい国家戦略』（講談社現代新書）講談社。

廣瀬陽子（2022）「南コーカサスと『狭間の地政学』」渡邊啓貴監修『ユーラシアダイナミズムと日本』中央公論新社。

Priezel, Ilya（1998）*National Identity and Foreign Policy: Nationalism and leadership in Poland, Russia and Ukraine*, Cambridge: Cambridge University Press.

Starr, S. Frederick and Svante Cornell eds.（2014）*Putin's Grand Strategy: The Eurasian Union and its Discontents*, Silkroad Papers and Monographs.

Дугин, Александр（1997）*Основы геополитики: Геополитическое будущее России*, Mockva: Арктогея.

第5章 米欧世界とは何か
──価値による生き残り戦略

鶴岡路人

はじめに──なぜ米欧か

　今日の国際関係で起きている最も大きな変化の一つは、パワーシフトである。従来、米欧日といった先進諸国に技術力を含めて経済力が集中していたが、新興諸国が台頭するなかで、そのバランスが大きく変わろうとしているのである。ただし、物事が急速に移り変わるときほど、変化しているものと変化していないものの峻別が難しくもなる。気づかない間に変わってしまい、取り返しがつかなくなる場合もあれば、変わったと思っていたものが、実は変わっていなかったということもある。

　国際関係においても、それらを見極めることが求められる。長らく「世界の中心」だと考えられてきたG7（Group of Seven）や米欧の凋落も、直線的に起きている現象ではなく、解釈は多様である。「その他（the rest）」が台頭した結果、伝統的なパワーセンターであった米欧日の相対的地位が低下したことは否定できない。世界金融危機を受けて、2008年にG20の首脳会合が始まった際には、G7は時代遅れで、中国やインド、ロシアを含んだG20が、世界経済の主導的役割を担うことになるだろうといわれた。実際、外交の世界においてG20首脳会合は、主要な年中行事として確立された。しかし、世界経済のガバナンスにおいてG20が中心的な存在になったとはいい切れないだろう。

　そして、米欧日の側も、相対的なパワーが低下するのを手をこまねいてみているわけではない。NATO（北大西洋条約機構）が世界最強の同盟であることはいまだに現実であるし、EU（欧州連合）や米国、日本は、それぞれに、

そして可能な部分は協力して、新興技術を含めて新たな基準形成を試みている。豪州の原子力潜水艦取得のための米英豪3カ国の枠組みであるAUKUSも、旧来からの「米欧」の延長線上の話である。「その他」の台頭を捉えずに国際政治を理解できないという主張は、いまだに大きな影響力を残す米欧（ないし米欧日）を踏まえなくてよいことを意味しないのである。

　G7が体現するのは、米欧日という第二次世界大戦後の西側世界を支えた先進国である。そのメンバーをあらためて確認すれば、カナダ、フランス、ドイツ、イタリア、日本、英国、米国、そしてEUである。日本のG7関連報道ではEUが抜け落ちることが少なくないが、EUは正規のG7メンバーであり、G7は欧州の比率が高い。そして、日本以外は米欧であり、（国家でないEUを別にすれば）すべてNATO加盟国である。

　日本にとってのG7は、米国の参加する枠組みという側面をもち、日米協力でG7を動かすような場面がこれまでにもあったが、より日常的には、欧州との関係という側面が大きい。日本中心の視点で考えれば、日米関係の先に欧州が存在するイメージである。また、米欧がともに参加するという側面に注目すれば、日本にとってのG7は、米国と欧州と別々に関係を持つのではなく、米欧世界と同時につながる貴重な場であり続けてきた。「日米欧三極主義（トライラテラリズム）」である（Owada 1980-1981）。

　日本外交にとっても、「米欧世界」をいかに捉えるかは重要な課題であり続けている。そこで本章は、米欧世界をキーワードに、その本質を考えてみたい。米欧世界とは、北米（米国とカナダ）と欧州のことであり、NATOはその多くを包含する計30カ国による多国間同盟である。また、欧州の27カ国が加盟するEUは、欧州のすべてを代表するわけではないが、米国とEUとの関係は米欧世界のもう一つの柱である。

　米欧世界への視角はさまざまに考えられるが、ここでは価値に着目する。というのも、現代世界のなかで米欧を特徴づける最も重要な柱の一つが自由や民主主義といった価値だからである。米欧においてそれらは普遍的なものだと主張されることが多いが、現実には、それらを共有していない諸国が多いために差別化のツールになっている。皮肉なことだが、実際には普遍的でないからこそ、価値は米欧の特徴として成立する。そして、そうした価値を

共有するか否かが、国際関係における境界線になるのである。

　以下、第1節では「価値の同盟」という観点から米欧の同盟であるNATO
を取り上げる。安全保障とともに自由を守るのがNATOである。第2節で
は「価値の外交」として主にEUの対外的側面に迫る。価値の拡大は基本条
約にも規定されたEUの目的であり、EUはそのために様々な手段を備えて
いる。そのうえで第3節では、価値が共有されない世界のなかで米欧はいか
に生き延びようとしているのかについて考えたい。米欧世界自身が価値によ
って結びつけられていると同時に、価値は米欧とそれ以外の関係においても
重要な基盤になっている。

　なお、日本語では、「欧米」という用語がよく使われる。文字通り考えれ
ば、欧州と米国のことであり、戦後の文脈では、西側世界の別名であったと
同時に、漠然と先進国というニュアンスが込められることも少なくなかった
のではないか。「欧米では」といった言葉の使い方の背後には、日本人がか
かえる対欧米コンプレックスのような感情も見え隠れする。見習うべきだと
いう議論が存在する限り、それへの反発も生じる。言葉としての「欧米」は、
別個の存在としての欧州と米国を意識的に並べた概念というよりは、「アメ
リカやヨーロッパのような先進国」という漠然としたイメージに近い。そう
した感覚に引きずられることを少しでも避ける意図で、本章では「米欧」、
および「米欧世界」という言葉を使用する。

　日本の新聞などでも、「米国と欧州」を意識的に指す際は、外交・安全保
障においても経済においても、欧州より米国の存在が（少なくとも日本にと
っては）大きいことを踏まえ、「米」を前に置く「米欧」という用語の使用
が広まっている。また、日本語においては、日米や日英など、「日」を最初
に置くのが一般的であり、「日米欧」という用語も確立している。しかし、
例えば対ロシア制裁や対ウクライナ支援など、米欧と比べて日本が主導的な
立場にないと思われる事柄や国際金融など日本のパワーが米欧に比して限定
的な分野に関しては、「米欧日」という言葉も広く使われるようになってい
る。

　なお、以下の議論では、米欧世界を対象としつつ、直接言及しない部分を
含めて、日本への含意や日本からの視点を意識している。

I 価値の同盟による価値の擁護

1 価値の擁護

NATO は「価値の同盟」である。同盟の基礎となる北大西洋条約は、前文で「締約国は、民主主義、個人の自由、そして法の支配という原則に基づき、我々の人々の自由（freedom）、共通の遺産、そして文明を擁護すると決意する（NATO 1949）」と述べている。1949 年 4 月に署名された条約であり、第二次世界大戦の惨禍からまだ日が浅いこと、そして東西冷戦への対応が必要になったことを踏まえた、共通の価値を擁護することへの決意表明だったのだろう。

それから 70 年以上が経った 2022 年 6 月に採択された NATO の最高位の戦略文書である「戦略概念（Strategic Concept）」は、「我々の諸国の間の大西洋をまたぐ絆（transatlantic bond）は我々の安全保障に不可欠である。我々は、個人の自由、人権、民主主義、法の支配といった共通の価値で結びついている（NATO 2022）」と述べている。また、「NATO は同盟国の自由と安全保障を擁護することを決意する（NATO 2022）」という記述は、より直接的に北大西洋条約前文に呼応している。NATO が守るのは安全保障とともに自由であることの再確認である。価値を共有する諸国の間の協力とは、価値の擁護に他ならない。

NATO は自らを「政治軍事同盟（politico-military alliance）」と称することが多いが、その背景にも、単なる軍事同盟ではないとの自己認識が存在する。自負心といってもよい。冷戦時代は自由と民主主義を標榜する西側陣営の同盟であり、共産主義陣営と対峙した。冷戦後は、旧東側陣営だった中東欧諸国が加盟し、NATO は拡大したが、その際にも自由や民主主義、あるいはより具体的には軍隊の民主的統制、シビリアン・コントロールの確立が加盟条件とされた（NATO 1995）。加盟までの NATO による支援においても、そうした領域が大きな柱になった。

2 価値の拡大

ここでいう価値の同盟には、同盟を形成することによって同盟内で共通の

価値を擁護するという内的側面と、外に対して価値を投影するという外的側面がある。加盟国を拡大することによって価値を広め、定着させるのは、この両方にまたがる。冷戦後の中東欧諸国のみならず、第二次世界大戦の敗戦国であった西ドイツや、フランコ独裁が終焉し民主化したスペインを取り込んだ事例もこれにあてはまる。NATO が旧ユーゴスラヴィアのボスニアやコソヴォで実施してきた危機管理（平和維持）活動は、それら地域において治安の安定をはかり、それを通じて、自由や民主主義の確立を促すという観点で、共通の価値を広める活動でもあった。

　1990 年代に NATO の東方拡大を推し進めた米クリントン（William Clinton）政権は、NATO 拡大を通じた民主主義の拡大を重視していた。同政権は、対外戦略の基本方針として「拡大戦略（strategy of enlargement）」や「民主主義の拡大（democratic enlargement）」を掲げ、NATO 拡大はその主要な柱になった（Brinkley 1997）。そのさらに背後には、当時国際政治学において注目されていた「デモクラティック・ピース論」の存在も指摘できる。民主主義国家同士は戦争をしないという命題である（ラセット 1996）。クリントン政権の外交政策に影響を及ぼしたといわれる。ただし、それはクリントン政権に特殊な考え方だったわけではなく、「歴史の終わり」が喧伝され、世界で民主化の「波」が起きているなか、少なくとも米欧世界を中心とする民主主義世界では広く期待され、共有されていた見方だった。

　ただし、NATO の存在理由や NATO 拡大の目的が民主化や民主主義の擁護であるといい切ることへの抵抗は存在して当然である。というのも、NATO の本質は集団防衛（北大西洋条約第 5 条）を基礎とする同盟であり、加盟国（allies）の安全を確保するのが、何よりも重要な中核任務だからである。安全がないところで自由は守れない。また、民主主義の拡大が同盟の目的だとすれば、NATO は際限なき拡大や介入をすることになってしまいかねない。もちろん現実には、例えば新規加入を規定した北大西洋条約第 10 条が、NATO に加入——より厳密には NATO 側が加入を招請——できるのは欧州の国のみだと規定している。米国とカナダが原加盟国であるため、欧州のみが条約締結後の新規加入の対象になったのである。そのため、拡大に関して現実的な歯止めはあるものの、欧州内に関しても、そして NATO が価

値の同盟であったとしても、「価値」の側面と「（集団防衛のための）同盟」という側面の力点の置き方は難しい。

　また、NATO拡大に反対するロシアとの安定的な関係を重視する立場からは、NATO拡大への懐疑論・反対論が多く聞かれることになった。当時「ロシア・ファースト」と呼ばれた考え方であり、米国の一部で根強かった。民主主義の拡大を目標にすることに批判的であるのみならず、米国の国益にとっては、中東欧諸国との関係やそれら諸国の安全保障よりも、ロシアとの関係が重要であるという、いわゆるリアリスト的主張であった（Kennan 1997; Mearsheimer 2022, 2014）。国際政治を動かすのは力であり、価値ではないということでもある。

　それでも、特に1990年代において価値の側面が前面に打ち出されることを可能にしたのは、当時の低い脅威認識だった。「戦略的休暇」だと揶揄されたりもした（Lindley-French 2007）。NATO加盟を求めた中東欧諸国にしても、NATO加盟が本質的に米国との同盟であり、北大西洋条約第5条の集団防衛の対象になることが中核的狙いだったことは事実として、それがどの程度実際に中心的位置を占めていたかは疑問であった。というのも、多くの中東欧諸国にとってNATO加盟は、EU加盟と併せて語られる「欧州回帰（return to Europe）」の象徴だったからである。

　NATO拡大へのロシアの反対を和らげるために、新規加盟国にはNATOの「実質的な戦闘部隊」の「追加的常駐」を行わないとの方針がNATOによって示され、新規加盟国の防衛は、主として有事の際のNATO部隊の増派によって確保されるとされた（鶴岡 2010）。しかし、新たにNATOに加盟した諸国は、基地の強化などの増派受け入れ能力の構築を急速に進めたわけではない。多くの場合、ほとんど放置されたといっても過言ではない。それら諸国においても、ロシアに対する脅威認識は低かったのである。非常事態対処計画についても同様だった。ポーランドなどは具体的な計画の策定を求めたといわれるが、NATO側は、ロシアを「パートナー」であると規定していたことからも、動きが鈍かった（Asmus 2004）。本格的な動きが始まるのは2008年8月のロシア・ジョージア戦争以降だった。

　NATO拡大の是非や新たに加盟した諸国の防衛をめぐる議論では、「ロシ

アを刺激するな」という、価値より国際政治の実利を優先する主張が目立つ場合がある。その観点で、価値と安全保障の利益の間にトレードオフが存在することは否定できない。上述「ロシア・ファースト」の主張も同様である。ただし、現実において両者は相互に補強し合う関係にもなる。

　例えば2022年2月以降のロシアによるウクライナ侵攻への対応にあたって、NATOでは、加盟国防衛の態勢が急速に強化されるとともに、武器供与を中心とするウクライナ支援が加速したが、そこで、各国の結束を高める観点で強調されたのは、やはり価値の側面だった。バイデン（Joe Biden）米国大統領は、開戦直後の米議会での演説で、「民主主義と専制主義の戦いで、民主主義は立ち上がろうとしており、世界は平和と安全を明確に選択している（White House 2022）」と訴えた。特に、ウクライナが他の欧州諸国に代わって欧州、さらには世界の自由や民主主義を守っているという言説は、米欧諸国において大きな影響力をもつことになった。価値だけで結束を作り出すことができなくても、価値の共有を前提とするNATOにおいては、結束を強化する触媒として価値が重要な役割を果たすことの好例になった。

II　価値の連合による価値の外交

1　連合の目的としての価値

　NATOが「価値の同盟」であれば、EUは「価値の連合（Union）」である。これにも2つの側面が存在する。第1は域内の視点であり、加盟国である限り共有の価値に従うことが求められる。現行のEU基本条約であるリスボン条約は第2条で、EUが依拠する共通の価値に関して、「連合は、人間の尊厳の尊重、自由、民主主義、平等、法の支配、少数者に属する人の権利を含む人権の尊重という諸価値に基礎をおく。これらの諸価値は、多元主義、無差別、寛容、正義、連帯および男女平等が貫かれる社会において構成国共通である」と規定している。NATOの簡潔な記述に比べて、より具体的に規定しているのがEU的でもある。

　ただし、ポーランドやハンガリーに関しては、そうした価値からの逸脱が指摘されており、EUとして制裁を課す手続きに発展している。具体的には、

司法の独立の侵食や、性的マイノリティへの差別的措置が問題視されている。対外的に価値を強調するのであれば、内部の状況が問われるのは当然であろう。自由や民主主義、法の支配に反する行為は、経済規制の不履行や履行の遅れなどとは性格が異なり、EU が依拠する基盤への挑戦だとみなされ、それだけ深刻度が高くなる。

　第 2 に、対外関係において共通の価値を促進しようとするという側面が存在する。リスボン条約第 3 条は、「外の世界との関係では、連合の諸価値および利益を維持および促進」するとし、「平和、安全保障、地球の持続可能な発展、人々の間の連帯と相互尊重、自由で公正な貿易、貧困の根絶、特に子供の権利を含む人権の擁護、国連憲章の諸原則の尊重を含む国際法の厳格な順守と発展に寄与する」とも述べている。EU 自身がこうした価値に依拠しているのみならず、対外的にもそれを促進することが、基本条約に EU の目的として規定されているのである。

　これは NATO 同様に、加盟国拡大の際にも重要な要素となり、加盟を希望する諸国に対して改革を求めるという効果を持つ。EU 加盟に関しては「コペンハーゲン基準」と呼ばれる加盟条件が存在する。これは、①政治的基準、②経済的基準、③法的基準から構成される。このうち、価値に最も直結しているようにみえるのは①の政治的基準だろう。民主主義、法の支配、人権が重要要素であり、マイノリティの尊重や保護も含まれる。これらが安定的に満たされない限り EU には加盟できない。ただし、市場経済が機能し EU 域内市場に対応できることを求める②の経済的基準、さらには EU 法の総体（アキ・コミュノテール）の受け入れという③の法的基準も、「価値の連合」としての EU において極めて重要な要素であることが見逃せない。というのも、例えば単一市場に関係する工業製品や食品の安全基準、環境規制などには、EU としての価値観が内包されているからである。そしてそれを規定するのが EU 法である。

2　規範的パワーとは何か

　そのうえで、本節で重点をおくのは、「価値の外交」というもう 1 つの側面である。つまり、EU が対外関係（EU 外交）に自らの価値を投影し、それ

が他国・他地域に浸透、拡大することを目指す外交である。これは、すでに触れられたようにリスボン条約に明記されている EU 外交の基本である。

　国際政治におけるアクターとしての EU に関しては、「規範的パワー（normative power）」論が盛んに議論されてきた。それ以前にも、「シビリアン・パワー」論などが唱えられてきた（東野 2015）。いずれも、軍事力を中心とした従来の大国像への挑戦であり、EU を新たな性格のパワーだと位置づける議論だった。国際政治において EU が新たな価値を提示しているという主張も込められていた。他方で、これは軍事的手段を欠くがゆえの限界や無力さを踏まえ、そうした状況を正当化しようとする、苦し紛れの言い訳のような議論だったという側面も無視できない。軍事力と結びつく従来型のパワーの行使を「あえてしない（by design）」のか「できないだけ（by default）」なのかの相違である。

　意図的に「しない」のだとすれば、たとえ EU の軍事的手段が強化されたとしても、シビリアンであったり規範的であったりする EU の性格は変わらない。それが EU の標榜・体現する価値だということになる。他方で「できないだけ」だったとすれば、軍事的手段が整えば、EU は従来型の大国に向かう可能性がある。その場合、米国と欧州との差異は、保有する力の大小に過ぎないことになる。ただし、国際政治における EU のアイデンティティとしては、米国との差別化も必要とされる。

　フォン・デア・ライエン（Ursula von der Leyen）欧州委員会委員長は、2019年 9 月の新たな欧州委員会発足にあたって、「地政学的な欧州委員会（Geopolitical Commission）」をつくると宣言した（European Commission 2019）。ここでいう「地政学的」には、安全保障・防衛面のみならず、持続可能性などが含まれ、それらを総合して、「欧州のやり方（European way）」だとしている。地政学という言葉を使うことの背景には、そうした方面で EU の役割を強化したい意思——さらにいえば、そうした分野での力不足への問題意識——が存在するが、むやみに安全保障・防衛に舵を切るのではなく、持続可能性を強調している点が、米国を意識した独自色だったともいえる。

　規範的パワーという場合の規範も、同様に幅広い概念である。価値観としての規範と同時に経済関連の規制が含まれる。後者に着目すれば「規制パワ

ー」としての EU であり、グローバル・スタンダードをめぐる争いということになる（遠藤・鈴木 2012）。ただし、この 2 つの側面は、上記のコペンハーゲン基準にもみられるように、結局のところ切り離すことはできない。EU が拡大を試みる自らの各種規制には EU の価値が内包されているからであり、それらの拡大は「EU 的なるもの」の拡大に他ならない。

3　巨大な域内市場を活かした価値の拡大

その基礎となるのは、巨大な EU 域内市場である。これゆえに、たとえ EU が自らの規則を対外的に拡大しようとしなくても、EU 市場に参入する限りは非 EU 企業もそれに従わざるをえないため、結果として EU の規則は広まることになる。個人データ等の厳格な保護を定めた EU の一般データ保護規則（GDPR）は好例だろう。非 EU 企業も EU で活動する限り GDPR への準拠が求められるとともに、EU に進出しない場合でも、EU 企業との取引がある限り、GDPR からは自由になれない。そして、GDPR が体現しているのは、まさに EU における個人情報やプライバシーの考え方であり、価値観そのものである。ブラッドフォード（Anu Bradford）はこれを「ブリュッセル効果（Brussels effect）」と呼んだ（ブラッドフォード 2022）。

巨大な域内市場としての比較優位を活かし、EU は、価値を共有しない国への監視・締めつけを強化しようとしている。ここで主に念頭におかれているのは中国である。EU は 2010 年代の終わりから、欧州委員会主導で、域外からの投資への審査制度の強化、海外での人権侵害につながりかねない顔認証などのサイバー監視技術の輸出管理強化、域外国政府による補助金への規制策の提案、経済的強要措置（economic coercion）への対応策の検討、などを矢継ぎ早に進めている。これらは、基本的にすべての域外国を対象としているものの、主たる対象が中国であることは明らかだろう。経済的な「防波堤」を築くことで、EU の利益を擁護しようというのだが、その基礎には価値を異にする大国にいかに対抗するかという課題が存在する（鶴岡 2021）。

これに付随するのが、人権デュー・ディリジェンス（企業による人権考慮）の法制化であり、特に焦点になっているのは強制労働の排除である。強制労働の排除は、競争相手が強制労働を活用することで不当な低コストを実現す

るのを防ぐという観点では、公正な競争条件を確保するための経済的措置だ
が、米欧諸国では、これを人権問題として問題視する世論が強まっている。
しかもその対象の一部は、中国などに存在する米欧ブランドの工場であり、
それら企業は、米欧市場におけるレピュテーション（評判）・リスクにさら
されるという構図である。不買運動を起こされる懸念もある。人権侵害を含
め、持続可能性に反する行為をする企業は、環境・社会・ガバナンスを重視
する ESG 投資の潮流のなかで、投資対象として不適格になるなどのリスク
も負っている。そのため、企業の人権重視は、中国などの現地の労働者への
利他的な考慮とはいえない。しかし、それが利己的な動機に基づくものだっ
たとしても、強制労働への厳しい視線が米欧諸国を中心に強まっており、そ
れが米欧社会における共通の価値に強く支えられているという構造にある点
は見逃せない。利己的な行動であっても、それは単なるポーズではない。

　その観点で EU にはもう 1 つの柱がある。それは、自由貿易協定（FTA）
や関連する協定における人権関連条項である。EU は特に開発途上国との間
で、開発協力と呼ばれる EU による経済援助や市場アクセスを「アメ」に、
死刑廃止を含む人権保護などをそのためのコンディショナリティ（条件）と
して設定してきた。EU からの援助や EU 市場へのアクセスを欲する諸国は、
そうした EU の条件に従わざるをえない構図である。こうしたやり方に対し
ては批判もあるが、EU の比較優位を活かした施策であることは事実で、多
大な効果を発揮してきた。

　具体的には、共通の価値へのコミットメントを協定の条文として規定し、
そこからの重要な逸脱があった場合には、最終的に援助や市場アクセスが制
限されるというやり方である。EU が協定を締結する際のいわばテンプレー
トになってきた。

　このことは、日・EU 間の経済連携協定（EPA）と同時に結ばれた戦略的パ
ートナーシップ協定（SPA）に関連して問題になった。日本と EU の間では、
価値の共有が繰り返し謳われ、実際、自由や民主主義という基本的価値につ
いて共有している部分が少なくないものの、死刑は両者の間で最も立場が異
なる問題である。日本が死刑を執行する度に、EU は駐日代表部を通じて死
刑に反対する旨を表明する声明を出している。こうしたなかで、協定交渉に

おいては、SPAとEPAとのリンクが問題になった。日本の立場からすれば、死刑執行を理由にEPAが停止されるような事態を受け入れるわけにはいかなかったからである。EU側も、日本とは基本的価値を共有しているとの前提のもと、従来どおりの水準の死刑執行数であれば問題視しないとの理解になったといわれている。SPAとEPAの関係も、直接的な法的リンクが回避された。

　EUのFTAにおいては、「非経済的条項」と呼ばれる、経済・貿易に直接関係しない条項の重要性が増している。それが多用され過ぎることに対しては、経済目的に反するという批判もあるが、価値外交の一環でもあり、欧州議会を含めてEU内の支持は根強い。FTAではないが、例えば、2020年末に交渉が大筋合意にいたったEUと中国との間の包括的投資協定（CAI）では、中国の強制労働問題が焦点になった。EU側は、国際労働機関（ILO）の中核的労働基準に関する条約の批准を求めた。ただし、それを条件にすることに中国が抵抗し、結局、中国は批准に向けた「自己の発意による継続的かつ持続的な努力」を行うとされた[1]。中国は、ILOの関連条約を批准する法的義務を負ったわけでも、それが投資協定発効の条件とされたわけでもない。そのため、実効性がないとの批判は欧州で根強い。しかし、この規定を根拠に中国に対してILO関連条約の批准を要求し続けることができる。実際、ほぼ同じ文言を盛り込んだEUと韓国とのFTAに関しては、韓国のILO関連条約批准が進まないことをEUが「条約違反」であると問題視し、正規の調停手続きが開始された事例もある。強制労働に関する条項が単なる飾りではないことが示された格好である。

4　人権外交の新展開

　人権外交のなかでも、他国における人権状況により直接的に異議を申し立て、具体的措置をとろうとするのが、人権侵害を理由に制裁を課す人権制裁である。近年では、ミャンマーやロシア、中国などが対象になっている。最も象徴的な事例は、2021年3月に発動された中国の新疆ウイグル自治区における人権状況を受けた制裁である（Council of the EU 2021）。人権侵害に関与したとして、同自治区の政府・共産党関係者4名の個人と1団体が対象に

指定された。内容は、EUへの渡航禁止とEU内の資産凍結である。前年末にEUで成立したグローバル人権制裁レジーム（いわゆるEU版マグニツキー法）の中国に対する初の適用事例になった。これで新疆ウイグル自治区の人権状況が実際に改善すると期待することはできなくても、政治的メッセージの発出としては意味があったのだろう。

　また、米国や英国などとほぼ同時に発動の発表を行ったことも重要だった。というのも、こうした強制労働問題や人権制裁を含め人権外交に関しては、米欧間で極めて深い政策ネットワークが形成されつつあり、新疆ウイグルに関する制裁発動にあたっても、米欧当局間で極めて深いレベルのインテリジェンス共有が行われたとみられているからである。人権制裁として個人制裁を実施する場合、「どの個人がいかなる行為をしたのか」の特定が不可欠であり、そのためには多くのインテリジェンスが必要になる。公開情報を渉猟するにしても、膨大な情報を処理するには専門的知見が不可欠であり、特に中小国にとっては単独では手に負えないし、秘密情報に頼る部分も出てくる。2021年3月の場合は、EU、英国、米国、カナダがほぼ同時に制裁を発表しているが、これは当然のことながら偶然ではなく、事前に調整された動きだった。こうした、非公式なネットワークは、今後さらに大きな役割を果たす可能性がある。

III　価値が共有されない世界で

　自由や民主主義といった基本的価値に関しては一致度が高い米国と欧州も、内実は多様であり、米欧間で価値をめぐる論争が生じることもしばしばである。米欧関係はむしろ対立の歴史だといえる。地域紛争などにおいて軍事的解決を優先しがちな米国に対して、平和的手段を追求しようとする欧州という対比は、しばしば指摘される。ただし、それがどこまで本来的な相違であるかについては慎重になる必要がある。というのも、軍事力の使用については、ケーガン（Robert Kagan）が指摘したように、「金槌をもっていれば目の前の問題は釘にみえるようになる」が「金槌をもっていなければ、何も釘にみえないように願うことになる」という側面もありそうだからである（Kagan 2007）。前節で触れた分類では、パワーの行使に関し「あえてしない」のではなく、「できないだけ」という理解と一致する。他方で、政治や公共空間における宗教の扱い、人工妊娠中絶をめぐる論争、遺伝子組み換え食品の受容度などに関しては、米国と欧州の間には相当な相違があるのも事実である。これらは価値に関する論争的な問題であり、米欧は単一の価値空間ではない。

　それでも、程度の問題だという見方もできる。米欧の相違を延々と議論しているのは、米欧の内部のみなのかもしれない。内部からみれば相違だらけかもしれないが、外からみれば米欧はほとんど同じということになる（Baldwin 2009）。特に、米欧とは自由や民主主義といった基本的価値を共有していない諸国と比べた場合、米欧間の相違はほとんど誤差の範囲かもしれない。当然のことではあるが、米欧間の相違よりも、米欧とそれ以外の相違の方が大きいのである。そうだとすれば、国際関係全般にとってより重要な境界線は米国と欧州の間にではなく、米欧とそれ以外、特に米欧とは基本的価値を共有していない諸国との間に存在することになる。

　EUのボレル（Josep Borrell）外交・安全保障政策上級代表は、2022年10月の演説で、「欧州は庭園」だとしたうえで、「残りの世界の多くはジャングルであり、ジャングルは庭園に侵攻するかもしれない」と述べた。さらに、壁を建てても解決にはならないため、「庭師はジャングルに出ていかなければならない」とした（Borrell 2022）。これは、未開の地を文明化するという、欧州の帝国主義時代の議論を思い起こさせるものだったため、内外で批判された。言葉の使い方にはより慎重さが必要だったかもしれないが、結果として、欧州人の感覚を示すものになった。しかし同時に、それは現実でもある。秩序だった平和な庭園を守りたいのであれば、ジャングルによる侵食を許してはならないが、そのためには、庭園のなかにとどまっていてはならない。ジャングルに自ら出ていく必要があるが、他方で、ジャングルだらけになってしまえば、庭園に勝ち目はない。欧州、さらには米国を含めた米欧世界が直面しているのは、まさにこの状況である。

　2022年2月に始まったロシアによるウクライナ侵攻が、欧州にとって心理的にも大きな衝撃だったのは、庭園であるはずの欧州大陸において、ジャ

ングルの象徴かのような古典的な戦争が始まってしまったからであった。この焦燥感のようなものの源泉は、「庭園だと思っていたらジャングルになっていた」という現実との遭遇だったのだろう。

　庭園とジャングルのせめぎ合いは、国際関係でよく使われる用語でいえば、「ルールに基づく国際秩序」と「力が支配する国際秩序」の攻防のことである。米欧そして日本は、前者の擁護と促進を試みているわけだが、中国とロシアを中心とする諸国からの挑戦は年々強まっているのが現実である。そうしたなかで、米欧は人権外交を含め、価値の共有をさらに強調することで結束を強めようとしている。実際、人権外交は米欧協力を促進する触媒としての役割を拡大している。

　ただし、ルールに基づく国際秩序は、人権外交や価値の外交と常に一体なわけではない。力による現状変更に抗い、ルールに基づく秩序を求めるにあたって、直接的に常に人権が前面に出てくる必要があるとは限らないからである。ロシア・ウクライナ戦争を、民主主義対権威主義（専制主義）という枠組みで捉える必要もない。ロシアによるウクライナ侵攻が許されないのは、ウクライナが民主主義国家でロシアが権威主義国家だからではない。たとえウクライナが民主主義国家でなく、ロシアが民主主義国家であったとしても、このような侵略行為は受け入れられないのである。そのように考えると、どこまでが本質的に価値の問題であり、どこからが価値は政策ツールとして使われているだけなのかについても、改めて検証する必要があるだろう。

おわりに

　国際社会全体において米欧世界を位置づければ、本章で論じてきたように、自由や民主主義という基本的価値の共有が重要な要素として浮かび上がり、米欧はそれを他地域との差別化に使いつつ、自らの価値の拡大を試みている。逆説的なことではあるが、「その他」の地域や国々が台頭し、米欧の相対的ウェイトが低下すればするほど、米欧は共有する価値を際立たせ、人権外交などを通じて、それを広めようとするようになる。

　日本はG7のメンバーとしてすでにこの流れのなかにある。ロシア・ウク

ライナ戦争に関して岸田文雄政権は、対ロシア制裁や対ウクライナ支援において G7 と「足並みを揃える」ことを重視してきた。また、岸田外交では、基本的価値と人権の重視が打ち出されており、ロシア・ウクライナ戦争に関する立場もそれと整合的である。他方で、ロシアに対しても中国に対しても、人権制裁に踏み込むことには慎重姿勢を崩さず、米欧のネットワークとは距離を置いている。ロシア・ウクライナ戦争に関しても、民主主義対権威主義（専制主義）という言説を慎重に避けている。

　これらは、インド太平洋地域を見渡したときに、価値を共有する諸国が少ないという現実を踏まえた、日本的なプラグマティズム、ないしリアリズムなのだろう。価値を前面に打ち出す米欧のアプローチへの抵抗、ないし代替案の提示でもあろう。ただし、価値が共有されない世界における競争が激しくなるなかで、日本が自らの立ち位置、ないし居場所を明確化することが、今後さらに求められることは想像に難くない。米欧とアジアの「橋渡し」という考えは、以前から語られてきているが、それが、自らの立場を明示することを避けるための方便だとすれば、説得力は失われる。

　最終的には、日本がどのような国でありたいかの問題である。その際に、今後も G7 と足並みを揃え続けようとするのであれば、米欧が価値の共同体としての結束を強めている実態を認識したうえで、日本としての対応をあらためて問う必要があるだろう。

1)　日 EU の EPA にも類似の規定があり、「各締約国は、自己の発意により、批准することが適当と認める基本的な ILO の条約及び他の ILO の条約の批准を追求するための継続的かつ持続的な努力を払う」とされている（第 16.3.3 条）。「自己の発意」と「継続的かつ持続的な努力」の部分は EU 中国の CAI と同じだが、日 EU では「批准することが適当と認める」もののみが対象になっている点で大きな違いがある。ILO の中核的労働基準は、結社の自由および団体交渉権の効果的な承認、あらゆる形態の強制労働の禁止、児童労働の実効的な廃止、雇用及び職業における差別の排除の 4 分野で 8 本の条約がある。日本は 2022 年 7 月に強制労働廃止に関する第 105 号条約の批准を完了し、8 条約のうち未批准は雇用および職業における差別待遇に関する第 111 号条約のみになった。

参考文献
遠藤乾・鈴木一人編（2012）『EU の規制力』日本経済評論社。

鶴岡路人（2010）「NATO における集団防衛の今日的課題——ロシア・グルジア紛争と北大西洋条約第 5 条の信頼性」『国際安全保障』第 37 巻第 4 号。

鶴岡路人（2020）『EU 離脱——イギリスとヨーロッパの地殻変動』（ちくま新書）筑摩書房。

鶴岡路人（2021）「EU の対中国戦略——欧州はいかなるツールで何を目指すのか」『世界経済評論』（9・10 月号）。

東野篤子（2015）「EU は『規範パワー』か？」臼井陽一郎編『EU の規範政治——グローバルヨーロッパの理想と現実』ナカニシヤ出版。

ブラッドフォード、アニュ（2022）（庄司克宏監訳）『ブリュッセル効果　EU の覇権戦略——いかに世界を支配しているのか』白水社。

ラセット、ブルース（1996）（鴨武彦訳）『パクス・デモクラティア——冷戦後世界への原理』東京大学出版会。

Asmus, Ronald（2004）*Opening NATO's Door: How the Alliance Remade Itself for a New Era*, New York: Columbia University Press.

Baldwin, Peter（2009）*The Narcissism of Minor Differences: How America and Europe Are Alike*, Oxford: Oxford University Press.

Borrell, Josep（2022）. "European Diplomatic Academy: Opening remarks by High Representative Josep Borrell at the inauguration of the pilot programme," College of Europe, Bruges, 13 October.

Brinkley, Douglas（1997）"Democratic Enlargement: The Clinton Doctrine," *Foreign Policy*, 106.

Council of the EU（2021）"EU imposes further sanctions over serious violations of human rights around the world," Press Release, Brussels, 22 March.

European Commission（2019）"The von der Leyen Commission: for a Union that strives for more," Press Release, Brussels, 10 September.

Kagan, Robert（2007）*Of Paradise and Power: America and Europe in the New World Order*, New York: Vintage Books.

Kennan, George（1997）"A fateful error," *New York Times*, 5 February.

Lindley-French, Julian（2007）. *The North Atlantic Treaty Organization: The Enduring Alliance*, Abingdon, Routledge.

Mearsheimer, John（2014）. "Why the Ukraine Crisis Is the West's Fault: The Liberal Delusions That Provoked Putin," *Foreign Affairs*, 93（5）.

Mearsheimer, John（2022）. "John Mearsheimer on why the West is principally responsible for the Ukrainian crisis," *The Economist*, 19 March.

NATO（1949）"The North Atlantic Treaty," 4 April.

NATO（1995）"Study on Eulargement," 3 September.

NATO（2022）*2022 Strategic Concept*, adopted by Heads of State and Government, Madrid, 29 June.

Owada, Hisashi（1980–1981）"Trilateralism: A Japanese Perspective," *International Security*, 5（3）.

White House（2022）"Remarks of President Joe Biden – State of the Union Address（as prepared for delivery）," Washington, D.C., 1 March.

第6章 バイデン政権が向き合った三つの危機 ——そして、新たに加わったウクライナ危機

中山俊宏

はじめに

バイデン政権はそもそも大きな期待が寄せられた政権ではない。トランプ時代の喧騒の後、アメリカを落ち着かせる役割を期待された政権だ。しかし、その一方で直面している課題は大きかった。その大きさは、かつてフランクリン・D・ルーズベルト大統領が向き合った規模に相当するとさえいわれた。バイデン政権の1年目は、この矛盾する事態をどう調整するかに終始した。その矛盾を解決できないまま、低支持率のまま2年目に入って程なく、さらに大きな問題に向き合うことになる。冷戦後最大の国際政治上の事件ともいわれるウクライナ戦争だ。場合によっては、バイデン政権はウクライナ戦争と戦後の新たな秩序構築をどう処理したかで記憶される政権になるかもしれない。またひとつ大きな課題を背負い込んでしまったバイデン政権は、残された3年をどう乗り切るのか。本稿はバイデン政権の1年と、1年経過した時点で発生したウクライナ危機のアメリカ政治への影響を考察する。

I なかなかこない「パンデミック後」

バイデン政権は発足時、大きく分けて三つの重要な課題に直面していた。一つ目の課題は、パンデミックだろう。アメリカは、他の国と比べても、パンデミックの被害が格段に大きかった[1]。トランプ政権下発生したパンデミックにアメリカは適切に対処できなかった。バイデン政権はまずはこの問題に取り組むことが要請された。政権が発足してすぐは、ワクチン接種の規模

とスピードにおいて、アメリカの底力を感じた人は少なくないだろう。しかし、バイデン政権が果敢に導入したコロナ対策は、党派対立という政治的な壁と新種の株（デルタ株、オミクロン株）の出現の前に、失速してしまう（Knight 2021）。

　特に2021年の独立記念日の日に、コロナからの独立が近いと大統領自身が述べ、その後、まもなくデルタ株が流行すると、もともとあったコロナをめぐる党派的な対立がさらに苛烈になっていった。2021年の感染状況がトランプ期よりもさらに悪いという状況が明らかになると、マスクやワクチンに対する敵意が公然と表明されるようになり、もはやコロナ対策が公衆衛生の問題ではなく、党派的な立場表明をめぐるものになっていってしまった。2022年2月現在、オミクロン株をめぐる状況は沈静化の方向に向かっており、新種の株の出現は当然人々の意識にはあるものの、それでもパンデミック後の状況に人々は視線を向けつつある。そのことを象徴的に示したのが、バイデン大統領が、3月1日の一般教書演説をマスクなしで行ったことであろう（Messerly 2022）。しかし、パンデミックという共通の「敵」を前にしても結束できなかったどころか、分断がさらに深まったことの負のインパクトは大きい。

II　極限化する分断

　バイデン政権に突きつけられた二つ目の課題は、アメリカを分断する深い傷を癒すことだった。それは、表面的には、民主党と共和党を分ける政治的分断だが、その根底には、人種、ジェンダー、そしてアメリカ社会そのもののあり方をめぐる深い社会的、文化的亀裂があった。もはや、アメリカは「ひとつ」たりえないのではないかという不安が、アメリカを覆うようになっていた。2020年の大統領選挙におけるバイデンの勝利で、バイデンになんらかのマンデートが与えられたとするなら、それはアメリカを「癒す」ことだっただろう。しかし、当然のことながら、アメリカが直面する分断は、ひとりの大統領が癒せるような傷ではない。

　2021年1月6日のトランプ派による議会乱入暴動事件（MAGA反乱）は、

多くの人に衝撃を与えた。それはトランプを支持する人にとっても衝撃だっただろう。この事件は、選挙に勝利したことの意味をはっきり確定することができなかったバイデン政権に期せずして正当性を付与した。「平常への復帰」というミッションだ。1月20日の就任式はまさにこのミッションを象徴するかのように、コロナで聴衆の数が限られていたこと、さらにMAGA反乱直後で警備が著しく厳しかったことを除けば、壇上で行われた式典そのものは、至って普通だった（中山 2021）。

　しかし、政権発足から一年経過して、アメリカを覆う分断の影が薄くなったとはとてもいえない。それを端的に示しているのは、MAGA反乱の評価である。事件直後は、MAGA反乱を肯定的な文脈で捉える声はほとんどなかった。しかし、1年経って、MAGA反乱を「市民的不服従」、もしくは「解放闘争」の文脈で捉え直そうとする動きさえ出てきている（Tanenhaus 2021）。それが一部の周縁勢力（フリンジ）に限られた現象ならば、重要度は低いだろう。しかし、その中心に前大統領がいて、その人物が次の大統領選挙への出馬を視野に入れているということを考えると、一部のフリンジに限られた動きとしては退けられない。その背景には、バイデン政権は、不正な選挙で勝利したという根強い信念がある。公共宗教研究所（Public Religion Research Institute）の調査によれば、共和党員の68％が、勝利がトランプから奪われたと信じている。これは、選挙からほぼ1年を経て発表された調査に基づく数字だ。「ビッグ・ライ（大いなる嘘）」［＝選挙が不正だったという説］を信じる共和党員の割合は、「支持政党なし層」の21％、民主党員の6％に比べると格段に高い[2]。

　現在、アメリカを二極に引き裂く遠心力はさらに強くなり、人々の意識に深い痕跡を残すようになっている。無論、比喩的な意味においてであるが、人々は「内戦（シビル・ウォー）」という言葉さえ用いて、現況を理解するようになっている（中山 2022）。ある意味、バイデン政権の最大のミッションは、この分断の克服であったかもしれないが、政権発足から1年経って、事態が改善しているようには見受けられない。

Ⅲ　国際社会からの信頼の回復

　政権が直面していた三つ目の課題は、アメリカの世界との関わりを立て直すことである。トランプ政権は、「アメリカ・ファースト」を掲げ、これまで長らくアメリカ外交を支えてきた考え方そのものをリセットした。それはトランプ大統領個人の思いつきを超えて、アメリカ社会に漂う閉塞感と国際社会に対する苛立ちと共振し、ひとつの世界観をかたちづくった。アメリカ・ファーストは、アメリカはもはや「自由で開かれた国際秩序（リベラル・インターナショナル・オーダー)」といった抽象度の高い目的を支えるいわゆる「オーダー・ビルディング・ビジネス」からは手を引き、他の国と同様に剥き出しの（もしくは狭義に定義された）国益を基準にして行動させてもらうし、その意味において、アメリカは「普通の大国」になったという宣言であり、居直りであった。その概念的中心は「国家主権」であった。この世界観は、トランプ大統領が行った3回の国連総会演説で的確に表現されている[3]。アメリカがやっていることに対して口出ししない限りにおいては、他国が何をやっていようと基本的には口を出さない、そういう宣言に等しかった。無論、あらゆる外交ドクトリン同様、例外的事例はあった。しかし、これが基本姿勢であった。

　こうした基本認識を前提に、トランプ政権はこれまでアメリカが引き受けてきた責任や義務をリリースしようと試み、イラン核合意（JCPOA）、パリ協定、環太平洋パートナーシップ（TPP）などから離脱した。さらに、第二次世界大戦後アメリカが築いてきた同盟網への不信感も露わにした。日米同盟は、トランプ・ショックの直撃を免れることができたものの、北大西洋条約機構（NATO）や米韓同盟はそういうわけにはいかなかった。さらに、トランプ大統領の、権威主義体制のリーダーたちとの関係も、これまでのアメリカの大統領との間では想定できないような性質の関係になった。これは、フリーダムハウスの2019年の年次報告書のカバーに端的に表現されている。それは、「自由（freedom)」という文字が、権威主義国のリーダーたちが焼べる焚き火で燃やされ、その火でマシュマロを焼いているトランプ大統領を描いたイラストの表紙だ（Freedom House 2019)。アメリカ・ファーストは、そ

のロジックの根幹に「勢力圏」的な発想を内包している。アメリカに固有の「使命的民主主義」は、勢力圏を乗り越えて介入しようとしていく傾向をもつが、主権を軸にアメリカの対外政策を再定義したトランプ外交は、結果として「勢力圏」的な発想を肯定することになり、それゆえ権威主義体制のリーダーとの「良好」な関係に至る。トランプ政権と権威主義体制の親和性は、トランプ大統領個人の性向というよりかは、アメリカ・ファーストから論理的に導き出される帰結であると考えた方がいいだろう。

　外交通を自称するバイデン大統領は、こうしたトランプ外交を単に形の上ではなく、その思想的根拠も含めてリセットしようとした。それが、バイデン外交の「統合原則」とでもいうべき、「ミドルクラス外交」だ（森 2021）。これは時として、民主党版のアメリカ・ファーストとも呼ばれるが、アメリカ・ファーストを生み出した土壌を無視して、旧来の国際主義を蘇生することが不可能だとの前提に立った上で、新しい国際主義を蘇生しようとする試みであって、トランプ外交のような「国家主権」の礼賛ではない。それは、アメリカ・ファースト後の国際主義の新しいあり方を模索するものであった。しかし、当然のことながら、1年目にその課題を成し遂げたとは言い難い。

　むしろ、逆行するような動きの方が目立ってしまった。滑り出しは悪くはなかった。いち早く「国家安全保障戦略の暫定的な指針」を発表し、準備万端であるとの印象を与えた（White House 2021）。

　さらに、中国との「戦略的競争（strategic competition）」を軸にアメリカの対外政策を再構成しようとする動きは、高く評価された。コロナ禍の制約で、大統領自ら積極的に外遊し、関係再構築に取り組むという場面はあまりなかったものの、それでもアメリカのイメージの立て直しを図り、それなりに成功したかに見えた。特に、トランプ政権と違い、「プロフェッショナル」が戻ってきたとの印象を強く植えつけた。日本でも、2020年大統領選挙に向けた動きの中では、想定されるバイデン政権の中国に対する「あまさ」への懸念が広がっていたが、そうした懸念は政権発足後数ヶ月であまり聞かれなくなった。巨大な国内問題に向き合わざるをえないバイデン政権は、対外政策は後回しにせざるをえないだろうという見方が優勢だっただけに、このフォーカスは、諸外国から歓迎をもって迎えられた。

しかし、こうした好評価を一気に、不安の方向に向かわせたのが、8月の
アフガニスタンからの米軍の撤退だった。バイデン大統領が、アフガニスタ
ンからの撤退を決断した理由自体は分からなくはない。方向性としては、ア
メリカ国民もそれを支持していた。さらにいえば、それはトランプ政権が敷
いた道筋でもあった。バイデン大統領にとって、これ以上、米軍がアフガニ
スタンに留まるというオプションはなかった。ミドルクラス外交の根幹には、
ポスト・トランプ的状況のなか、アメリカの対外政策を一般のアメリカ人に
とっても有意味なものにするという発想がある。そのためには無駄なものを
削ぎ落とさなければならない。アメリカにはできることと、できないことが
あり、できることのうち戦略的に重要性のあるものに意識と資源を集中させ
るべきだという発想だ。こうした世界観の中で、アフガニスタンに留まると
いうオプションはなかった。これ自体は理解できる。しかし、アメリカが撤
収すればどうなるかという見通しがある程度見えながらも、撤収してしまう
という居直りに、多くの国が不安を感じたことは否めないだろう。バイデン
大統領は、アフガニスタンからの撤退の日程を現地の情勢に照らし合わせて
ではなく、政治日程であるかのように確定し、それを貫き通し、その結果、
アメリカの撤退と同時に、西側世界が20年かけてどうにか支えてきたアフ
ガニスタンの市民社会が崩れ、タリバンの支配を呼び込んでしまった。それ
でもなお、自分の判断が正しかったと押し通すバイデン大統領にアメリカの
国際主義の翳りを見た人は少なくないだろう。

Ⅳ　低迷する支持率

　こうしたことが積み重なり、バイデン政権の支持率は、過去の同時期の政
権のものと比べてもはっきりと低迷している。8月に不支持が支持を上回っ
てからは、それが反転することはなく、支持率は40％台前半に留まってい
るという状況だ[4]。そもそもバイデン政権に対する期待は高くはなかったが、
直面した問題はいずれも、バイデンが与えられたマンデートよりも大きく、
その意味で構造的な制約があるともいえよう。つまり直面する問題に真剣に
取り組もうとすると、大胆な取り組みにならざるをえず、実際にそうした政

──

策を導入しようとすると、バイデン政権にはそもそもそんな大きなことに取り組むマンデートが与えられていないという批判が生まれ、それが政策的停滞を産むという循環だ。ビルド・バック・ベター法案をめぐる状況は、まさにバイデン政権がこうした負の循環を抜けられないことの象徴となっている。

　この低迷する支持率の背景には、常に前大統領の影が見え隠れしている。本稿執筆時点（2022年2月下旬）では、2024年の大統領選挙に向けた見通しはまったく不確定ではあるが、共和党の一部勢力の中には、はっきりと「トランプ待望論」がある。さらに、その背景には、バイデンは高齢のため再選を狙うべきではないという根強い不安、しかし、カマラ・ハリス副大統領への不安が場合によってはバイデンへの不安よりもさらに強いという事情があるなか、仮にバイデンが再選を狙わない場合、誰が民主党から出馬するのかという問題があり、アメリカ政治は不透明感を増していくだろう。このトランプの影と民主党が抱える不安は、アメリカ政治の予測可能性を著しく低いものにしている。2022年の中間選挙は民主党が上下両院で多数派の地位を失う可能性が高い。さらに2024年の大統領選挙に向けた態勢が不透明であれば、バイデン政権は深いレイムダック、いわば「ディープ・レイムダック」状況に陥っていく可能性が高い。そうした不安をバイデン政権は拭えないでいる。

V　ウクライナ危機の政治的影響

　そうしたバイデン政権への不安が恒常化していたタイミングで発生したのがウクライナ危機だった。バイデン政権は、それでなくても、未曾有のパンデミック、内戦状況と形容されるような党派的な分断、そしてトランプ前政権が破壊したアメリカの国際的関与の再構築という大きな課題を引き受けていた。それぞれが、政権が丸ごと全勢力を傾けて取り組むような大きな課題だ。そこに降り掛かってきたのが、この危機だった。しかも、それはフォン・デア・ライエン欧州委員会委員長が述べたように、「ヨーロッパに戦争が戻ってきた」と形容されるような歴史的事態であり、この戦争への対応が、場合によってはバイデン政権の意味それ自体を決定しかねないような危機で

あった。

　本稿では、ウクライナをめぐる状況そのものを分析することはしないが、そのアメリカ政治にとっての含意を論じる。バイデン政権は、一貫して、ウクライナに米兵を投入することはないと主張し、はっきりと NATO 加盟国と非加盟国の間に線引きをした。このことについては賛否両論ある。なぜやらないことばかりを強調したのか。あらゆるオプションをテーブルの上に残しておくというのが常套手段ではないのか。アメリカはロシアに抑止されることを事実上受け入れ、アメリカがロシアを抑止することを放棄したというような批判だ。それぞれ一理ある。さらにいえば、プーチン大統領が今回の暴挙にでた理由は複合的であろうが、その一つにプーチン大統領がいまのアメリカをどう認識しているかという要素があろう。それは、他ならぬ最高司令官としてのバイデン大統領がどういう優先順位を基準に行動を定めるかということに関する「読み」である。バイデン大統領は、政権が発足して以来、優先順位の最上位に中国をおき、そのことをプーチン大統領にも直接伝えている。ロシアとは友好国にはなれないが、アメリカの地位を脅かす存在ではなく、「地域的にアメリカ苛立たせる存在（regional annoyance）」ではあるが、ロシアからは戦略的挑戦は受けていないという立場であった。「国家安全保障戦略の暫定的な指針」にもそのような傾向は明らかだ。そこに、アフガニスタンからの「（プーチンの目から見た）無様な撤退」、そしてミドルクラス外交を重ね合わせると、もし行動をとるとしたら、中間選挙を控え介入を忌避する民主党員の視線を気にして身動きのとれないであろう、いましかないとプーチンが考えたとしても不思議ではない。その意味で、バイデン政権が今回の危機を呼び込んだということではないが、プーチンがいましかないと考えたことの一端を構成していそうなことは確かだろう。

　しかし、バイデン政権の発想を再構築すると、おそらく現状でウクライナに米兵を投入する可能性はほぼ皆無に近いという政治的判断があり、さらにプーチン大統領が今回は冒険的な行動に出る可能性が高いというインテリジェンスがあり、実際にそれが起きた時にアメリカが行動をとれないという状況を晒し、アメリカの決意への不安がその時点で世界的に高まるという状況よりも、アメリカは直接介入することはないという状況を明示しつつ、西側

を中心に同盟国やパートナー国と連携しつつ外交攻勢にでるというのがバイデン政権の発想だったということではないか。結果として、ロシアのウクライナへの侵略を止めることができなかったことを考えると、このバイデン政権の方針が甘かったことは否定できない。しかし、政治的な制約を考えると、あの時点ではバイデン政権としてとりえたオプションとしては、この方針しかなかったということになろう。むしろ、ロシアの攻勢に対して、西側からさまざまな意見が聞こえてきたにもかかわらず、一枚岩の結束を保てたことを高く評価する声もある。

　戦況は不透明だが、ロシア軍のウクライナ侵攻のペースが予想されたよりも遅く、ウクライナ軍が必死に抵抗する様が伝えられているなか、米国は経済制裁を強め、追加的な軍事支援の措置を次々と打ち出してはいるものの、一部のグループを除けば、「介入」という論調が強くなっているという兆候はない。ゼレンスキー大統領の米連邦議会における演説後も、それは大きくは変わっていない。危機前は低迷していたウォロディミル・ゼレンスキー・ウクライナ大統領が、戦時大統領として豹変し、国民的英雄となりはしたものの、アメリカがウクライナに直接介入することは現時点では考えにくいだろう。

　バイデン政権は、ウクライナ問題はアメリカにとって死活的な安全保障上の利益がかかっている問題ではないという立場を事実上一貫してとってきた。これは、ウクライナ問題が重要ではないということではない。現に直接介入以外は、できる限りの支援をし、介入の度合いを深めている。しかし、ロシア（より正確にいえばプーチン）にとってウクライナが持つ意味と、アメリカにとってウクライナが持つ意味を比較すると、格段に前者の方が重く、そのことを見透かされている限り、「決意の競争」をしても、アメリカは不利なゲームを戦わざるをえない。

　アメリカにとって、計算外だったのはゼレンスキー大統領の存在だっただろう。アメリカは、今次ウクライナ危機に関して、事態を驚くべき確度で把握していた（Barnes and Sanger 2022）。ドイツやフランスなどはほぼ一貫してアメリカが過剰反応していると見ていた。ウクライナでさえそうだった。その意味で、アメリカは「意図」のレベルで、プーチン大統領の動きを摑んでい

るかのように見えることがあった。しかし、コメディアン出身のゼレンスキー大統領が、ウクライナの英雄に豹変することは想定外だったはずだ。またウクライナ軍と人民の抵抗と決意が、同様に想定外に無様だったロシア軍を撃退することも想定していなかっただろう。この組み合わせによって、死活的な安全保障上の権益が脅かされてはいないという事実は変わらないまま、顔の見えるリーダーであるゼレンスキー大統領とウクライナ国民の勇敢な抵抗との間で、アメリカのとるべきポジションを定めあぐねているというのが現状だろう。

　ウクライナ危機が、アメリカの政治状況にどのような影響を及ぼすかはまだ不確定だ。アメリカが直接参戦しているならば、最高司令官のもとに結集する効果が見られることが多い。ただし、湾岸戦争時のジョージ・H・W・ブッシュ大統領の時のように、その効果は一時的で、再選に繋がらないケースもある。今次戦争は、アメリカの戦争ではない。しかし、この戦争は、冷戦後最も重要な国際政治上の事件であることについては大方が一致している。バイデンが、非介入の立場を貫き通すのか（おそらく貫き通すだろう）、事態が長期化し、ヨーロッパが火薬庫となったウクライナを構造的に内部に抱え込むことになるのか、それともロシアの勝利に終わるのか。ただし、ロシアの勝利といってもさまざまな形があろう。これらのケースについて、バイデン大統領が適切に対応していないという印象が蓄積していけば、それでなくても難題を抱える民主党政権の維持は難しくなろう。

　ただし、別の方向に作用する場合もありうる。それは、フォン・デア・ライエン欧州委員会委員長が述べたように、ヨーロッパに戦争が戻ってきたこと、そして映像やソーシャルメディアを通じて人々の日常が引き裂かれ、戦禍に巻き込まれている人々の様子が日々伝えられることによって、戦争では「リアル」に人が死ぬという事実が改めて認識され、軽々しく大統領を選べないという感覚の方にアメリカが傾いていく場合である。これは2024年の大統領選挙への出馬が取り沙汰されているトランプ大統領にはおそらく不利に作用する。この戦争によって、トランプ大統領とロシアとの関係に人々は一瞬躊躇するだろう。ロシアによるウクライナ侵略後も、トランプ大統領は、ロシアについては批判的なことを述べても、プーチン大統領の直接批判は控

えているかのようである。ことの深刻さは、政治は「ツイート」することではないという当たり前の事実を人々に気づかせるきっかけになるかしれない。

　こうしてみると、本来、政権発足の日に、トランプ時代を終えるという最大のミッションを終えたはずだったバイデン政権は、未曾有の課題に向きあっているといえる。パンデミックは収束に向かいつつあるように見える一方で、新たな変異株の可能性が常に指摘されている。分断は一向に終わる気配はなく、人から敵視されないことが唯一の強みであるかのように思われたバイデン大統領は、共和党の敵意の前にアメリカをひとつにまとめられることができずにいる。対外政策についても、ウクライナ戦争が発生したことにより、政権の本来のフォーカスであった対中戦略がぼやけてしまっている。

　長期的には、対中戦略競争が最重要課題だという認識は変わらないだろう。中国とロシアの違いはなんといっても、中国はアメリカとのパワーギャップを縮めているという圧倒的事実がある。さらに、プーチン後のロシアは大きな変化が期待できそうであるのに対し、中国の場合はレジームの問題であり、習近平後が楽観できるわけではない。しかし、二正面で中露と対峙できないアメリカは、短期的な脅威であるロシアの方に意識を振り向けざるをえない。そうした状況の中で米中関係がどのように変容していくか、ウクライナ危機がどういうかたちで収束していくのか、そこにアメリカがどういうかたちで関わるのか、さらに中国がウクライナ戦争を経て、ロシアとの関係をどのように位置づけていくかなどを正確に浮かび上がらせ、理解していくことが今後の課題となっていくだろう。

※本稿は故・中山俊宏教授の（2022年2月執筆）原稿であり、日本国際問題研究所『国際秩序の動揺と米国のグローバル・リーダーシップの行方（令和3年度外務省外交・安全保障調査研究事業）』（2022年3月刊行）に掲載されたものである。同研究所のご承諾を得て本書への掲載が実現した。なお、収録にあたり出典表記の形式を他の章に揃えさせていただいた。なお2023年春に故・中山俊宏教授の遺稿集と博士論文が、それぞれ刊行されることになっている。中山俊宏『理念の国がきしむとき——オバマ・トランプ・バイデンとアメリカ』（千倉書房、2023年）と中山俊宏『アメリカ知識人の共産党——理念の国の自画像』（勁草書房、2023年）であり、本稿は『理念の国がきしむとき』にも所収されている。ご了解いただいた千倉書房編集部に謝意を表したい。

1）　ジョンズ・ホプキンズ大学のコロナ・ウイルス・リソース・センター（https://corona virus.jhu.edu/map.html）のデータを参照。

2）　"Competing Visions of America: An Evolving Identity or a Culture Under Attack? Findings from the 2021 America Values Survey," Public Religion Research Institute, online, November 1, 2021　https://www.prri.org/research/competing-visions-of-america-an-evolving-identity-or-a-culture-under-attack/.

3）　特に 2018 年 9 月の国連総会演説はアメリカ・ファーストの核心を見事についた演説となっている。Donald J. Trump, "Remarks by President Trump to the 73rd Session of the United Nations General Assembly" Trump White House Archives, online, September 15, 2018　https://trumpwhitehouse.archives.gov/briefingsstatements/remarks-president-trump-73rd-session-united-nations-general-assembly-new-york-ny/.

4）　"How Popular/Unpopular is Joe Biden?" FiveThirtyEight　https://projects.fivethirtyeight.com/biden-approvalrating/.

参考文献

中山俊宏（2021）「バイデン政権発足の意味」日本国際問題研究所『国際秩序の動揺と米国のグローバル・リーダーシップの行方（令和 2 年度米国研究会）』報告書　https://www.jiia.or.jp/pdf/research/R02_US/01-nakayama.pdf。

中山俊宏（2022）「きたるべきアメリカにおける『内戦（シビル・ウォー）』」SPF アメリカ現状モニター（オンライン）、笹川平和財団（2022 年 1 月 18 日）　https://www.spf.org/jpus-j/spf-america-monitor/spfamerica-monitor-document-detail_113.html。

森聡（2021）「バイデン政権の『中間層のための対外政策』―アメリカ市民の対外観と政権の外交構想」日本国際問題研究所『国際秩序の動揺と米国のグローバル・リーダーシップの行方（令和 2 年度米国研究会）』報告書　https://www.jiia.or.jp/pdf/research/R02_US/10-mori.pdf

Barnes, Julian E. and David E. Sanger（2022）"Accurate U.S. intelligence did not stop Putin, but it gave Biden bit advantages," *New York Times*, February 24, 2022　https://www.nytimes.com/2022/02/24/world/europe/intelligence-putin-biden-ukraine-leverage.html.

Freedom House（2019）"Freedom in the World 2019: Democracy in Retreat," Freedom House, Online（2019）https://freedomhouse.org/sites/default/files/Feb2019_FH_FITW_2019_Report_For-Web-compressed.pdf.

Knight, Victoria（2021）"The Vaccine Rollout Was a Success. But Events Within and Beyond Biden's Control Stymied Progress." *Kaiser Health News*（online）, December 20, 2021　https://khn.org/news/article/biden-covidvaccine-2021/.

Messerly, Megan（2022）"The masks come off at Biden's State of the Union Address," *Politico*（online）, March 1, 2022　https://www.politico.com/news/2022/03/01/state-of-the-union-2022-masks-00013054.

Tanenhaus, Sam（2021）"Jan. 6 wasn't an insurrection. It was vigilantism. And more is coming," *Washington Post*, December 10, 2021　https://www.washingtonpost.com/outlook/2021/12/10/janu

ary-6-vigilantes-insurrection/.

White House（March 2021）*Interim National Security Strategic Guidance*.　https://www.whitehouse.
　gov/wpcontent/uploads/2021/03/NSC-1v2.pdf.

第7章 アフリカとグローバルヘルス

國枝美佳

はじめに――"遠い"アフリカとグローバルヘルスセキュリティ

　日本から地理的に、そして心理的にも"遠い"アフリカ。しかし、ウイルスや感染症には国境がない。遠いからといって無関心でいられないのがグローバル化が進んだ現代だ。アフリカを知る上で重要な地図がある（図7-1）。

　このグラフは、少なくとも1回の新型コロナウイルスワクチン接種を受けた総人口の割合を示している。アフリカは明らかに世界から取り残されている。本章では、なぜアフリカが取り残されているのかを新型コロナウイルスを取り巻く統治の仕組み（ガバナンス）およびガバナンスの中核的課題を明らかにする中でひもといていく。そしてどのようにその課題を乗り越えることができるのかを、読者の皆さんと考えていきたい。

I　新型コロナウイルス感染症を取り巻く統治の仕組み（ガバナンス）

1　WHO と国際保健規則（IHR）および COVAX

　国際保健規則（International Health Regulations: IHR）は、国境を越える可能性のある公衆衛生事案や緊急事態を処理する際の国の権利と義務を定義する包括的な法的枠組みとして2005年に制定された。IHR は194の WHO 加盟国を含む196カ国に対して法的拘束力のある国際法であり、世界保健機関（WHO）による公式宣言である「国際的に懸念される公衆衛生上の緊急事態（Public Health Emergency of International Concern: PHEIC）」に該当するかどうかを判断する基準が含まれる。IHR はこうした基準設定のほか、低・中所得国を

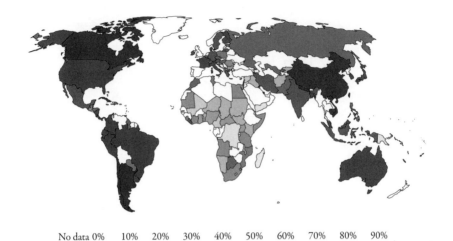

No data 0% 10% 20% 30% 40% 50% 60% 70% 80% 90%

図 7-1　世界の新型コロナウイルスワクチンを一回接種している人の割合
出典：Official data collated by Our World in Data – Last updated 10 January 2023
https://ourworldindata.org/covid-vaccinations　最終アクセス 2023 年 1 月 11 日。

含む各国において監視や対応のコア能力を確保し、維持するための支援を行う代わりに、指定疾病に関して各国に報告を義務づけている。また、個人情報の取り扱い、インフォームドコンセントおよび差別された旅行者などの権利を保護することも規定している（城山編 2020）。

　新型コロナウイルス感染症（COVID–19）がパンデミック（PHEIC）として認定された 2020 年 3 月以来、WHO は、「戦略的準備・対応計画」はじめ各国に対するガイドラインを次々と発表し、毎日のように記者会見を開き、SNS を駆使して情報発信と専門的な見解を発表していった。

　また、2020 年 4 月末は EU やフランス政府、ビル＆メリンダ ゲイツ財団（BMGF）、WHO 事務局長の呼びかけで新型コロナウイルス対策ツールへのアクセスをスピードアップするイニシアチブ（Access to COVID–19 Tools Accelerator: ACT-A）が創設された。ACT-A は COVID–19 の検査、治療、ワクチンの開発、生産、および公平なアクセスを促進する政府、科学者、企業、市民社会、慈善家、保健省を結びつける画期的なグローバル協働プラットフォームである。ワクチン開発と普及を見据えてワクチンを低・中所得国に提供するワクチン供与メカニズム（COVID–19 Vaccines Global Access: COVAX）もあり、

2020年10月までに184カ国がCOVAXに加わった。COVAXの中核は感染症流行対策イノベーション連合（Coalition for Epidemic Preparedness Innovations: CEPI）という、世界が連携してワクチン開発を促進するための官民パートナーシップである。COVAXは設立後、1年半で190億ドルを調達したが（日本政府 2019）、実施パートナーの国連児童基金（UNICEF）を介してワクチンを各国に配布しはじめたのは2021年2月だった。結局、高所得国における"ワクチンナショナリズム"やインドが自国生産のワクチンを自国民のために4億回分キープしたことが影響して、1億回分を配布し終えたのは当初の計画の4カ月遅れの7月だった。140カ国がリクエストしていた6億回分のワクチンの3分の1にあたる2億回分のワクチンがやっとのことで届けられたのは8月中旬だった（WHO 2022c）。

　WHOは2022年1月の時点で新型コロナワクチン接種率が10%以下の34カ国に焦点を当て、COVID–19ワクチン提供パートナーシップ（COVID–19 Vaccine Delivery Partnership: CoVDP）を立ち上げ、緊密な協力、緊急の運用資金、技術支援でより迅速に接種を展開しようとしている（WHO 2022d）。

2　各種データおよび学界

　2020年1月22日、ジョンズ・ホプキンス大学（Johns Hopkins University: JHU）の応用物理学研究室ローレン・ガードナー（Lauren Gardner）教授は収集したCOVID–19の症例および死亡に関するデータをダッシュボードという形でインターネット公開した。COVID–19が世界的に流行する（パンデミック）2カ月前からこのデータは様々な分析を可能にし、筆者をはじめとする多くのユーザーによってパンデミックを理解するために活用された。はじめはデータサイエンティストとエンジニアのチームがデータインフラを構築し、維持していた。2020年3月、一研究室主導のイニシアチブが医学部をはじめとする他分野の専門家からなるプラットフォーム、ジョンズ・ホプキンス・コロナウイルスリソースセンター（Coronavirus Resource Center：CRC）になった。その後、症例、死亡者数、PCRテスト、入院そしてワクチン接種回数とデータの範囲が広がり、連日のようにメディアで取り上げられ、政策決定に大きな影響力を持つようになった（Johns Hopkins University Medicine 2022)。

　ワシントン大学に拠点を置く独立した人口健康研究機関の健康指標評価研究所（Institute of Health Metric and Evaluation: IHME）は科学的に有効なエビデンスを提供している。IHME はまた、新型コロナウイルスや COVID–19 に特化したわけではなく、健康で長生きするためのデータをタイムリーに提供することを使命としている。2020 年 3 月末に米国での死亡者数が 81,000 人にのぼると予測し、世界を驚かせた。その 4～5 カ月後には 12 月 1 日までに 30 万人の米国人が死亡すると、予測を変更した。またマスク着用やソーシャルディスタンスをとることでどのくらいの犠牲が防げるかの予測も発表し続けたが、世界の人々はそれでもマスクに対して強い拒否感を持ち、暴動にまで発展する地域もあった（University of Washington School of Medicine 2022）。

3　民間財団、多国間機関、二国間協力

　2015 年の時点で、ビル・ゲイツ（Bill Gates）は Tedtalk でパンデミックが起きることを予測し、準備をはじめなければならないことを説いていた（Gates 2015）。ゲイツが共同設立した BMGF は、ポリオをはじめとする感染症、母子保健、気候変動対策などに対して 1994 年から約 656 億ドルを支援している。COVID–19 パンデミック初期から主にワクチン開発やサーベイランスと呼ばれる発症モニタリング、さらに安価の新技術の発見に注力してきた。これまで世界的なコロナ対策を支援するために 20 億ドル以上の支援の約束をしており、その資金は例えばアフリカ疾病対策センター（Africa Centre for Disease Control and Prevention: Africa CDC）の PCR 検査体制の確立や WHO 本部、WHO アフリカ地域事務局（AFRO）、WHO 南東アジア地域事務局（SEA-RO）そして WHO 東地中海地域事務局（EMRO）の活動強化につながっている（Bill & Melinda Gates Foundation 2022）。

　世界銀行はパンデミック緊急ファシリティ（Pandemic Emergency Financing Facility: PEF）を 2014 年のエボラ出血熱危機をきっかけに 2016 年に設置されたが、COVID–19 パンデミック初期段階における資金へのアクセスが難しい点や投資家への寛大なリターンが批判され、2021 年 4 月に閉鎖された（World Bank 2021）。後述する G20 議長国の政治的リーダーシップが発揮され、

2022 年 11 月、パンデミック予防・備え・対応（pandemic prevention, preparedness, and response）のための新たな金融仲介基金（パンデミック基金）が設立された（World Bank 2023）。

　アメリカは以前から世界健康安全保障アジェンダ（Global Health Security Agenda: GHSA）の枠組みに沿って世界各国における感染症対策能力の向上を支援してきた。というのもアメリカは安全保障という観点で平時から病原体や感染に関する情報を収集しており、何かあったときの対応は、軍事的な様相を呈するほどだ。他方で、COVID-19 パンデミック初期の 2 年間の、トランプ・アメリカ大統領は WHO からの撤退を宣言していた。そのため COVAX などの国際的な連帯には当初加入していなかった。政権が交代し前大統領の宣言が撤回され、現在では COVAX 最大の資金拠出国となっている。

　中国は 2003 年の重症急性呼吸器症候群（severe acute respiratory syndrome: SARS）以降、衛生行政能力を強化し、平時から公衆衛生、感染症対策の強化を図ってきており、アフリカ諸国などにおいても保健システム強化を、「一帯一路」政策の一環として支援していた（城山編 2020）。

　日本はこれまでに積極的にグローバルヘルスを政治的対話の場で取り上げ、グローバルファンドの設立、パンデミック緊急ファシリティなどにも資金を供与してきた。2022 年 5 月 24 日現在、首相官邸の健康・医療戦略推進本部がグローバルヘルス戦略を決定している（日本政府 2022）。

4　G7 や G20 などの政治的対話の場

　2014 年、イタリアで行われた G20 サミットではエボラ出血熱首脳声明が発表され、IHR の完全な実施やそのための能力支援へのコミットが表明された。2015 年、ドイツで行われた G7 サミットでは IHR の履行支援が再び話題となり、WHO 能力改革プロセスへの支持が表明された。続いて 2016 年に日本で行われた G7 サミットでは、保健システムの強靭化のための WHO 改革、迅速な供出を可能にする資金調達メカニズム、関連するステークホルダーおよびシステムの間における行動の協調的な実施や IHR のよりよい実施の必要性が議論された（城山編 2020）。2021 年 G20 首脳はグローバルヘルスアーキテクチャーの強化に貢献する、というローマ宣言を行い、

2022年のG20でパンデミック基金が設立された。2022年11月の設立時14億ドルが拠出されているが、資金ギャップが100億ドルと試算されている（財務省 2022）。

　年に一回のサミットは国際的合意形成には必要な場（プロセス）であるが、情報通信技術とウイルス遺伝子解析、驚異的なワクチン開発のスピードなどには到底追いつかない。今やグローバルヘルスをけん引しているのは、2項で挙げたデータであり、そしてそのデータを生成分析している学界や研究機関であるといっても過言ではないだろう。

　実はヘルスガバナンスのデータ主導は今に始まったものではない。筆者はユニセフのコンサルタントそして職員として2010–2014年、中西部アフリカ地域のポリオ撲滅活動に携わった。そこでワクチンとコミュニケーションキャンペーンの疫学や調査データをもとに、問題個所を特定し、予算計画を各国事務所と練り上げ、ロータリー財団やBMGFから資金調達をし、資金執行をモニタリングしていた。ユニセフ西アフリカ地域の23カ国のデータを使って、対話と信頼のコミュニケーションキャンペーンを展開した結果、域内の野生株によるポリオ感染例は撲滅できた。その後、ナイジェリア事務所内のマルチセクター、マルチナショナルなタスクフォースによる活動が功を奏し、2年間新たな野生株が見つからず、アフリカ地域からの野生株撲滅宣言を達成した。この際、まさに現場を叱咤激励し、けん引したのはグローバルポリオ撲滅イニシアチブ（Global Polio Eradication Initiative: GPEI）の独立監視委員会（The Independent Monitoring Board: IMB）であった。GPEIのIMBはWHO、ロータリー財団、米国疾病対策センター（CDC）、国連児童基金（ユニセフ）、BMGFそしてワクチンと予防接種のための世界同盟（Global Alliance for Vaccines and Immunization: GAVI）のコアパートナーを持つ、世界中のポリオを根絶することを目指す官民パートナーシップである。現在はポリオ移行独立監視委員会（Polio Transition Independent Monitoring Board: TIMB）となって、ポリオのモニタリングを継続しつつ、それを通して得たノウハウ（データ収集、分析、活用、政策への転換、保健ワーカーのトレーニングやガバナンス）をCOVID–19対策に役立てている。

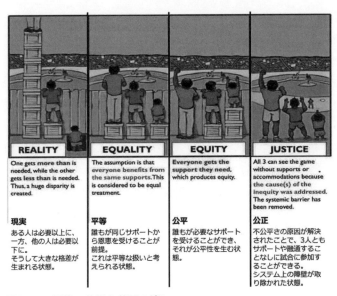

図 7-2　平等、公平と公正の違い
出典：ACT SDGs facebook 2021 年 6 月 21 日投稿。

II　グローバルヘルスの理想

　グローバルヘルスは "直接または間接的に健康に影響する国境を越えうる課題" を取り扱う。そのため、学際的、多分野間で協調する必要がある。主要な目的は人々への援助[1]ではなく、人々の健康上の公平性である（武見2020）。

1　平等と公平

　平等（equality）と公平（equity）の違いを説明するために授業や研究会で紹介している図がある（図7-2）。皆同じ野球の試合を見ようとしている。左から現実、平等、公平、公正を表している。現実はある人が必要以上に、ある人は必要以下で大きな格差が生まれる。平等は誰もが同じ高さの箱があり平等の扱いを受けているが、実際にはフェンス越しの試合が見える人と見えない人がいる。公平は誰もが必要なサポートを受けることができ、その結果、ある人には手厚い支援、ある人には何も支援されないが、みな、フェンス越

しの野球の試合を見ることができる。公正は観客の不公平の原因となっていた障壁がなくなり、みなサポートや配慮に関係なく、試合を見て応援することができる。

　平等はみな一律に同じ対応をする杓子定規的な対応のことである。公平は結果が同じになるように工夫をした、より柔軟なアプローチのことである。貧しい者にはより多くの支援をし、富める者には少なく、という背景には個人を取り巻く社会環境によって個人の健康が決定されるという考え方がある。例えば、経済的な困窮は劣悪な住環境や栄養不良を引き起こし、感染症のリスクとなる。海や川の近くに住んでいると、ひとたび津波や氾濫や堤防の決壊が起きると浸水などで被災し、水質の低減によって水系感染症に罹患するリスクが高まったり、避難所でCOVID-19などの新興感染症や呼吸器疾患、日常を奪われたことによるストレスで心疾患、そして運動低減による血栓でエコノミークラス症候群になったりすることも考えられる。津波に対する防波堤、河川の堤防は平等な介入であるのに対し、公平なものは、例えば低地のかさ上げや高ハザード居住区住民の移転支援である。

　公平な介入を実施するためには家庭（と家庭を構成する個人）レベルのハザードやリスクのマッピングが必要になる。また、不公平な健康格差につながる要因の特定なども必要となる。そしてそれらのハザード、リスク、格差の要因を取り除くことになる。

　まとめとして、『グローバルヘルス戦略』の公平性の定義を引用する。

　　　公平性とは、性別や人種・年齢やその人が置かれているあらゆる社会的・経済的環境によらず、すべての人々が保健医療サービスを享受し、その結果、達成しうる良好な健康状態を享受すること、そのための経済的負担が支払い能力等を加味した公正なものであることである（日本政府 2022）。

2　MDGs、SDGsや人間の安全保障との関連

　高校・大学生の皆さんが生まれた20年前にさかのぼろう。2000年のミレニアム開発目標（Millennium Development Goals: MDGs）は母子保健やHIVエイ

ズ、結核などの課題に対して課題ごとに解決しようとした。ところが、それではなかなか成果が挙げられないことに気づいた世界は「健康を増進、回復、維持するためのすべての活動」と定義された「保健システム」という概念を打ち出した。2010年の世界保健報告書「保健システム財政：UHCへの道」で、①誰のサービスをカバーすべきか、②どの医療サービスをカバーすべきか、そして③費用をどの程度カバーすべきか、の基本的な問いをもとに、①保健医療サービス、②保健医療人財、③保健医療情報、④医薬品、⑤医療器材・ワクチン・医療技術、⑤保健医療財政、⑥リーダーシップ・ガバナンスの6つの分野に介入することとなった。2015年からの持続的開発目標（Sustainable Development Goals: SDGs）はより多くの大小目標が打ち立てられ、MDGsのときの縦アプローチ、保健システムに限定したアプローチだけでなく、分野横断的な専門性とアプローチを取り入れている。

　人間の安全保障という概念は経済学者のアマルティア・セン（Amartya Sen）や緒方貞子が提唱し、1994年の「人間開発報告書」で以下のように定義されている。

　　飢餓・疾病・抑圧などの恒常的な脅威からの安全の確保と、日常の生活から突然断絶されることからの保護の2点を含む包括的な概念

そして

　　個々人の生命と尊厳を重視することが重要である。

と取り組む方法についても言及されている。

　飢餓対策なら、例えば農業の強化、農産物流通の確保、栄養教育や食事の変容が伴ってくる。疾病対策なら医療施設や設備の整備、維持管理、医療保険や医療の無料化政策、医療従事者の育成やモチベーション確保、人財、機材、設備を動かしていくための財源も確保しなければならない。それだけではない。やはり農業、水衛生、教育、運輸・交通セクターとの協働がなけれ

図7-3　2020年3月アフリカでの手洗い
左：ケニアで、ランチタイムの前に校庭で手を洗う幼稚園生
右：ルワンダで、官公庁の前に設置された簡易手洗い器で手を洗う学生
出典：左・國枝協撮影。右・筆者撮影。

ば疾病対策も中途半端なものとなってしまう。このように、人間の安全保障も、グローバルヘルス同様、広範囲で多岐の分野にわたる。しかし、緊急性が高ければ高いほど、予見が難しいため予算化されていないことが多い。そうなると限られた人的、金銭的、時間的資源で最大限の効果を狙った対策をとらなければ、被害はさらに大きなものになってしまう。

　人間の安全保障という概念やSDGsの「誰一人取り残さない」という理念は、個人レベルに焦点を当てていることが多いが、実際は「すべての人々およびコミュニティの保護と能力強化に資する、人間中心の、包括的で文脈に応じた、予防的な対応を求めるものであること」（2012年の国連決議）とコミュニティレベルの分析視点やコミュニティを対象として捉えることが増えてきた（日本国際保健医療学会編 2022, 186–193）。

　COVID-19の初期段階でアフリカ各国政府レベルでは国境の封鎖や都市間移動を禁止した。一方で、市民（コミュニティ）レベルでは消毒液などは入手できなかったため手洗いが徹底された。不織布マスクがないために、裁縫のできる者は布マスクを作り、マスクのない人たちに配るなどの自助・共助が見られた。こうしてコミュニティ全体でウィズコロナへの新習慣と行動変容が徹底されたため、爆発的な感染拡大を防ぐことができた。

3 グローバルリスクガバナンス

　公平を目指すグローバルヘルスだが、実際には健康格差を改善するために
は資金が必要になる。そして資金が投入されるところには統治するメカニズ
ム＝ガバナンスが必要となる。グローバルヘルスにおけるガバナンスの対象
となる課題は新興・再興感染症、たばこやたばこに起因する疾病、薬剤耐性、
ユニバーサル・ヘルス・カバレッジ（Universal Health Coverage: UHC)[2] など多
岐にわたる。このうち緊急性を要する新興・再興感染症は迅速なガバナンス
が求められる。原子力安全リスク、サイバーセキュリティ・リスクも同様に
緊急性が高く、個人レベルの健康などの安全・安心面そして国家レベルの安
全保障の多種多様な側面を持つ課題である。とはいえ、細かく分類すると、
原子力管理においては政府の役割が大きかったり、サイバーセキュリティに
関しては民間の役割が大きかったりする。一方で保健ガバナンスにおいては
WHO などの多国間組織の役割が大きく、専門家ネットワークも影響力を持
っている。また、規制に対するピアレビューや情報公開について原子力は義
務化され、サイバーセキュリティにおいては民間レベルの自主規制が強いた
め、情報共有や相互評価、外部からの支援は限定的だ。

Ⅲ　理想と現実

1　グローバルヘルスセキュリティの捉え方

　早速、グローバルヘルスセキュリティとは何かを考えてみよう。グローバ
ルヘルスセキュリティと聞いてぴんとくる人はどのくらいいるのだろうか。
COVID-19 のパンデミックを経験した世界の人々でも、ヘルスセキュリティ
という概念はほど遠いものと感じているのではないだろうか。カタカナで表
記される概念を「世界の健康安全保障」と漢字に置き換えてみたらどうだろ
うか。それでも、なんだか自分とは関係ない、"遠い" 感じがするだろう。
残念ながら、"遠い" と感じてしまったら危機意識も芽生えない。しかし、
「全員が安全でなければ、誰一人として安全ではない（No one is safe until every-
one is safe)」GAVI 事務局長、Dr. Seth Berkley）のである。

　安心またはセキュリティは、世界のどこかの危機的状況を自らの問題とし

て捉えて、自分なりの対策をしたときに到達できる状態である。世界の問題は自分の問題、自分の対策が世界の対策、と言い換えると、わかりやすいかもしれない。日本は東京オリンピック開催の責任があり、長い間COVID-19のパンデミック下で行動制限が続いたが、国民の大部分は耐えた。欧米諸国並みに行動制限がなくなり、経済活動が全面的に再開と感じられるようになった2022年夏以降には再び感染が拡大している。危機意識が明らかに低下している。感染の有無など個人の経験による感じ方の違いもあるかもしれない。また、健康不安のない安心な状況やその状況に至るための政策的介入（ヘルスセキュリティ）も必要ないと考える人々も増えている。

　新型コロナウイルスがまだ武漢ウイルスと呼ばれていた初期の2020年3月。筆者は学生十数名とともにアフリカを訪れていた。アフリカの人々は日本人と中国人の違いがほとんどわからないので、町を歩いていると差別的な言葉を浴びせられた。アフリカでも見知らぬ、未知のものに対しての不信感はかなり強く、人間の自然な反応として、恐怖から差別し、人権を侵害したりする状況となっていたのだ。

　パンデミック2年目の2021年、個人、地域レベルでとれる対策をしていたアフリカ各国では少しずつ、見知らぬウイルスに対する恐怖が和らぎ、経済活動が再開され、コロナ前の活気を取り戻していった。集会や研修、出張や調査もできるようになった。しかし、しばらくすると同僚やチームのメンバーが一人二人としばらく欠勤することがあった。PCR検査のない国では、感染したかどうかを確認する手段がない。一方で有料のPCR検査にアクセスしたアフリカの友人知人が陽性になったりした。アフリカ各国では給付金や補助金もなければ、医療体制も不安が多いが、COVID-19で命を落とした人の話を耳にすることは幸いなかった。当初のイタリア、ニューヨークやカリフォルニアや、デルタ株が出たころのインドのような状況にならずに済んだのは、アフリカの人口の半分以上が若者だったために重症化する患者が少なかったことなどが考えられる。筆者が2年ぶりの調査で2021年9月にアフリカに出張した際、入国して自主隔離を実施し、二重マスクで保健センターを訪問調査し、帰国後も2週間自主隔離をしたが、アフリカではほとんどCOVID-19を心配する人はいなかった。そのときはむしろコレラが流行して

おり、コレラ隔離テントが保健センター敷地内に設置され、誰もそこに近づこうとしなかったことが印象に残っている。

図7-1からもわかる通り、公平性を目指しているグローバルヘルスは明らかに破綻した。閉鎖された資金供与メカニズムもあった。しかし、COVAXのような官民パートナーシップは増え、強化されている。グローバルヘルス分野研究のほとんどがウイルスや変異株で占められたが、その甲斐あってワクチンが史上最速で開発された。

しかしながらアメリカなどの高所得国は自国民のためにワクチンを囲い込むワクチンナショナリズム政策をとり、感染症には国境がないことを忘れているかのようだった。アフリカで不利かつ不平等の構造がなくならないうちに免疫の脆弱なアフリカの人々がたびたび感染することで、ウイルスが変異し、より強力になってブーメランのように高所得国に戻っていった。

日本は欧米諸国に数カ月遅れてワクチン接種が始まり、少しずつ社会に安堵感が広がった。日本で3回目接種が始まったころから海外では入国制限、行動制限、ワクチン接種証明書、陰性証明書などもどんどん撤廃されていった。

2　グローバルヘルス戦略

本章はアフリカから見たグローバルヘルスガバナンスが主題だが、グローバルヘルスで歴史的に影響力を持ってきた日本の新しいグローバルヘルス戦略について紹介する。

> グローバルヘルスは人々の健康に直接かかわるのみならず、経済・社会・安全保障上の大きなリスクを包含する国際社会の重要課題である。人間の安全保障の観点からも重視すべき問題であり、今後の人類と地球との共存という視座からも考える必要がある。グローバルヘルスへの貢献は、国際社会の安定のみならず我が国自身の安全を確保し、国民を守ることにつながる。外交、経済、安全保障の観点も含めてグローバルヘルス戦略を策定し、推進する。
> 政策目標は

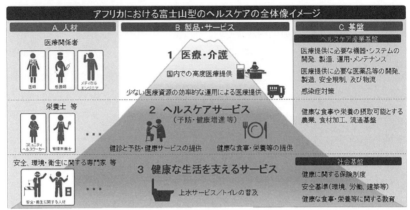

図 7-4 アフリカ健康構想

出典：日本政府（2022）。

- 健康安全保障に資するグローバルヘルス・アーキテクチャー[3]の構築に貢献し、パンデミックを含む公衆衛生危機に対する予防・備え・対応（prevention, preparedness, response: PPR）を強化する。
- 人間の安全保障を具現化するため、ポスト・コロナの新たな時代に求められる、より強靭（resilient）、より公平（equitable）、かつより持続可能な（sustainable）ユニバーサル・ヘルス・カバレッジ（UHC）の達成を目指す。

　本戦略のポイントは、保健システムの重要な基盤としてコミュニティをあげていることである。日本は、コミュニティの社会関係資本（ソーシャル・キャピタル）を失わないように配慮しつつ、コミュニティの能力強化やコミュニティ全体の基礎的な健康や治療（primary health care: PHC）を実施していくとしている（日本政府 2022）。

　グローバルヘルス戦略に先立って発表されているアジア健康構想及びアフリカ健康戦略がある。アフリカの健康課題に対して保健セクターだけでは対応できず、インフラや産業、農業分野に介入してアフリカのヘルスセキュリティを達成する構想である（日本政府 2019）。

3　アフリカのヘルスセキュリティ

　これまでグローバルヘルスセキュリティの概念やヘルスセキュリティにおける日本および欧米中心の個人レベル・国レベルの視点を紹介してきた。COVID-19拡大の中、各国政府が自国民や国益を優先するのはある意味仕方がない。実際に陽性者や濃厚接触者が増えると、交通流通、病院などの医療施設、保育園、介護施設などありとあらゆるところに影響が出た。その大変な状況の中で、アフリカのことを考えろ、アフリカが被っている不平等をガバナンスでなんとかしようというのは非現実的である。しかしだからといって、将来的にもっとも脆弱なところを狙うウイルスを野放しにするわけにはいかない。グローバルヘルスの公平という理想に近づけるよう、各自が平時から未来を考えそして行動することで、アフリカのヘルスセキュリティを実現することができるのではないだろうか。

Ⅳ　グローバルヘルス＝総合政策

　グローバルヘルスは近年、ヒトや動物の健康のみならず、地球の健康を含む概念に変わろうとしている。その背景にある動きを見つつ、なぜグローバルヘルス＝総合政策学なのかを考えてみよう。

1　気候変動による健康への影響

　世界中でCOVID-19によるロックダウンの間、しばらく異常気象が減少したが、ひとたび経済活動が再開されると、再び、いやこれまで以上に気候変動の影響が感じられるようになった。2022年になってからヨーロッパやインド、アメリカや日本で猛暑や熱波、それに起因する山火事、日本各地で観測されている線状降水帯や集中豪雨による河川の決壊などが連日のように起きている。環境に起因する世界規模の健康不安、つまりヘルス・インセキュリティ（health insecurity）が各地で実際に起きている状況だ。

　新型コロナウイルスは動物が売買される市場で最初に検知された、といわれている。ウイルスの発生源といわれているコウモリの生活圏で活動しているような野生動物が捕獲され、食肉として売られる。人間の活動によって森

林が伐採され、野生生物界と人間の生活圏が近くなっているのだ。これまで人間があまり入ることがなかった森林や洞窟、山にウイルスは存在していたかもしれないが、野生と人間の距離が縮まるとそのウイルスが野生動物を媒介して人間世界に入り込み、変異をし、より強力なものになっているのである（Soderbergh 2011）。

2022年夏、サル痘の脅威が報じられた。ここ50年、コンゴ民主共和国で断続的に報告されてきているサル痘がニュースになったのは、ヨーロッパで症例が見られるようになってからだった。アフリカでは2020年夏以来、ラッサ熱が増えていて、エボラの流行も心配されているが、ニュースになることはほとんどない。専門家は各種ウイルスの出現やまん延を気候や生態系の変化と関連づけている。つまり気候変動によって生態系のひずみが見られ、その結果動物の行動が変化し、人間の生活圏内に入ってくるようになっている。不安定な人獣インターフェースがあるため、より多くの動物由来の感染症が人間界でも見られるようになっている。

その他、気候変動による疾患・健康問題は多種多様である。例えば、気温上昇によって、異常気象となり、災害関連死が増える。ストレスが増大することでメンタルヘルスに支障をきたすことも出てくるだろう。気温上昇によって猛暑となり、暑熱関連疾患や心不全や死亡も増える。あるいは極端な気象の増加によって大気汚染が進み、喘息や心血管系の疾患が増えるかもしれない。媒介生物の生態変化によってマラリア、デング熱など熱帯感染症と考えられた疾病が熱帯ではないところに出現する可能性がある。海面上昇によってアレルゲンが増加し、呼吸器疾患、アレルギーや喘息が増えてくるかもしれない。水質汚染からコレラなどの水系感染症、栄養不良や下痢症なども高所得国で見られることになるとも指摘されている。

これらのリスクを知った上で、個人・コミュニティレベルでは減災につながるような生活や行動変容が求められる。さらに国・グローバルレベルでヒトと地球環境が共存できる未来を開拓できるビジョンや政策が必要になるだろう（Myers and Frumkin ed. 2022）。

表 7-1　グローバルヘルスと総合政策

グローバルヘルス戦略のキーワード	介入分野	湘南藤沢キャンパス対応科目例
保健システム強化	ガバナンス人財、人材育成	政治学、環境ガバナンスのデータサイエンス（以下大学院）ヘルスケアシステムデザイン概論、ヒューマンサービスとコミュニティ
強靭性		教育（経済）学、ヒューマン・キャピタル論、環境ヘルスサイエンス
公平性	多様性、人権、経済格差、社会保障	政治哲学（近代）、ミクロ・マクロ経済、心理学、社会保障政策
持続可能性	持続可能な開発、貧困、気候変動、減災・防災	環境政策、環境ガバナンス、国際環境論、地球環境概論、国際開発論、開発とローカリズム
分野横断的事項	上記以外にジェンダー平等と女性のエンパワーメント、性と生殖に関する健康・権利や性暴力・性搾取防止	働くこととジェンダー、社会安全政策

出典：グローバルヘルス戦略、慶應義塾大学 SFC シラバスをもとに筆者作成。

2　グローバルヘルスと総合政策

　分野横断的なグローバルヘルスと総合政策がいかに類似しているのかはイメージしにくいかもしれない。そのため、グローバルヘルスのキーワードと該当する湘南藤沢キャンパスの対応科目例を作成した（表 7-1）。

　グローバルヘルスは、個人の生命や尊厳を保ち、地域・国の実情に即した統治・ガバナンスに焦点を当て、プラネタリーヘルスという未来を考える学問に変わろうとしている。ガバナンスには限られた資源をフルに活用し、タイムリーに、最大限の成果を出すことが求められている。横串は、現場と現場をつなぐ情報やデータ、縦串は、現場と政策をつなぐエビデンス。横と縦を組み合わせることで包括的かつ強靭なネットワークを築くことができる。分野横断的に取り組むことが多く、また場所によってはソリューションやアプローチも異なる。緊急性のあることを優先しつつも、基礎や予防をおろそ

かにすることなく臨機応変に対応しなければならない。このためには少なくとも確固たるビジョン、リーダーシップ、相互信頼、コミュニケーション、人財そして資金が必要である。日本のグローバルヘルス戦略にある予防・備え・対応（PPR）の概念も今後重要になってくる。そういう意味でグローバルヘルスは「予見や未来を考える学問」である総合政策学にほかならない。

1) 主要な目的が人々への援助の場合、インターナショナル・ヘルス（international health）と呼ばれる。

2) ユニバーサル・ヘルス・カバレッジ（universal health coverage: UHC）は WHO の憲章、WHO とユニセフが推進したプライマリー・ヘルス・ケア（PHC）に加えて、日本の国民皆保険と最低限の経済的負担で良質な医療が受けられることで人的資本（human capital）が形成され、経済成長し、また世界最高の長寿社会となったことから、グローバルヘルスの中で主流化されている考え方である。UHC とは、「すべての人が、効果的で良質な健康増進、予防、治療、機能回復、緩和ケアを含む必要な保健医療サービスを、負担可能な費用で受けられること」である（WHO 2019）。

3) アーキテクチャーは本来は建築という意味だが、ここでは構造と置き換えることができる。

参考文献

財務省（2022）20 か国財務大臣・保健大臣合同会議議長総括（仮訳）https://www.mof.go.jp/policy/international_policy/convention/g20/g20_20221112.pdf, last accessed January 11, 2023.

城山英明編（2020）『グローバル保健ガバナンス』東信堂。

武見綾子（2020）「国際保健規則とグローバル保健ガバナンスの構造」城山英明編『グローバル保健ガバナンス』東信堂。

長崎大学監訳（2022）『プラネタリーヘルス——私たちと地球の未来のために』丸善出版（＝2020 Myers, Samuel and Howard Frumkin ed. *Planetary Health Protecting Nature to Protect Ourselves*, Washington, DC: Island Press）。

日本国際保健医療学会編（2022）『実践グローバルヘルス——現場における実践力向上をめざして（改題）』杏林書院。

日本政府（2019）「アフリカ健康構想に向けた基本方針」日本政府。

日本政府（2022）「グローバルヘルス戦略」日本政府。

Bill & Melinda Gates Foundation（2022）"Fact Sheet" https://www.gatesfoundation.org/about/foundation-fact-sheet, last accessed August 8, 2022.

Gates, Bill（2015）*The next outbreak? We're not ready*. TED talk https://www.ted.com/talks/bill_gates_the_next_outbreak_we_re_not_ready?language=d2, last accessed August 8, 2022.

Johns Hopkins University Medicine（2022）"Coronavirus Resource Center" https://coronavirus.jhu.

edu/, last accessed August 8, 2022.

Our World in Data - Last updated 10 January 2023. https://ourworldindata.org/covid-vaccinations, last accessed January 11, 2023.

Soderbergh, Steven （2011） "Contagion" (film).

University of Washington School of Medicine （2022） "Institute of Health Metrics and Evaluation" https://www.healthdata.org/, last accessed August 8, 2022.

WHO （2019） *Primary Health Care on the Road to Universal Health Coverage 2019 Global Monitoring Report*, Geneva: WHO.

WHO （2022a） "COVAX" https://www.who.int/initiatives/act-accelerator/covax, last accessed August 9, 2022.

WHO （2022b） "Health Equity" https://www.who.int/health-topics/health-equity, last accessed August 9, 2022.

WHO （2022c） "What is the ACT-Accelerator" https://www.who.int/initiatives/act-accelerator/about, last accessed August 10, 2022.

WHO （2022d） COVID-19 Vaccine Delivery Partnership https://www.who.int/emergencies/diseases/novel-coronavirus-2019/covid-19-vaccines/covid-19-vaccine-delivery-partnership, last accessed November 23, 2022.

World Bank （2021） "Pandemic Emergency Financing Facility" https://www.worldbank.org/en/topic/pandemics/brief/pandemic-emergency-financing-facility, last accessed August 8, 2022.

World Bank （2023） The Pandemic Fund, https://www.worldbank.org/en/programs/financial-intermediary-fund-for-pandemic-prevention-prepardness-and-response-ppr-fif/governance-structure, last accessed January 11, 2023.

第8章 インド太平洋の地政学・地経学

神保　謙

はじめに——戦略的空間として収斂する「インド太平洋」

2010 年代後半から「インド太平洋」という地域概念が、地政学（ジオポリティクス）と地経学（ジオエコノミクス）をまたぐ戦略的空間として浮上している[1]。

米国防省が発表した「インド太平洋戦略報告」（2019 年 6 月）は、インド太平洋が米国の将来にとって「最も重要な地域（most consequential theater）」であり、米国防省も「第一義的戦域（primary theater）」と位置付けている（U.S. Department of Defense 2019）。かつて 1990 年代に同省が発表した「東アジア戦略概観」が、アジア太平洋地域における同盟関係に対する関与を確認し、パートナーシップ関係を拡大するという方針であったことを回顧すれば、20 年以上を経て発表された米国防省の地域戦略が「インド太平洋」へと地理概念を拡大したことは、米宣言政策（declaratory policy）として示唆的であった。

もっとも、米国にとり太平洋とインド洋をつなぐ広域地域としての「インド太平洋」は、決して新しい概念ではない。例えば米軍の統合軍として最も古い歴史を持つ太平洋軍（Pacific Command）は、イギリスの「スエズ以東からの撤退」を補うように、すでに 1970 年代には太平洋・インド洋の全域とアフリカ東海岸を広域に含む責任区域（AOR）を設定していた（U.S. Indo-Pacific Command 2019）。米国にとって戦略的重要性を増す東アジアと中東地域をつなぐ海上交通路の安全を担保し、同域内諸国との同盟・パートナーシップ関係を強化することこそ、広域の安全保障秩序の基盤となった。インド太平洋は長らく米国の前方展開戦略の主要な地域だった。2018 年 5 月に米太

平洋軍が「インド太平洋軍」に改称されたことは、むしろその来歴と実態の反映といえた。

　インド太平洋が台頭したもう一つの契機は、2016年以降に日本政府が提起した「自由で開かれたインド太平洋」構想である。日本の主導した概念は、「二つの大陸」（アジアとアフリカ）および「二つの大洋」（太平洋とインド洋）の交わりを地理的範囲に据えながら、基本原則の推進（法の支配・航行の自由・自由貿易の定着と普及）および経済的な繁栄の追求（物理的連結性・人的連結性・制度的連結性）が掲げられ、平和と安定の確保については特に能力構築支援と人道支援・災害救援（HA/DR）分野を推進することが謳われた（外務省 2019）。こうした方針は、2018年12月に発表された「防衛計画の大綱」に引き継がれ、同大綱ではインド太平洋地域における多層的・多角的な安全保障協力や海洋秩序の安定の重要性を謳っていた（国家安全保障会議2019）。

　日本にとってのインド太平洋も、まとまりをもった地域概念として提示される以前から、戦略的重要性の高い地理空間だった。ホルムズ海峡からマラッカ海峡に至るアラビア海・インド洋・ベンガル湾は、中東から日本に原油を供給する死活的な海上交通路となった。エネルギー輸入と石油自主開発でサウジアラビア、アラブ首長国連邦（UAE）、イラン等と依存関係を深めた日本は、冷戦期のアラブ諸国との関係で欧米諸国と一線を画する外交関係を形成するに至る。

　また、1985年のプラザ合意以降の日本企業の海外直接投資と生産拠点の海外移転は、特に東南アジア諸国に原材料・中間財・最終財の生産ネットワークを重層的に形成した。さらに、日本の政府開発援助やインフラ建設支援は、東西経済回廊・南部経済回廊を核とするASEANの連結性、インドやスリランカへの支援を通じた南西アジアの連結性に寄与してきた。日本政府の提示するインド太平洋構想が、日本がこれまで主導した既存のプロジェクトの集合体として表現されていることにも注目すべきである。

　インド太平洋戦略をミドルパワー国家として早くから牽引したのはオーストラリアだった。2010年代の初頭からオーストラリアの国防白書は、インド太平洋が「単一の戦略的弧」として外交・防衛分野でも重要性を高めてい

ることを指摘していた（佐竹知彦 2018）。伝統的な米豪同盟関係、東南アジアや南太平洋に跨る周辺外交、英連邦の一員としての外交基軸は、グローバルなパワーバランスの変化によって重要性を増した中国とインドの台頭に大きく影響されるようになった。そして、オーストラリアは南半球で太平洋とインド洋に面する地政学的位置付けから、海洋秩序の安定、外交・防衛協力関係の拡充という視点によって、インド太平洋概念を確立していった[2]。

インドは、冷戦後初期の段階で「ルック・イースト」政策を展開し、インド洋と太平洋の経済と安全保障の連結性を重視する考え方を契機としながら、徐々にインド太平洋を政策概念として普及させていった。インドもまた中国の地政学的台頭に直面しながら、インド洋の海洋秩序の維持と、ASEAN を中心とする地域秩序への積極的な関与を展開した（伊豆山真理・石原雄介 2019）。前者には、インド海軍の強化はもとより、インド洋島嶼諸国に対して能力構築支援、多国間の海軍共同訓練を拡充している。また後者については、地域枠組みにおける「ASEAN の中心性」を尊重しながら外交関係を発展させ、とりわけインドネシア、シンガポール、ベトナムとの安全保障関係を強化している。2014 年以降のモディ（Modi）政権の下では「アクト・イースト」政策が推進され、アジア全域への政治的・経済的関与を深めていった。

インド太平洋構想の台頭は、欧州各国にも地域的関与の新たな磁場をもたらした。フランスは 2019 年 6 月に「フランスとインド太平洋における安全保障」という政策文書を発表し、インド太平洋に海外領土と広大な排他的経済水域（EEZ）を持ち、地域の安全保障と地域諸国の戦略的自主性の強化を図るとしている（French Ministry of Defense 2018, 2019; French Ministry of Foreign Affairs 2019）。また、イギリスも 5 カ国防衛取極（FPDA）によるコモンウェルス諸国間との安全保障上の連携を保ちつつ、インド洋・マラッカ海峡・南シナ海への海軍艦艇の派遣や共同演習の機会を増加させている。そして、欧州連合（EU）は、2021 年 4 月に「インド太平洋地域における協力のための EU 戦略」を発表し、EU 全体としてインド太平洋への関与を深めていく姿勢を明確にした（European Union 2021）。

そして東南アジア諸国連合（ASEAN）も、2019 年 6 月の首脳会議で「インド太平洋に関する ASEAN の展望（outlook）」を発表した（ASEAN Secretariat

2019)。紆余曲折を経て採択された ASEAN の「展望」は、インド太平洋の連結性・包摂性を重視し、大国間対立の抑制を唱え、自らの中心性と仲介者としての戦略的役割を重視する内容となった。海洋協力の項目では、安全保障、航行・航空の自由の確保にも言及した。そのために ASEAN が主導する多国間枠組みの重要性を確認し、インド洋広域に展開する新たな枠組みを老獪に取り込もうとしていた。

　以上の展開は、2000 年代から 2010 年代にかけて「インド太平洋」が、多くの関係国から地政学・地経学上の空間概念として提起され、徐々に政策概念として普及していく過程を示したものである。もっとも、各国が「インド太平洋」という概念に込めた地理的範囲、政策上の優先順位、競合・協力関係の位置づけには、多くの差異がある。インド太平洋をもっぱら台頭する国家（＝中国）に対する競合を目的とした排他的な集合的バランシングとして捉えるか、もしくは競合を回避するための開放的・包摂的・非排他的な地域として位置づけるか、「インド太平洋」に込められた戦略性については、多様な論理が依然として並存している。

I　インド太平洋におけるパワーバランスの特徴

　インド太平洋を勢力均衡の世界から眺めた場合、分析の前提となるのは主要プレーヤーのパワーバランスの変化である[3]。表 8-1 は国際通貨基金（IMF）の「世界経済見通し」レポートと各種長期見通しを参照しながら、2005 年から 2030 年の 25 年間の名目 GDP の指標・予測値を示したものだ[4]。経済的パワーの指標としての名目 GDP（米ドル）では、米中両国が 2 大強国となる趨勢に変化はない。米国が現状並みの経済成長を維持し、中国の実質成長率が 5％（2020 年代前半）、3.5％（2020 年代後半）に減速すると仮定しても、2020 年代後半に中国の名目 GDP が米国を追い抜く可能性は依然として高い。

　さらに注目すべきは米中以外のアクター（とりわけインドと ASEAN）の経済力が、インド太平洋地域で重要な位置を占めることである。2025〜2030 年の期間において、インド、ASEAN、日本はほぼ同程度の経済規模となる。

表 8-1　米・中・印・ASEAN・日・豪の名目 GDP 推移

単位：10 億ドル（名目ベース）

	2005	2010	2015	2020	2025	2030
中国	2,290.02	6,033.83	11,113.51	14,862.56	24,705.97	34,940.60
米国	13,039.20	15,048.98	18,206.03	20,893.75	28,045.31	33,905.61
インド	834.217	1,708.46	2,103.59	2,667.69	4,547.16	6,828.75
ASEAN6	958.68	1,946.21	2,414.48	2,947.19	4,409.03	6,229.81
日本	4,831.47	5,759.07	4,444.93	5,031.62	4,811.64	5,696.26
豪州	735.588	1,253.60	1,233.14	1,357.32	2,000.04	2,488.45

出典：World Economic Outlook Database（2022.10）を基にした予測値*

　インド太平洋のパワーバランスの変化は、中国の台頭と米国の経済力のウエイトの低下という主旋律の他に、多くの中堅国家（ミドルパワー）の戦略的位置付けの増大をもたらすことになる。

　表 8-2 はストックホルム国際平和研究所（SIPRI）の国防支出データベースを基礎に、名目 GDP の予測値に国防費の対 GDP 比を掛け合わせ試算したものである。米国は 2010 年には比類なき圧倒的な国防費を誇っていたが、「財政の壁」に直面したオバマ政権は国防費の大幅減額を余儀なくされた。米国防費の対 GDP 比は、イラク・アフガニスタン戦争経費を含めた 4.7％（2010 会計年）から 3.1％（2017 会計年）まで縮小した。表 8-2 では 2030 年までの平均値で同値が 3.2％ まで回復すると想定し試算している。

　SIPRI の統計では中国の国防支出の対 GDP 比は過去 10 年間、約 1.75％ で安定的に推移している（SIPRI は中国の国家統計に独自の計算式を付加し、国際標準化された国防費の実態に近づけようとしている）。表 8-2 では 2030 年まで中国の国防費が 1.75％ の水準を継続した場合を前提としている。またインド、ASEAN と豪州はそれぞれ過去 10 年の平均値として算出している。日本は 2022 年の安全保障関連 3 文書の採択により、大幅な防衛費の増額を決定したため、2025 年を 1.75％、2030 年を 2.0％ として試算した。

　表 8-2 に見るとおり、米国の軍事力の優位性は揺るがないが、2020 年代後半にかけて中国が米国の戦略的競争者として遜色のない規模の軍事大国となることはほぼ確実となる。またインドの国防費は 2014 年に日本の防衛費

表 8-2　米・中・印・ASEAN・日・豪の国防費推移

単位：100万ドル（名目ベース）

	2005	2010	2015	2020	2025	2030
米国	533,203	738,005	633,829	778,397	855,028	1,007,837
中国	42,790	105,523	196,539	257,973	427,147	612,127
インド	23,072	46,090	51,295	72,937	109,174	160,868
日本	44,301	54,655	42,106	51,970	84,204	113,925
ASEAN6	15,114	26,699	35,134	45,942	60,663	83,701
豪州	13,237	23,217	24,046	27,301	35,688	44,335

出典：SIPRI Military Expenditure Database（2021）を基にした予測値*
*2025 年以降は米国（3.2%）・中国（1.9%）・印（2.6%）・ASEAN（1.4%）・日（1.75%
/2.0%）・豪（1.85%）として試算した

を上回り、今後も急速に拡大すると見られるほか、ASEAN の国防費の総和
も地域での存在感を増していく。

　マクロ的に見た場合のインド太平洋地域のパワーバランスの特徴は、米国
の優位が相対的に揺らぎ、中国が急速に台頭するという基本的構図に加えて、
さらに多くの中堅国家（ミドルパワー）が台頭することにある。つまり米中
パワーの拮抗化と地域内パワーの分散化が同時並行的に進むということにな
る。そして名目 GDP で見た戦略ポートフォリオと同様に、米国・日本・オ
ーストラリア・インド・ASEAN が安全保障の連携を強めることは、一方的
な力の支配を防ぐという勢力均衡の原則が中・長期的にも有効であることを
示している。しかし、いくらミドルパワーが台頭するとはいえ、ミドルパワ
ー連携のみで勢力均衡が維持できるわけではない。勢力均衡の礎石となるの
は、依然として米国のインド太平洋地域における広域プレゼンスにあること
がわかる。

II　西太平洋における地政学的競争

　インド太平洋地域が戦略的空間として収斂しつつあるとはいえ、広大な西
太平洋とインド洋の戦略環境をまとめて論じることは容易ではない。西太平
洋における戦略的競争の焦点は、朝鮮半島、東シナ海、台湾海峡、南シナ海

など、問題の性質が異なる安全保障上の課題が山積している。しかし米中パワーの拮抗化と地域内パワーの分散化は、これらの問題すべての分析の鍵となる。

　中国の軍事的台頭は、米中関係の構図で見ると米国優位の状況が徐々に揺らぐ長期的なプロセスと捉えることができる。しかし中国と周辺諸国との軍事バランスは遥かに早い速度で変化していくだろう。米国と東アジア諸国の対中軍事バランスは「変化の時間」が異なる。米中軍事バランスの緩慢な変化と、東アジアにおける急速な変化という非対称性が、同盟管理を難しくしている。

　例えば、先述のSIPRIによれば中国の国防費は日本の防衛費を2006年に上回り、2017年には日本の約5倍となった。2005年に日中の国防費がほぼ均衡した地点から、10年間で5倍に拡大する時間の中に、日中安全保障関係は位置付けられている。

　日本の「国家防衛戦略」（2022年12月）では、インド太平洋をグローバルなパワーバランスが大きく変化し、政治・経済・軍事等にわたる国家間の競争が顕在化する地域として位置づけている。中でも中国の軍事的台頭は「これまでにない最大の戦略的挑戦」として位置づけられた。同文書は2022年度に中国の公表国防費が日本の防衛費の4.8倍に達していることを指摘したが、これは日中軍事バランスにおいて日本が独力で均衡することが困難となったことを意味していた。すでに、2018年の「防衛計画の大綱」でも、日本が単独で海上・航空優勢を確保することが困難な場合を想定する必要性を強調していた。

　こうしたなかで、日本は2022年12月の戦略3文書によって、防衛力を抜本的に強化する方針を決定した。この考え方の基礎には「相手にとって軍事的手段では我が国侵攻の目的を達成できず、生じる損害というコストに見合わないと認識させ得る能力」を獲得することが目指されている。すなわち、中国の軍事力に均衡させるための防衛力整備ではなく、中国の作戦遂行能力に高いコストを賦課し、侵攻を阻止・排除するための防衛力ということになる。いわば日本版の「拒否戦略」といえるだろう。

　南シナ海では中国の人工島埋め立てや軍事利用の拡大など、あからさまな

現状変更が続いている。中国と東南アジア諸国との軍事バランスは圧倒的な中国優位の状況のもとに置かれている。南シナ海の複数の人工島の港湾施設と滑走路が軍事的に運用されるようになれば、中国が南シナ海からマラッカ海峡にかけての作戦遂行能力や、外国軍に対する介入阻止能力は大幅に向上することが見込まれている。南シナ海における中国の海洋進出のインフラ整備を止めることは難しく、今後は人工島における軍事アセット（レーダーや防空施設等）の配備や、中国空海軍の展開する規模が焦点となろう。

西太平洋の地政学的競争において現状維持を保つには、非対称なパワーバランス変化への動体視力を養う必要がある。第一に重要なのは、米国の軍事プレゼンスをこの変化に適合させることである。日米同盟は2015年の日米防衛協力のための指針を経て、より統合性を高めた共同作戦が志向されるようになった。東シナ海における島嶼防衛のような低烈度の紛争から、米中の軍事対立に至る高烈度の紛争までシームレスな防衛協力が目指されるようになった。また、尖閣諸島に対して日米安全保障条約の第5条が適用され、米国の防衛コミットメントが明示されていることも、現状維持を担保する上で決定的な役割を果たしている。

南シナ海における米国の関与は、米比相互防衛条約によるフィリピン防衛と、航行の自由作戦（FONOP）による長期展開任務、二国間・多国間の共同演習の実施という限定的なものにとどまっている。2020年以降米国とフィリピンは米比相互防衛条約の改定協議をはじめ、南シナ海での米比防衛協力を強化する方針を示している。米比防衛協力の本質は、米国がどこまで南シナ海に軍事的に関与するかにある。

第二の論点は、急速に変化する軍事バランスの変化に対し「分散化されたパワー」としての日本、台湾、東南アジア諸国が有効な拒否能力を構築できるかである。とりわけ南西諸島、バシー海峡、マラッカ海峡といったチョークポイント（エネルギー輸送で使われる狭い海峡）を持つ地政学的環境を活用し、さらに無人機や電磁波領域といった新領域を組み合わせ、軍事バランスの劣勢を拒否能力によって相殺できるかが問われている。中距離核戦力（INF）全廃条約が破棄された場合、西太平洋に通常弾頭の中距離ミサイルを配備し、中国との軍事バランスのギャップを埋める構想も、この文脈から理

解する必要がある。

Ⅲ　インド洋における地政学的競争

　インド洋における地政学的競争は、かつてロバート・カプラン（Robert Kaplan）が『モンスーン（邦題『インド洋圏が、世界を動かす』）』で描写したように、インド洋（ベンガル湾、アラビア海、アデン湾）の航行の自由と、ユーラシア大陸の南端の沿岸地帯（リムランド）の影響力をめぐる競争という特徴がある。この海域をめぐる米国、インド、中国の 3 カ国の勢力均衡がどのように推移するかが、安全保障秩序に決定的な影響を与えるだろう（Kaplan 2019）。

　ここでも第一の論点は、中国の海洋進出である。中国のグローバルな経済活動は南アジア、中東、アフリカに拡大し、インド洋における海上交通路の安全性は重要な安全保障上の課題となっている。この長い海上交通路は、これまで米国の戦力投射能力とインド海軍が支配的影響力を持ち、かつマラッカ海峡というチョークポイントに遮られてきた。

　中国は一帯一路構想によってインド洋からアラビア海へとつながる「海上シルクロード」を推進し、パキスタンのグワダル港、スリランカのハンバントタ港への投資を進めるとともに両国との軍事協力を深め、ジブチに大規模な軍事拠点を建設し、インド洋広域への展開力を強化してきた。ミャンマー（ココ諸島）、バングラデシュ（チッタゴン）、スリランカ、パキスタン、イラン（チャバハール）、ジブチといった拠点をつなぐ、いわゆる「真珠の首飾り」は、仮に中国の軍事的活用が進めば中国の戦力投射能力や継戦能力に大きな役割を果たすことになる。

　第二の論点は、こうした中国の海洋進出に対する米国、インド、オーストラリア、日本のいわゆる「クアッド」協力の可能性と限界である。インドは空母や駆逐艦を中心とする水上艦艇、潜水艦や哨戒機の近代化を進め、アンダマン・ニコバル諸島へのプレゼンス強化を図る等、インド洋広域にわたる戦力投射能力を強化させつつある。また海上共同訓練「マラバール」は、インド海軍と米海軍および日本の海上自衛隊による対潜戦、対水上戦、対空戦

訓練によって相互運用性向上のプラットフォームとなっている。豪海軍も新型潜水艦・フリゲート艦・外洋哨戒艦の導入計画を通じて、インド太平洋地域における運用能力を大幅に向上させようとしている。

　他方で、日米豪印のクアッド協力が、互いの戦略観や軍事能力の差の下でどこまで深まるかは未知数である。インド洋において「地域内パワー分散」を凝集できるか、インド太平洋構想の真価が問われている。

おわりに——地経学からみたインド太平洋

　リベラルな国際秩序に対する挑戦が本格化するさなかで、安全保障と経済に興味深い現象が進行している。ひとことで言えば「安全保障の地理」は縮小し、「経済の地理」は戦略性を強めながら拡大する現象が同時並行的に起こっているのである。ここに「地経学」が射程とする領域の重要性が示唆される。R・ブラックウィル（Robert Blackwill）とJ・ハリス（Jennifer Harris）はこの現象を「経済的手段を用いた地政学的目標の追求」と表現している（Blackwill and Harris 2016）。

　1990年代後半以降のグローバル化の進展やIT革命による情報通信技術の広がりにより、経済安全保障は政策概念として低調になっていった。世界の貿易投資環境の整備と資本移動の自由化によって、国境を越えた生産・サービスのネットワーク、自由貿易体制のさらなる推進が、世界の貿易額の飛躍的な増大をもたらしたからである。「フラット化する世界」（T・フリードマン）におけるグローバルな競争こそが、時代の基調と捉えられていたのだ。

　こうしたグローバル化への楽観論に大きな変化をもたらしたのが、「国家資本主義」を背景とした中国を中心とする新興国の台頭である。これら新興国の国営企業ないしは国家の強い影響下にある旗艦企業は、資源・エネルギー関連分野、金融分野、IT・電信分野などで飛躍的な成長を遂げた。多くの新興国は、国家の余剰資本をもとに政府系ファンド（SWF）を創設すると同時に、資本市場への介入を躊躇なく展開し、国営企業の海外での戦略的投資を推し進めた。こうした国家資本主義が、主要先進国が推進してきたリベラルな経済秩序と対立を深めることとなった。

次なる焦点は、世界経済において技術をめぐる競争と分断が進んだことだ。次世代の産業の鍵は、人間の活動のデータ集積、大規模高速通信、人工知能（AI）によってデジタル世界と物理的世界を融合させ、生産・労働・サービス・生活の概念を変革することにある。問題は、この変革のプラットフォームとなる技術が世界で分裂する方向へと向かっていることだ。特に米国と中国は、演算と大規模データ処理をめぐるハードウェア、IT インフラ、電子取引等のサービス、さらに新興技術開発で熾烈な競争を展開している。これらの技術基盤こそが、生命科学、無人化技術、次世代兵器開発等に大きな影響をおよぼすだろう。

　さらに重要な問題は、こうした機微技術の占有やサプライチェーンによる依存関係を「武器化された相互依存」（Farrel／Newman）として強制外交に利用する局面が増えたことだ。2010 年の尖閣諸島沖漁船衝突事件後のレアアース問題、オーストラリア産ワインに対する反ダンピング措置など記憶に新しい。中国の習近平国家主席が 2020 年 4 月の共産党財経委員会の講話で「グローバルサプライチェーンの中国依存強化を通じた『外国に対する反撃・抑止力の形成』を志向する」と述べたことは「武器化された相互依存」の典型例である。

　今日の経済安全保障の再台頭と「テクノ地政学」はこうした背景から浮上した重要な概念である。米国政府は「国防授権法 2019」で、対内投資規制の強化、新興技術の輸出管理の徹底、中国の特定企業等からの政府調達の制限を定めた。さらに米バイデン政権は「サプライチェーン見直し」について 2021 年に 4 分野（半導体・大容量電池・医薬品・レアアース）の精査を終えた。これらの機微技術や重要産業について、米国内での生産を増強し有力企業を抱える同盟国と連携して、過度の中国依存からの脱却を目指す狙いがある。

　インド太平洋の地経学には、米中両国の戦略的競争のもたらす機微技術（軍事に用いられる可能性の高い技術）の移転や、サプライチェーンの見直しを通じた経済秩序の再編が見据えられる。それはいわば、自由で開かれ包摂的な貿易投資の秩序から、より競争的で排他的な経済秩序に移行していく過程にも見える。

　しかし、熾烈な米中の戦略的競争とハイテク分野と機微技術の輸出規制が

敷かれながら、2021年の米中の貿易額は過去最大を更新することとなった。中国の対米輸出品目上位には、ノートパソコン、スマートフォン、玩具などが並び、米国の対中輸出品目には、大豆、集積回路（プロセッサー及びコントローラー）、自動車などがみられる[5]。このような汎用製品や日用品をめぐるモノとモノの関係において、米中両国はむしろ経済的相互依存関係を深めている。

　インド太平洋地域は、こうした戦略的競争と経済的共存をともに内包する地域と捉えることができる。インド太平洋の秩序は、この二つの側面が錯綜して推移することになるだろう。一方では軍事的な対峙や緊張関係が強調され、経済安全保障によるサプライチェーンの切り離しが目指される競争的環境が目立つようになる。他方で、貿易投資関係は堅調に推移し、コモディティ市場では、相互依存関係が深まる構図を見出すことができる。

　インド太平洋における今後の地域戦略は、すべからくこの二つの側面に向き合う必要がある。軍事的な均衡をもたらすための国防力の増強や同盟関係の強化、経済安全保障を通じた技術競争の管理を進めながら、地域の経済成長の果実をガバナンスの安定や国民経済の繁栄へとつなげる、複層的な戦略が求められている。

1)　「インド太平洋」概念が浮上した背景を各国・地域別に比較検討したものとして、キャノン（2022）を参照。ブレンドン・J・キャノン／墓田桂編著・監訳（2022）『インド太平洋戦略──大国間競争の地政学』（中央公論新社）。また拙稿（2019）「戦略的空間として収斂する『インド太平洋』」『外交』第54号も参照。

2)　こうした論点については、Rory Medcalf（2014）"In Defence of the Indo-Pacific: Australia's New Strategic Map" *Australian Journal of International Affairs*, Vol. 68 を参照。

3)　以下のインド太平洋のパワーバランスの変化については、拙稿「戦略的空間として修練する『インド太平洋』」前掲論文の内容を基にしている。またこうした分析の前提となる中・長期的なパワーバランスの変化を分析したものとして、東京財団「アジアの安全保障」研究プロジェクト「日本の対中安全保障戦略：パワーシフト時代の『統合』・『バランス』・『抑止』の追求」（2011年6月）がある。

4)　名目GDP推計値の算定にあたっては、東京財団前掲レポート（11〜13頁）で採用した試算を、IMF統計や世界経済の中長期見通しの変化を基に修正している。もっともこれらの推計値は実質GDP成長率、物価上昇率、為替レートによって容易に変化するものであり、作業仮説としての指標に過ぎない。

5） 日本貿易振興機構（JETRO）「2021 年の米中貿易、輸出入額ともに過去最高、半導体の輸入も増加」『地域・分析レポート』（2022 年 3 月 29 日）より。

参考文献

伊豆山真理・石原雄介（2019）「『インド太平洋』概念とオーストラリア・インド」防衛省防衛研究所編『東アジア戦略概観 2019』防衛研究所。

外務省「自由で開かれたインド太平洋に向けて」（2019）URL: https://www.mofa.go.jp/mofaj/files/000407642.pdf（2019 年 10 月 25 日アクセス）

キャノン、ブレンドン・J、墓田桂（編著監訳）（2014）『インド太平洋戦略――大国間競争の地政学』（中央公論新社）。

佐竹知彦（2018）「豪州とインド太平洋――多極化時代における新たな秩序を求めて」『国際安全保障』第 46 巻、第 3 号。

神保謙（2019）「戦略的空間として収斂する『インド太平洋』」『外交』第 54 号。

東京財団「アジアの安全保障」研究プロジェクト（2011）「日本の対中安全保障戦略―パワーシフト時代の『統合』・『バランス』・『抑止』の追求」。

日本貿易振興機構（JETRO）（2022）『地域・分析レポート（2022.3.29）』。

「平成 31 年度以降に係る防衛計画の大綱について」（2019 年 12 月 18 日、国家安全保障会議決定及び閣議決定）URL: https://www.mod.go.jp/j/approach/agenda/guideline/2019/pdf/20181218.pdf（2019 年 10 月 25 日アクセス）

「国家安全保障戦略」（2022 年 12 月 16 日、国家安全保障会議決定及び閣議決定）URL: https://www.cas.go.jp/jp/siryou/221216anzenhoshou.html（2023 年 1 月 12 日アクセス）

ASEAN Secretariat, "ASEAN Outlook on the Indo-Pacific"（June 2019）URL: https://asean.org/storage/2019/06/ASEAN-Outlook-on-the-Indo-Pacific_FINAL_22062019.pdf（2019 年 10 月 25 日アクセス）

Blackwill, Robert and Jennfer M. Harris（2016）, *War by Other Means: Geoeconomics and Statecraft*, Cambridge: Belcnap Press of Harvard University Press.

European Union Websites, "EU Strategy for Cooperation in the Indo-Pacific"（April 19, 2021）.

Farrell, Henry and Abraham L. Newman（2019）"Weaponized Interdependence: How Global Economic Networks Shape State Coercion", *International Security*; 44（1）: 42–79.

French Ministry of Defense, "France and Security in the Indo-Pacific"（2018 Edition, updated in May 2019）; French Ministry of Foreign Affairs, "French Strategy in the Indo-Pacific: For an Inclusive Indo-Pacific"（updated in August 2019）.

Kaplan, Robert D. *Monsoon*（2010）: *The Indian Ocean and the Future of American Power*（Random House）.

Medcalf, Rory（2014）"In Defence of the Indo-Pacific: Australia's New Strategic Map" *Australian Journal of International Affairs*, Vol. 68 を参照。

U.S. Department of Defense, *Indo-Pacific Strategy Report*（2019）*Preparedness, Partnership, and Promoting a Networked Region*（Independently published）.

U.S. Indo-Pacific Command, "History of United States Indo-Pacific Command" URL: https://www.pacom.mil/About-USINDOPACOM/History/

第 III 部
地域と社会のガバナンス

第9章 | 民族・宗教からみる「法治」と「中国化」

田島英一

はじめに

2022 年 8 月 15 日、『人民日報』は「改革開放で経済発展の動力アップを」と題する論評を掲載している。7 月 28 日の中国共産党中央政治局会議で打ち出された方針に由来するこのタイトルが、様々な憶測や議論を呼んでいるのは、昨今の中共中央と「改革開放」時代の間の違和感、もっと言えば、習近平と鄧小平の間の違和感に由来している。「法治」「中国化」を掲げる習近平体制の統治秩序は、権威主義の一形態として自由主義体制の対極に位置するが、生活世界の自治秩序の全面的客体化という点で、鄧小平体制とも大きく異なる。本章では、民族宗教政策等に例をとりつつ、鄧小平時代から習近平時代への変容と、それが民族文化と宗教に対して持つ意味について、考察してみたい。

I 自由主義と生活世界／制度世界分離

人格は、他人格（他者）を含めた文脈に依存する、相対的主体である。人格が相互応答する生活世界こそ現実世界であり、相互応答は暗黙知的な自治秩序を構築する。それは、サンデル（Michael Sandel）の言う「状況」（サンデル 1999）やベラー（Robert Bellah）等の言う「制度」（ベラー他 2000）のように、たえず相互応答によって書き換えられるとともに、人格を陶冶し、書き換えるという、循環構造を持つ。だが、制度世界の統治秩序は、フレイレ（Paulo Freire）の言う「標準化された秩序整然たる現在」（フレイレ 1979, 103）

でなければならない。それは、自治秩序との相互依存関係を断たれた（抽象的）個人たちの手によって生まれる。ゆえに統治秩序は、社会契約論の「自然状態」やロールズ（John Rawls）の「無知のヴェール」といった、人格を個人へと還元する架空の装置に始まり、静態としてイデア世界に固着する。個人が共有する明示的ロゴスによって語られる統治秩序は、共約可能性を有する。個人は人格と異なり、その抽象性のゆえに統計の対象であり、容易に集団化する。

　道徳の大前提は、他者の存在意義、尊厳、主体性に対する承認である。これを、義の承認と呼んでおく。一方、個人の利用価値に対する承認を、利の承認と呼んでおく。相互応答としての義の承認は、自治秩序を道徳的秩序たらしめる。義の承認に動機づけられた組織は、親密圏としての共同体か、自発的参与によって成立する協働体（田島・山本編著 2009, 序章）として、生活世界に属する。だが、約款、綱領、憲法といった明示的ロゴスによって結成され、規約、社則、法律といった明示的ロゴスによって運営される官僚制的組織（例：政府、企業、政党等）は制度世界に属し、不偏不党の「公」のために、親密圏に偏りやすい義の承認をあえて無視する。利の承認だけが、統治秩序の公約数となる。だから不貞のような反道徳的行為も、制度世界では慰謝料といった金銭補償で解決するしかない。道徳的虚無は、制度世界の宿命である。

　義の承認が親密圏を超え、普遍化する唯一の契機が、超越者の介在である。超越者が人格に与える絶対的な義の承認は、「agape」「慈悲」「仁」等と呼ばれる。人格は、超越者に義の承認をもって応え（宗教的応答）、また他者にも義の承認で応え（社会的応答）ねばならない。この連環が、義の承認を普遍化させる。この連環を欠いた「黄金律」は、道徳の根拠たりえない。「己所不欲、勿施於人」自体は、利の承認の延長線上にある互酬原理に過ぎない。

　だから、「道徳的」な統治を行わんとする者は、超越者の代理人を騙ることになる。この現象を聖教と呼び、代理人を教祖、その官僚制的組織を聖教会と呼んでおく。これは、トレルチ（Ernst Troeltsch）の言う「Church」にあたる。中世カトリックは、聖教の典型例である。教皇＝ペテロの後継者が教祖となり、神の権威を独占するとともに、叙任権闘争等を通じて、皇帝と権

力をも争う。こうして生まれる権威権力結合体は、制度世界／生活世界両用の「道徳的」秩序を掲げ、制度世界と生活世界を画一化する。制度世界と生活世界の隔壁は、破壊される。超越者の権威は批判を拒否するため、教祖は批判不能な権力を行使する独裁者として暴走する。ルター（Martin Luther）はそれを、「悪魔的、地獄的」（松田編 1979, 94）だと非難した。教祖の秩序を拒否する主体的人格は、「異端者」「異教徒」といった烙印を押される。烙印を回避する最善の方法は、身近な誰かを「異端者」として告発してみせることであり、聖教はサタン（＝訴える者）の政治文化を育みやすい。聖教会の「伝道」は、そのような信仰的他者を改宗か殺戮で排除し、他者なき世界の完成を目指す。

　本来協働体たるべき教会は、官僚制的組織（聖教会）として利の承認に従属する。およそ膨張と営利の論理から自由な、官僚制的組織は存在しない。聖ピエトロ寺院修築費用のため、煉獄からの救済を口実に免罪符を販売したことも、信仰的他者の抹殺を企図したことも、神の義によって聖教会の利を粉飾する行為であった。

　アレント（Hannah Arendt）は「画一主義の現象」を、「近代における事態の推移の最終段階」（アレント 1994, 63）だと言った。だがレイ・チョウ（Rey Chow, 周蕾）は、孔子による「正名」が、現代中国においても既存の政治的ヘゲモニーを強化し続けており、これはデリダ（Jacques Derrida）の言う「ロゴス中心主義」的支配の典型だと批判している（レイ・チョウ 1998, 172）。制度世界と生活世界を画一化する「道徳的」秩序は、前近代の聖教において、すでにプロトタイプを得ていたと言うべきであろう。

　聖教的統治は、一方通行では終わらない。制度世界と生活世界の壁を破壊してしまえば、明示的ロゴスに変換されない民俗的エトスが、生活世界側から制度世界へと逆流する。この現象を、聖教的統治の反作用と呼んでおく。円滑な統治のため、聖教会は、逆流要素のうち、受け入れ可能なものを選択し、統治秩序と習合させねばならない。カトリックにおいては、巡礼、母性信仰（聖母マリア）、北欧ユール（クリスマス）等が受容され、「第二メシア」信仰等は苛烈な弾圧をもって排除された。津島寛文が分析した、「政治によって合理目的的に立ち上げられた国家宗教が、民衆宗教レベルにまで浸透し、

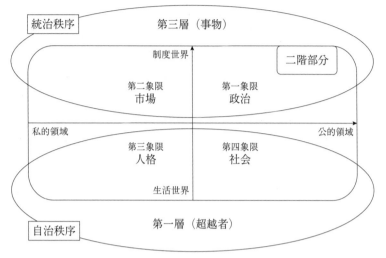

図9-1　三つの層と四つの象限

　その民衆宗教の圧力が政治に逆流した」結果、「密教としての天皇制」が昭和期の「顕教としての天皇制」に転換した事例も、聖教的統治の反作用にあたる（津城 2005, 126-7）。

　聖教への最初の挑戦者は、経験科学であった。経験科学は、制度世界と生活世界の壁を修復し、自治秩序を超越者とともに生活世界側に隔離することで、制度世界側で行われる研究の世俗化を成功させた。経験科学の世俗化は、社会科学に、超越者を隔離し、また人格を個人という絶対的客体に変えることで、文脈や語りの構造的循環性が解消し、「客観性」「共約可能性」に到達するとの、誤った希望を与えた。そうした社会科学世俗化の試みを、自由主義的世俗化と呼んでおく。無論、モンテスキュー（Charles-Louis de Montesquieu）の言うように、所詮「叡知的存在」が「自然的世界」のように諸法則に支配されることはないのであり（モンテスキュー 1989, 41）、マッキンタイア（Alasdair MacIntyre）の指摘のごとく、社会科学が経験科学のような予測可能性を持つことはなかった（マッキンタイア 1993, 第4章、第8章）。

　この自由主義的世俗化を代表する人物が、ホッブズ（Thomas Hobbes）である。彼はガリレイを訪れ、経験科学の世俗化をモデルとしつつ、政治思想「科学化」の着想を得ようとした。そして、「『聖書』が書かれた目的は、

人々に神の王国を示し、神の従順な僕となるように彼らの心の準備をさせることにあった。したがって、現世とそれにかんする哲学は、自然理性の行使のために人々の論争にまかされている」（永井編 1979, 116）と宣言した。「心の準備＝自治秩序」と「現世とそれにかんする哲学＝統治秩序」を分離することで、「科学的」な統治秩序を生み出せると考えたのである。

　人格を個人に還元し、イデア世界の統治秩序に従属させることは、人工物による人間の支配と主体性喪失という、ピュグマリオーン的倒錯につながる。ピュグマリオーン的倒錯による支配／被支配は、変態的なサディズム／マゾヒズムの悪性循環であり、学問的には疎外、宗教的には偶像崇拝にあたる。自由主義的世俗化が生んだ、超越者なき制度世界は、利の承認を公約数とし、財の基本単位たる貨幣価値を偶像化した。これを、デフォルト偶像と呼んでおく。

　以来、功利主義は自由主義の影となった。自由主義的世俗化は、「万人の万人に対する闘争」に始まり、common-wealth（みんなの財）に終わらざるを得ない。マッキンタイアは、ヒューム（David Hume）とカント（Immanuel Kant）が、普遍的道徳律を情念と理性に基礎づける試みにおいてことごとく失敗したと述べているが（マッキンタイア 1993, 第8章）、憐みに基礎づけようとしたルソー（Jean-Jacques Rousseau）も（ルソー 1972, 第1部）、共感に基礎づけようとしたスミス（Adam Smith）も（スミス 2003a; 2003b）、同じ失敗を犯したと言える。道徳的虚無により、人権思想も根拠を失った。聖教と縁がなく、自由主義的世俗化の必要もなかった新大陸の『独立宣言』は、人間の諸権利の根拠を躊躇なく創造主に帰した。だが欧州の『人権宣言』は、統治秩序に二階部分を増築し、「最高存在」なる偽神を祭った。あまつさえロベスピエールは、本当に祭壇を築くという茶番まで演じた。ロールズの言う「普遍性、客観的真実性」（ロールズ 2010）としての「正義」は、第一原理（二階部分）で先験的に自由を宣言しているが、第二原理（一階部分）では富の分配に終始する。ハーバーマス（Jürgen Habermas）が事例とした17〜18世紀英国のコーヒーショップの有産階級は、政策を論じていると言えば聞こえはいいが、要は蓄財の便宜を求める議論をしているに過ぎない。理性に人間性の根拠を求める信仰は、功利主義を越えない。ハイエク（Friedrich Hayek）は、

経済的自由を人間の解放だと考え、「貨幣は人によってかつて発明された自由の最大の要具である」（ハイエク 1992, 116）と言ったが、「人間は貨幣増殖（成長）のための最良の奴隷である」と言った方が、よほど資本主義の現実に近い。

　小坂井敏晶は次のように総括する。「マキャベリ・ホッブズ・ルソーらの思想に代表される近代政治哲学が立ち向かった中心課題を一言で表現するならば、宗教的虚構の物語に寄りかかることなしに社会秩序の根拠をうち立てることは可能か、そして可能ならばどのような原理に依拠すべきかというものだった」「共同体の〈外部〉に位置する神や自然法といったブラック・ボックスを援用することなしに社会秩序を根拠づけることはそもそも初めから不可能な試みだ」（小坂井 2002, 66）。マルクス主義や実存主義は、この失敗への処方箋でもあった。マルクス（Karl Marx）は、人格の主体性を回復しようとして、コミューンという舞台装置を用意した。実存主義者は、絶対的現実として人の前に立ちはだかり、人をイデア世界から現実世界へと追い返すような「壁」を探した。その「壁」が、キルケゴール（Søren Kierkegaard）にとっては神であり、ハイデガー（Martin Heidegger）にとっては死であり、アレントにとっては他者であった。主体性を回復した人間は、キルケゴールにおいて「単独者」（人格）と呼ばれ、失った人間は、ハイデガーにおいて「世人」（個人）と呼ばれた。

II　再聖教化としての社会主義

　偶像崇拝としての統治秩序の代案は、常に新しい偶像の提案となる。シュミット（Carl Schmitt）が言う「政治神学」の根拠は、ここにある。自由主義への短絡的代案である権威主義も、新たな偶像崇拝に過ぎなかった。

　コーン（Hans Kohn）の言う東型民族主義（コーン 1990）や社会主義は、自由主義がその個人主義において失敗したと主張する。そして、民族や階級といった個人の集積からなる集団を偶像に変え、その権威をもって統治を合法化する。統治秩序における道徳的虚無の責任を、個人による財追求としての「私」に転嫁し、集団による財追求を「公」として肯定しつつ、そこに道徳

的根拠を求めた。これは、一見デフォルト偶像を否定しているようにみえるが、実は集団型に改造したに過ぎない。この権威主義の掲げる集団型デフォルト偶像を、カスタム偶像と呼んでおく。個人として集団に埋没すれば、もはや尊厳も主体性もない。人命さえ、集団の利の道具となる。だから権威主義には、「英雄」や「英霊」の類が絶えない。権威主義における露骨なサディズム／マゾヒズムの悪性循環については、例えばフロム（Erich Fromm）が詳細な分析をしている（フロム 1951）。

　カスタム偶像は「古さ」の偽装を施され、その歴史が一種のハルマゲドン（民族復興／階級闘争）として語られる。統治者は、利の承認としての自由主義の勝者が一部リテラシー強者にとどまる点を利用し、多数者による専制を完成させる。したがって権威主義は、選挙プロセスによる合法化を必要としない。

　権威主義は近代化された聖教であり、その「道徳的」統治秩序は、制度世界と生活世界を貫き、隔壁を破壊する。かつて聖教会が宣教部門や異端審査部門を備えたように、権威主義政党はプロパガンダ部門、教育部門、国家安全部門、思想警察、秘密警察等を備える。「異端者」「異教徒」を殲滅した聖戦は、「非国民」「反革命」を告発する政治運動になる。当然サタンの文化が生まれ、密告が奨励される。

　「道徳的優位性」を自認する権威主義は、例外なく自由主義の道徳的腐敗（格差、犯罪、賭博、ポルノ等）を批判する。カスタム偶像の権威を独占する権威主義政党党首は、教祖化し、権威権力結合体となる。生きてはそのイコンが街を埋め尽くし、死しては遺体が冷凍保存され、舎利塔のように集団から拝礼される。偶像崇拝にとって、最大の脅威は本当の宗教である。だから権威主義は、第一の忠誠を超越者よりカスタム偶像に示す翼賛教団だけを存続させる。まともな宗教は、滅亡か逃亡か、地下化するしかない。内村鑑三の不敬事件や、ボンヘッファー（Dietrich Bonhoeffer）の殉教は、起こるべくして起こった。

　教皇が皇帝と叙任権を争ったように、権威主義政党も国家権力を望んだ。民族、階級と言う二大カスタム偶像は、その過程で容易に習合した。レーニン（Vladimir Lenin）の帝国主義論は、資本主義の帝国主義化を予言している

が、それは、社会主義の民族主義化を予告したとも言える。

　毛沢東は、「革命的伝統＝民族的伝統」だとまで言った。「中華民族」「漢族」（彼はこの二つの主語を、恣意的に入れ替えながら使っている）が、数千年の歴史の中で「光栄的革命伝統」を誇ってきたのだと胸を張った（毛 1991, 623）。この習合型権威主義にとって、少数民族が権利を主張する「地方民族主義」と、偶像崇拝への批判者たりうる宗教は、看過すべからざる脅威となる。しかも中国においては、少数民族文化が宗教と融合している。中国共産党を代表する宗教観「宗教五性論」は、宗教が長期性、大衆性、民族性、国際性、複雑性を備えているとしている。超越者の永遠性が「宗教の長期性」になるのは、階級矛盾の解消と共に宗教も消滅すると想定されているからである。したがって中国共産党は、宗教を統一戦線工作の対象とし、長期にわたり党指導下に置き、遠い将来における宗教（および少数民族の魂）の消滅へと導こうとする。中国共産党の宗教「保護」政策とは、一種のホスピスでしかない。中華人民共和国初期、統一戦線政策の「笑顔」を代表していたのが周恩来であり、教祖として諸宗教の消滅を期していたのが毛沢東であった。ダライ・ラマ14世は、いつも笑顔で慇懃な周恩来に不信感を覚えていたが、1955年毛沢東から「宗教は麻薬だ。第一に僧侶や尼は独身を通さねばならないので、人口が減る。第二に、物質的進歩をないがしろにする」と告げられたことに、相手が仏敵であることをようやく察知し、震撼したと述べている（Dalai Lama 1990, 111-8）。

　それでもキリスト教会の一部は、自ら生活世界の奥深くに撤退することで、中国共産党との衝突を回避できると考えていた。それはキリスト教が、制度世界と生活世界の分離を当然とする地域から、伝来しているからであろう。しかし、こうして生まれた「地下教会」も、1955年頃から徹底した弾圧を受けた（田島 2021）。制度世界と生活世界の隔壁を破壊する聖教的統治に、安全地帯は存在しない。国外や香港・台湾に渡った教会指導者や、伊塔事件（62年）でソ連に逃亡した新疆遊牧民のように、域外にでも逃げるしかない。多数者の専制としての政治運動は、継続革命＝ハルマゲドン化した。地方民族主義者や宗教指導者は、聖教にあだなす妖怪として戯画化された。チベットでは59年にダライ・ラマ14世がインドに亡命し、62年に「七万言上書」

を記したパンチェン・ラマ10世が失脚した。60年代には、公認の宗教活動がほぼ停止状態に陥った。

　毛沢東の言う「大民主」は、いわば制御を失った聖教的統治の反作用であった。劉培峰はそれを、「暴君と暴民の、相互作用関係」（劉 2007, 53）と表現する。この制御不能な反作用は、制度的偶像崇拝と民俗的エトスとを習合させ、醜悪なカルトを生んだ。その典型例が、唯成分論である。マルクス主義の言う「階級」が、中国「小伝統」の血統意識と習合し、階級成分と家庭成分を一体化した。こうして階級は、民族＝炎黄の子孫とともに、単なる出自になった。出自を理由にした「階級闘争」は、ユダヤ人をゲットーに送る行為と同程度に不条理であった。

Ⅲ　鄧小平の曖昧さ

　鄧小平が権威主義体制の指導者として異質であったのは、制度世界と生活世界の間に薄い壁を設けた点にある。その壁をフィルターとして、自治秩序の暗示的ロゴスを明示的ロゴスに変換し、統治秩序へと取り入れた。いわば、聖教的統治の反作用の、脱魔術化、理性化である。結果として、統治に自治秩序的な文脈依存性と、一種の曖昧さが生まれた。

　鄧小平は、統治主体の一元性を求めた。それは、「四つの基本原則」や「資産階級自由化」への反対として顕在化する。だが、生活世界の多様性、文脈依存性は尊重した。それが統治秩序に反映され、経済特区、対外開放都市、先富論等につながった。鄧小平からみれば、毛沢東時代の統治は、生活世界の暴力的な均質化であった。その総括が、1981年『歴史決議』である。それでも功が罪を上回るとされたのは、毛沢東が統治主体の一元性という原則を確立したからであろう。

　パットナム（Robert Putnam）は、地域の自治秩序がイタリアの制度改革の成否を左右したケースを分析しているが（パットナム 2001）、鄧小平は、そうした地域差を積極的に利用した。例えば、汕頭が経済特区化したのは、そこが僑郷であり、華人世界からの、ヒト、モノ、カネ、技術の流入を期待できたからである。彼は生活世界の主体的変革を、「全民の積極性」「中国人の

聡明なる知恵」だと称賛し、時にそのまま政策化した。非合法な試みであっても、観察の後、有用とわかれば合法化した。その典型例が、安徽省等で農民が自主的に始めた、生産責任制である。鄧小平は「現地の具体的条件と大衆の願いを出発点とすることが重要だ。我々の宣伝は一つの方法を論ずるのではなく、地域ごとのやり方に従って行うよう求める」（鄧 1983, 316）という姿勢から、集団生産の自主的放棄と、生産責任制への移行を歓迎した。また、江蘇省、浙江省、広東省等に出現した郷鎮企業は、彼にとって「全く予測していなかった、最大の収穫」（鄧 1993, 238）であった。地域ごとの発展を遂げた郷鎮企業は、費孝通等によって、「蘇南モデル」「温州モデル」「珠江モデル」といった、地域別の発展モデルへと整理され、それが日本でも、「内発的発展」を提唱する鶴見和子等に注目された。

　観察中の「非合法」は、合法（白）でもなければ犯罪（黒）でもない。こうして中国に、巨大な「灰色市場」が生まれた。例えば協働体は、1950 年の『社会団体登記暫行辦法』以来、その設置や総量が厳しく制限されてきた。だが沈潔は、2000 年 10 月の段階で登記済みの NPO は 83 万以上だが、実際に活動している NPO は 500 万以上あると指摘している（沈 2003, 111–2）。劉培峰もまた、登記団体は実在する団体の 5 分の 1 に過ぎないことを、民政部が認めていると指摘する（劉 2007, 260）。「灰色」こそ、最大の市場だったのである。宗教の公共領域に対する進出、例えばチベット高僧による私立学校や、教会運営の老人ホーム、病院等も、この「灰色市場」の中で黙認された。

　宗教活動は、1978 年前後から急速に正常化した。78 年 4 月、党中央は「右派」の濡れ衣を着せられた宗教者の名誉回復方針を決定した。同 10 月には、「関於当前宗教工作中急需解決的両個政策性問題的請示報告」が通達され、「地下活動」の禁止や「反革命分子」への警戒に言及しつつも、一部宗教施設の開放を指示した。さらに翌年 2 月、「第八次全国宗教工作会議紀要」を通達、宗教工作の正常化を指示し、同 3 月、「中共中央統戦部関於建議為全国統戦、民族、宗教工作部門摘掉 "執行投降主義路線" 帽子的請示報告」を批准、同 4 月には、文革中に閉鎖、廃止された国務院宗教事務局の業務も再開された。同 9 月には、「新的歴史時期統一戦線的方針任務」を通達、信

教の自由が再確認された。これを受け、各地で徐々に宗教活動が復活することになる。

　「黒色」扱いされてきたキリスト教「地下教会」は、壊滅状態の「地上」を、規模で大きく上回っていた。中国基督教「両会」の責任者となった丁光訓は、1980年9月の政治協商会議第五期全国委員会第三回会議における小組討論で、興味深い発言を行っている。「"文革"でプロテスタント教会はすべて閉鎖になり、現在開放されているものは少ない。大部分の信徒は、家庭で礼拝を持っている。我々三自会の任務は全国クリスチャンの団結であり、家庭集会に参加する信徒を別扱いにはできない。三自会指導者の一人として、彼らが非合法であるとは言えない。憲法を解釈する上で、教会堂には信教の自由があり、家庭にそれがないとは言えない。我々は少数者の中で三自愛国運動をやるわけにはいかない。100万人を超える信徒を団結させるべきだ」（羅編著 2001, 279–80）。つまり「黒色」だった家庭集会（地下教会）の扱いにつき、法理よりも現実を優先してほしいと言っているのである。こうして、いわゆる「邪教」を除く「地下教会」の大半が、「灰色」の黙認を受けた。それでも偶発的な取り締まりは、地方政府と現地宗教との関係に応じて発生した。

　生活世界を覆う薄い壁は、限定的ではあるが、自治の可能性を生む。代表的なのが、民族区域自治、基層自治、高度な自治である。『民族区域自治法』（1984年）が制定され、少数民族が集住地域で享受する自治に法的根拠が与えられた。基層組織としての居民委員会、村民委員会の「海選」が実験的に始まり、やがて「居民委員会組織法」（1989年）、「村民委員会組織法」（1998年）の制定につながった。「香港特別行政区基本法」（1990年）、「澳門特別行政区基本法」（1993年）は、復帰した香港澳門に「高度な自治」を保証した。この壁は、海外からの思潮流入にも有利に働いた。それは、90年代に華南を中心に香港等の中国語衛星放送の視聴が一般化し、21世紀にインターネットが普及すると、一層顕著になった。新思潮の流入は、そもそも「中国」とは何であったのかを問う一種の原点回帰運動をも生み、それが新儒家の勃興や80年代中盤の「文化熱」、80年代後半に物議を醸したTVドキュメンタリー『河殤』等を生んだ。新思潮の影響下で、80年代各地で勃発した民

主化要求運動は、第二次天安門事件という悲劇的頂点へと達した。北京イスラム経学院の某教授によれば（個人談話）、80 年代にはイスラム新思潮の流入により、スンニ派内部に抗争が起きたという。その頃から、西アジアを中心とする諸外国からの資金提供により、外国風の新たなモスクも建設された。チベットでは、文革期に破壊された仏像が修復され、タイの信者が布施として持ち込んだ宝石に飾られた。ダライ・ラマ 14 世からの発信は国内僧侶にも届き、それに呼応するデモが繰り返され、89 年、胡錦濤自治区当委員会書記（当時）に、中国初の戒厳令発動を決意させた。それでも鄧小平は、時に「左派」に譲歩しつつも、原則として生活世界の主体性を尊重し続けた。

IV 習近平の「中国化」

2012 年 11 月、習近平は総書記に就任した。そして同月、建国以来呉耀宗と共に周恩来と基督教界をつないできた丁光訓が逝去した。それはあたかも、双方向的な統一戦線工作の時代が終わり、本格的な聖教的統治の復活を象徴しているかのようであった。

江沢民時代の高度成長は、貧富の格差を拡大させ、それが階級偶像と民族偶像のバランスを大きく崩した。「三つの代表」重要思想は、その正当化でもあり、「愛国主義教育実施綱要」（1994 年）や愛国主義教育基地の設置は、重心が民族偶像に移ったことを示唆していた。それは、2002 年の「党章程」改正で、「工人階級的先鋒隊」という中国共産党の定義に、「中華民族的先鋒隊」を加える形で、明示的ロゴス化した。習近平政権の始まりと共に、本格的に提唱されるようになった「社会主義核心価値」も、「社会主義」とは言いつつも、民族の「伝統的道徳」を意識している。2015 年 1 月、『紅旗文稿』に掲載された李捷「用社会主義核心価値観凝聚中国力量」は、社会主義核心価値が、中華民族によって長く育まれた成果だとした。主役は、民族偶像「中国」ないし「中華民族」になった。聖教的統治は、生活世界の「中国化」「中華民族化」を意図することになった。

中華民族（nation）の主役化は、中国政府が公認する 56 民族（ethnic group）の文化的周縁化を意味する。ただし、56 民族のうちの漢族は、費孝通の

「中華民族多元的一体化論」において中華民族の核とされ、「海外同胞」への統一戦線工作でも、対象は事実上漢族系華人に限定されている。「中華民族化」の実態は、限りなく「漢化」に近い。そのためには、まず「漢」が標準化されておらねばならず、公共空間における方言使用（例：公共交通における方言アナウンス）は、次々と取り消されていった。広電総局は、2013年12月、ラジオ・テレビ番組における使用・通用言語文字を規範化し、普通話（共通中国語）の普及で先頭に立ち模範を示すことを求める通知を行った。これにより、アナウンサーや司会者による、台湾イントネーション、方言、外国語の使用が制限された。少数民族区域では、義務教育の主要教科における漢語版テキストの導入が、教育部の方針で進められている。これに対しては、2010年に青海省でチベット族による抗議デモが発生し、2020年秋には、内蒙古自治区の複数の都市でも抗議デモが発生、100名以上が拘束される事態となった。

2013年に存在が明らかになった「関於当前意識形態領域情況的通報」（9号文献）では、生活世界への「西側イデオロギー」浸透への警戒と、排除の方針が明確に示されていた。とは言っても、浸透を「反革命」「走資分子」といった個人の責任に帰し、それを大衆運動によって排除する毛沢東的「人治」は、経済建設による「中華民族の富強」という時代の要請に合わない。そこで、「工作小組」等の仕組みによる権力集中、生活世界を覆う薄い壁の破壊、新法の整備等の「法治」によって、生活世界の「中国化」＝脱西欧化を促した。不服従者は、場当たり的な罪名によって司直が排除した。技術的に洗練された「法治」は、時にシンガポールを髣髴とさせる。それに依存する習近平にとって、カリスマ性は結果であるかもしれないが、少なくとも主要手段ではない。総書記任期の延長や、党書記職位復活の可否にかかわらず、習近平に毛沢東並のカリスマ性が宿る可能性はない。

この「法治」による「中国化」は、鄧小平時代の三大自治をことごとく破壊した。「一国両制」は、香港の「中国化」をもって形骸化した。発端は、香港版愛国主義教育としての「国民教育」導入と、雨傘運動、および銅鑼湾書店事件であった。「国民教育」は、2012年にミッション系学校等を中心とした反対運動に遭い、特区政府は譲歩を余儀なくされた。特区長官の選挙を

にらみ、真の民主選挙を求めた「雨傘運動」(2014年)は、セントラルの占拠に成功した。だが翌年、大陸側で禁書とされる書籍を販売する銅鑼湾書店の店長、店員が、大陸側に拉致監禁された。この事件は、香港が享受してきた言論、出版の自由に対する挑戦として、世論からの批判を喚起した。しかも特区政府は、こうした「容疑者」の大陸移送を合法化しかねない「2019年逃犯及刑事事宜相互法律協助法例（修訂）条例草案」を立法院に提出、再度これに抗議する大規模デモが発生し、一時立法院は占拠された。こうした事態に対し、習近平指導部は、「香港特別行政区国家安全維持法」(2020年)の制定という荒業をもって臨む。中国の宗教政策に対する批判的言動を繰り返し、第二次天安門事件追悼行事等を率いてきたカトリック枢機卿陳日君は、すでに高齢で、これまで暴力的な事件にも関与していない。だが2022年5月、彼は同法の適用を受けて逮捕された。この事件は、香港における一つの時代の終焉を象徴している。それは、「中国化」の真実を、全台湾市民に伝えるメッセージでもある。

　宗教政策においては、2013年1月、中国人民大学何光滬教授が香港のTV番組で「宗教団体はNGO、NPOであるべきだ」と発言、宗教団体を生活世界の協働体とする踏み込んだ主張をした。しかし現実は、正反対の方向に動いた。「愛国宗教団体」の指導を拒否する団体が「黒色」に戻り、徹底的な取り締まりの対象になった。例えば、胡錦濤政権期から厳しい弾圧下にあった北京守望教会は、さらに厳しい監視下に置かれ、2018年5月には成都秋雨之福教会が、9月には北京錫安教会が、一斉取り締まりを受けた。基督教「両会」指導下にある公認教会も、標的になった。2013年2月、浙江省政府は「浙江省人民政府関与在全省開展“三改一拆”三年行動的通知」を通達、「違法建築」を理由にした十字架の撤去や教会の破壊を、全省に広げた。この動きは、その後他省にも拡大する。2014年7月の中国基督教「両会」機関紙『天風』第七期では、中国基督教協会副会長闞保平が、神学ばかりでなく教会建造物をも中国風にせよとの提案を行った。同8月には、中国基督教「両会」が、上海で「紀念中国基督教三自愛国運動委員会成立60周年暨基督教中国化」シンポジウムを開催した。2015年5月、習近平は、党中央統一戦線工作会議で、改めて「宗教中国化」路線の重要性を強調している。2016

年1月、教会の取り壊し運動に意見を申し入れた中国基督教「両会」常務委員、浙江省基督教協会会長の顧約瑟牧師は、当局に身柄を拘束され、2017年に「横領罪」で正式逮捕となった。教会の数を制限する、十字架や看板を破壊する、中国風建造物に改めるといった行為には、生活世界における「西欧イデオロギー」としてのキリスト教から、存在感を奪おうとの狙いがある。基層政府や各学校に対しては、端午節、中秋節等の伝統行事を奨励する一方で、クリスマス行事等は厳しく禁止している。

　民族区域においては、例えば2016年、四川省ラルンガル・ゴンパにおいて、当局により建造物の破壊が行われた。2018年頃から国際世論が問題にし始めた「職業技能教育培訓中心（いわゆるウイグル・キャンプ）」は、強制力を伴った「中国化」である。それでも胡錦濤政権期までは、「法治」の暴力に法で対抗する動きも見られた。いわゆる人権派の弁護士が多数出現し、民族区域や宗教関係の紛争にまで介入していたのである。しかし、こうした活動に従事する代表的弁護士300人以上が、2017年7月、全国で一斉逮捕された（＝709案）。

　こうした「法治」による「中国化」が、制度世界からの一方通行で終わることはない。「中国夢」「共同富裕」にあずかれる者が限られている以上、生活世界には怨念が蓄積される。特に、インターネット世論に大きな影響を持つ若者に、この傾向が強かった。雨後の筍のように増えた大学が、毎年大量に吐き出す卒業生を、労働市場は吸収しきれない。国家統計局は、2022年の青年失業率が20％に近いことを認めている（国家統計局 2022）。それが、都市戸籍もないまま貧しい共同生活を送る「蟻族」、もはや奮闘を放棄した「躺平族（寝ころび族）」「啃老族（すねかじり族）」、学歴ロンダリングに血道をあげる大量の大学院受験生を生んでいる。義の承認も利の承認も得られないとなれば、人は自らの存在意義を、民族偶像から調達するしかない。こうして、中国人であることを唯一の尊厳とする暗いエトス、党が提供する公式愛国主義とは似て非なる、反日ポピュリズムや反米ポピュリズムが生まれる。それが制度世界に逆流すれば、習近平指導部も無視はできない。この聖教的統治の反作用にどう対応するのかは、中国共産党にとって難しい課題であり続けるだろう。

おわりに

　制度世界と生活世界を分離する力は、自由主義的世俗化だけではなく、プロテスタンティズムからも供給された。プロテスタンティズムは、制度世界を汚れた「世」として忌避する一方で、トレルチや金子晴勇も指摘するように、生活世界を聖化しようとした（トレルチ 1959；金子 2001）。少なくともピューリタンの一部にとって、カトリックはもちろん、英国教会も、この生活世界への籠城に対する挑戦者と映った。そうした人々が確固たる制度世界も聖教もない新大陸に移住し、生活世界のプロテスタント的自治秩序から生んだ奇跡の国家が、米国であった。2018 年 10 月、ペンス副大統領がハドソン研究所で行った演説は、対中強硬姿勢に転じた米国を象徴するとして、日本でも大きく報道された。ペンスはこの演説で、多くの時間を割いて、米国ミッションの中国伝道を「文明化」の歴史として語るとともに、それを挫折させた中国に失望を表明している。コーンが「『中世』への『復帰』」（コーン 1990, 68）と呼んだ東型民族主義＝聖教的統治は、今もユーラシア大陸の東半分に翳を落としている。それは米国にとって、「文明」に挑戦する「野蛮」でしかないのだろう。人権と貿易を切り離すような、かつての米国の対中政策は、単なる商業的動機の産物ではない。鄧小平が見せた薄い壁が、ほんの一時期にもせよ、中国の「文明」回帰を期待させたのである。その希望が消えた上に、中国が安全保障上も脅威となった今、米国の対中政策が軟化する可能性は、短中期的には考えにくい。

　そうした中、少数民族を含めた文化的少数派や宗教には、遠い将来を見据え、なすべきことがあるように思う。仮に、自治秩序の道徳的要素を何らかの形で統治秩序へと反映させる試みを公共性と呼んだ時、それは大きく言って隧道型と摩擦型に分けられる。隔壁に穴をあける隧道型は、そこを通って明示的ロゴスに変換された道徳的要素が制度世界に届く、ハーバーマスのコミュニケーション過程のような自由主義タイプと、生活世界的な人格がその穴を通って突如制度世界に「現われ」る、アレントのような実存主義タイプがある。一方、パットナムのような社会資本としての自治秩序や協働体が、一種の摩擦係数を伴って、間接的に統治秩序を左右するのが摩擦型である。

カサノヴァ（José Casanova）、オーディ（Robert Audi）等の公共宗教論（Casanova 1994; Audi 2000）は隠道型を前提にした議論が多く、公共神学等は摩擦型に属する傾向がある。今の中国を考えた時、隠道型を構想するのはおよそ現実的ではない。しかし、文化的少数派や宗教が生活世界の奥深く撤退しつつも、社会資本としての自治秩序と協働体を地道に築いていれば、将来の摩擦型公共性が開ける可能性は、まだ残されている。

参考文献

アレント、ハンナ（1994）『人間の条件』志水速雄訳（ちくま学芸文庫）筑摩書房。
金子晴勇（2001）『近代人の宿命とキリスト教——世俗化の人間的考察』聖学院大学出版会。
コーン、ハンス（1990）『自由西欧は没落するか』國嶋一則訳、公論社。
小坂井敏晶（2002）『民族という虚構』東京大学出版会。
サンデル、マイケル・J（1999）『自由主義と正義の限界』菊池理夫訳、三嶺書房。
沈潔編著（2003）『社会福祉改革とNPOの勃興——中国・日本からの発信』日本僑報社。
スミス、アダム（2003a）『道徳感情論（上）』水田洋訳（岩波文庫）岩波書店。
スミス、アダム（2003b）『道徳感情論（下）』水田洋訳（岩波文庫）岩波書店。
田島英一・山本純一編著（2009）『協働体主義——中間組織が開くオルタナティブ』慶應義塾大学出版会。
田島英一（2021）「宗教から見た1950年代の中国——対プロテスタント政策と教会の反応を事例に」鄭浩瀾・中兼和津次編著『毛沢東時代の政治運動と民衆の日常』慶應義塾大学出版会。
チョウ、レイ（1998）『ディアスポラの知識人』本橋哲也訳、青土社。
津城寛文（2005）『〈公共宗教〉の光と影』春秋社。
トレルチ、E（1959）『ルネサンスと宗教改革』内田芳明訳、（岩波文庫）岩波書店。
永井道雄編（1979）『ホッブズ』（中公バックス）中央公論社。
ハイエク、F・A（1992）『隷従への道——全体主義と自由』一谷藤一郎・一谷映理子訳、東京創元社。
パットナム、ロバート・D（2001）『哲学する民主主義——伝統と改革の市民的構造』河田潤一訳、NTT出版。
フレイレ、パウロ（1979）『被抑圧者の教育学』小沢有作・楠原彰ほか訳、亜紀書房。
フロム、エーリッヒ（1951）『自由からの逃走』日高六郎訳、東京創元社。
ベラー、ロバート・N、リチャード・マドセン、ウィリアム・M・サリヴァン、アン・スウィドラー、スティーブン・M・ティプトン（2000）『善い社会——道徳的エコロジーの制度論』中村圭志訳、みすず書房。
マッキンタイア、アマスデア（1993）『美徳なき時代』篠崎榮訳、みすず書房。

松田智雄編（1979）『世界の名著 23　ルター』（中公バックス）中央公論社。

モンテスキュー、C（1989）『法の精神　上』野田良之・稲本洋之助・上原行雄・田中治男・三辺博之・横田地弘訳、（岩波文庫）岩波書店。

ルソー、J・J（1972）『人間不平等起源論　改訳』本田喜代治・平岡昇訳、岩波書店。

ロールズ、ジョン（2010）『正義論　改訂版』川本隆史・福間聡・神島裕子訳、紀伊国屋書店。

Dalai Lama（1990）『達頼喇嘛自伝　流亡中的自在』康鼎訳、聯経出版事業公司、台北、1990 年 12 月。

鄧小平（1983）「関於農村政策問題」『鄧小平文選第二巻』所収、人民出版社、北京、1983 年 7 月。

鄧小平（1993）「改革的歩子要加快」『鄧小平文選第三巻』所収、人民出版社、北京、1993 年 10 月。

劉培峰（2007）『結社自由及其制限』社会科学文献出版社、北京、2007 年 7 月。

羅広武編著（2001）『1949–1999　新中国宗教工作大事概覧』華文出版社、北京、2001 年 1 月。

毛沢東（1991）「中国革命與中国共産党」『毛沢東選集第二巻』所収、人民出版社、北京、1991 年 6 月。

国家統計局（2022）https://zh.tradingeconomics.com/china/unemployment-rate　最終アクセス：2022 年 10 月 1 日。

Audi, Robert（2000）*Religious Commitment and Secular Reason*, New York: Cambridge University Press.

Casanova, José（1994）*Public Religions in the Modern World*, Chicago: The University of Chicago Press.

第10章

中国の政策執行における政治動員
農村の基層ガバナンスの課題

鄭浩瀾

はじめに

　新型コロナウイルス感染拡大防止における中国政府の対応は世界を驚かせた。2500万人の人口を抱える上海をはじめ、各地でロックダウンが相次ぎ実施された。PCR検査の実施、コロナ感染者および濃厚接種者に対する迅速な隔離、生活必需品の配布など、各政府機関、各組織、各地域において人的・物的・財的動員がかけられた。このような防疫活動は、中国国内で「人民戦争」「総力戦」「狙撃戦」と形容され、中国共産党（以下、党）と政府にとって全社会を動員して戦わなければならないものとして位置づけられている[1]。

　「人民戦争」「総力戦」「狙撃戦」とともに、近年、中国国内のメディアに頻繁に登場するのは、「攻堅戦」という用語である。人民日報のデータベースを用いて、2002年から2012年（胡錦濤政権）と2012年から2022年まで（習近平政権）の記事を比較すると、「攻堅戦」という用語を使用した記事の数が1297個から8958個へと7倍近く増加したことがわかる[2]。そのほとんどは、対外的な軍事作戦ではなく、資源を動員して国内の難題を解決するという意味で使用されている。難題として取り上げられているのは、「三大攻堅戦」、すなわち①重大なリスクを事前に予防・回避すること（中国語：「防範化解重大風険」）、②精準脱貧（ターゲットを絞った貧困脱却の政策）、③汚染対策（「汚染防止」）である。この三つとも国内の社会問題であるが、党の最重要課題としてコロナ対策と同様に総力をあげて戦わなければならないものと認識されている。

このように、政治動員の手法を用いて公共政策を執行することは、習近平政権の大きな特徴である。政治動員といえば、一般的には政党または政治団体が特定の目的を達成するために、政治宣伝や説得、強制的な手段などを通して社会の人々から協力や支持を獲得することを指すが、共産党が支配する中国では、やや特殊な意味がある。共産党が建国前の農村革命根拠地において大衆を動員して革命を起こし、また中華人民共和国の成立（以下、建国）以降動員を通してさまざまな政治運動を実施したため、政治動員は党の主要な統治手法の一つになっている。とりわけ建国から1976年までの毛沢東時代は、党が大衆を対象に動員した時代であった[3)]。

　しかし、毛沢東時代が終わってから40年以上経過している現在、政治動員という用語をもって中国の政策執行を説明することに、多くの人は抵抗感を覚えるだろう。それは、改革開放以降、革命や階級闘争の代わりに経済建設が党の方針として定められ、経済関連の諸政策は政治動員によるものではなく、基本的には職位の階層制や専門性をもつ官僚によって執行されるようになったからである（国分 2004, 1-22）。中国の政策過程における先行研究の多くも長い間、主に中央と地方との関係や「上には政策あり、下には対策あり」、「条条」と「塊塊」[4)] の矛盾などに注目してきた。また、近年、官僚の行為や官僚部門間の利益交渉に着目した実証研究も多く発表されている（Lampton eds. 1987; Lieberthal and Lampton eds. 1992; O' Brien and Li 1999; Mertha 2009; 林 2007）。こうした研究によって、一党体制下の政策執行は一枚岩ではなく、中央から地方までの重層的な構造、そしてさまざまなアクターの利益や行動に複雑に絡んでいたことが明らかにされているといえる。

　だが、上述した視点だけでは近年の変化を十分に説明することができない。冒頭で言及したように、政治動員の手法はコロナ対策や「三大攻堅戦」に大いに用いられるようになった。それは一体どのようなものであり、毛沢東時代の政治動員と比べて、どの部分が変わり、どの部分が変わっていないのか。また、動員手法の使用によって基層ガバナンスにどのような問題がもたらされたのか。本章では、こうした問題を考察する。

　本論に入る前に、基層ガバナンスの概念について若干説明を加えたい。「基層」という概念は、中国語では、各種組織の末端という意味であり、本

章では主に郷鎮・村のレベルを指す。ガバナンスの概念については、公共政策論における一般的な意味、すなわち、政府という単一の主体による統治ではなく、多様な非政府アクターがともに参与し、公共的な課題の解決を行うプロセスという意味で使用される（岩崎 2005, 14-16）。中国は一党体制であり、複数の政党が存在していないが、基層レベルにおける公共事務はさまざまなアクターと関わっているため、それらのアクターの存在に着目する点において同概念を使用する意味がある [5]。

I　毛沢東時代の政治動員

エリザベス・J・ペリー（Elizabeth J. Perry）は、近年の著書のなかで毛沢東時代の政治運動を「大衆運動」（Mass Campaign）と称し、それと区別して胡錦濤政権下の社会主義農村建設を「管理された運動」（Managed Campaign）と名付けている（Perry 2011, 30-61）。このような区分の仕方にはやや違和感がある。なぜなら、毛沢東時代の政治運動は、文化大革命の初期に生じた混乱を除き、ほとんど党が政治動員を通して計画的かつ組織的に進めたものだったからである。その意味では、毛沢東時代の政治運動は、政治動員の結果であり、「管理された大衆運動」という特徴をもつといえる。

毛沢東時代の政治動員はいかなるものであったのか。その特徴として、主に次の4点があげられる。

第一に、党は運動の実施（または特定の政策の執行）を担当する特定の組織を中央から地方まで設け、官僚部門の活動をその組織の指導下に置かせることである。思想改造運動の時に設立された「学習委員会」や粛反運動時に設立された「中央粛反十人小組」がその典型例である。こうした組織は、明確な時間や目標を設けて計画的かつ段階的に政治運動を推進し、目標を達成するために官僚部門の規則や手続きなどを変更したり、官僚の活動に干渉したりすることができる。

第二に、党は官僚部門の幹部を動員し、決められた時間内に任務の遂行を幹部に求め、同時に幹部に賞罰を行うことである。具体的な手法として、次のような3点がある。①任務達成のために幹部を工作隊に編成し、基層に派

遣させる。政策の内容に応じて工作隊の編成方法や目的が異なるが、調査や紛争解決という一時的な任務を達成するために派遣された工作隊もあれば、幹部を長期的に派遣し、特定の任務を遂行させる駐在型の工作隊もある。②明確な時間を設け、時間内に指標または任務の達成を幹部に求める。それと同時に、党の政策を積極的に執行した幹部を「積極分子」として抜擢したり、労働模範として選定したりし、党に対する幹部の忠誠を高める。③幹部に対する点検および政治的審査を行う。幹部の仕事内容に対する点検のほか、幹部の政治思想、家庭背景、個人の歴史および社会関係に対する政治的審査も定期的に行った。

第三に、大衆を動員することである。建国前の革命時代とそれ以降の毛沢東時代には、大衆は党の政治動員の主要な対象であった。動員の方法としては、プロパガンダ、工作隊の派遣・駐在、大衆大会の開催のほか、説得活動、利益誘導、相互摘発、感情や社会関係の利用などがある[6]。近年中国政治の研究分野で比較的注目されているのは、感情や社会関係を利用する動員方法である（Perry 2002; Liu 2010）。感情の動員は、大衆大会で共通の「敵」（地主や反革命分子など）に対する階級闘争を実行する時によくみられる。土地改革時に村落レベルで開催した「訴苦」（苦しみを訴える）大会がその典型例である。そのほか、ラジオや壁新聞をはじめ、人々の日常的な娯楽活動である映画や劇の鑑賞、スポーツなどさまざまな面において政治宣伝が行われ、プロパガンダは人々の感情を動員する効果があったと考えられる。社会関係に基づく動員とは、家族・親族関係をはじめ、社会関係を利用して動員することを指す。ただその反面、家族・親族間の相互摘発を行わせることによって「敵」を洗い出したりし、動員によって社会関係を破壊した場合も少なくない。

第四に、「敵」（内なる敵と外なる敵の両方）に対する階級闘争または粛清を行うことである。毛沢東時代の政治運動は常に「敵」の存在を想定し、「敵」を排除することによって行われていた（高橋 2021）。社会秩序を変革し、政権の基盤を固めることを目指した建国初期の土地改革運動、反革命鎮圧運動と三反五反運動は、いずれも地主、反革命分子、資本家という「敵」に打撃を加え、その影響を一掃するための運動であった。朝鮮戦争の時に展開され

た抗米援朝運動は、アメリカ帝国主義を「外なる敵」として掲げていた。そして反右派闘争では、党の統治や社会主義の道に懐疑的または批判的な意見をいった人々を右派分子とし、打撃を加えた。文化大革命も、大衆を動員して党組織・政府におけるブルジョア階級と階級闘争を行う運動であった。

　上述した四点は、それぞれ独立したものではなく、相互補完的な関係をもっていた。そして四者間の組み合わせは、時期や政治運動の内容によって異なる。また、政治運動の実施によって社会が再編されるようになったことにも注意しておきたい。国民党または旧政権と関連のある者が政治運動のなかで鎮圧・粛清され、その代わりに党に対する忠誠心をもつ「積極分子」が育成され、抜擢された。農村では生産隊・生産大隊という農業の集団生産組織、都市では政府機関、工場、学校といった単位が作られた。民衆の日常生活と労働活動はこうした組織の管理下に包摂されるようになったのである。

II　習近平政権の政治動員

　毛沢東時代以降、中国社会に大きな変化が生じたのはいうまでもない。1980年代に入って以降、職場「単位」の解体に伴って社会が多元化し、人々の意識も変わった。ほかにも数多くの変化が生じたが、ここで詳述することができない。政策執行と政治動員との関係に限定してみると、革命・階級闘争から経済建設への党の方針転換によって、公共政策の執行は、政治運動ではなく、官僚部門を中心に行われるようになった。これが大きな変化であったといって間違いはない。

　だが、政治動員の手法は政策執行の舞台から完全に姿を消したわけではなく、改革開放以降も官僚の正規な活動を補助する手段として時々使用されていた。1983年に全国的に展開された「厳打」（犯罪活動への撲滅）や1989年の「掃黄打非専項行動」（ポルノや違法行為を打撃する特別措置）は、「厳打弁」（犯罪活動を撲滅するための弁公室）または「厳打工作領導小組」（犯罪活動の撲滅のための指導グループ）という指揮組織を設立し、大衆による参加も呼びかけた（楊 2015）。

　1990年代の社会治安対策も政治動員の手法を取り入れたものである。ソ

連や東ヨーロッパ社会主義国の解体および天安門事件の発生により、党は社会安定性の維持に力を入れ、1991年2月に「社会治安の総合的管理の強化に関する決定」を打ち出した（『人民日報』1996.3.1）。この政策は、次の3点において動員の手法を用いた。①中央から省・自治区・直轄市、市、県、郷鎮レベルにおいて社会治安総合管理を行う指導組織を設けたこと。②党と政府の幹部のみならず、人民解放軍、各人民団体、工場・企業などの各組織の管理者に責任を負わせたこと（中国語では、「誰主管誰負責」）。③「群防群治」（大衆自身の力で犯罪活動を防止し、治安問題を解決すること）を行い、社会の不安につながる事件の発生を事前に防ぐこと（Wang and Carl 2015）。上述した3点はいずれも毛沢東時代の政治動員の手法を受け継いだものであるが、階級闘争や大衆動員に基づく政治運動が繰り返し実施された毛沢東時代と異なり、官僚による政策執行が中心であるため、政治動員の手法の使用は限定されていたといえる。

　習近平政権下の社会治安対策は、基本的には胡錦濤政権の方針を継承している（『人民日報』2016.3.24）。政治動員の面においては、前政権との違いとして①指標の達成を幹部に求め、行政トップ責任制を一層強化したこと。②特定の政策に関する目標を達成するために人的・物的・財的資源を動員したことがあげられる。①については、江沢民時代からすでに提唱されていた「属地管理」と一票否決制を結合し、数値化方法を用いて幹部の仕事を細かく点検して指標の達成を求めた。「属地管理」とは、各地域・各部門・各組織の責任者が所轄する範囲内で政策執行の責任を負うことを意味するのに対し[7]、一票否決制は仕事の内容を異なる項目に細分化して、各項目に指標をつけて達成するかどうかを点検し、一つだけ達成できなかったらボーナスの獲得や昇格の機会を失うことを指す。両者とも、官僚の活動に対する管理を制度化したものであるが、党に定められた政治の目標または指標の達成を官僚に求めた点においては、政治動員の性格が濃厚である。

　②については、政策によって異なるが、最も範囲が広く、動員の度合いが高かったのは、コロナ政策である。同政策のもとで、各級党委員会と政府は党中央レベルの「疫情工作領導小組」による統一的な指導と部門間の調整命令に絶対に従わなければならないことが強調され、全国的に人的・物的・財

的資源が動員・調達された（『人民日報』2020.1.29; 2020.2.4）。2020年春の武漢においてわずか10日間で床面積3900平方メートル、東京ドームの約半分に相当する「火神山病院」が完成されたのは、まさにこのような動員体制のもとで実現されたのである。

　コロナ対策に次いで政治動員の手段が広く使用されたのは、貧困脱却の政策である。以下、その内容をみてみよう。

　貧困支援の政策が本格的に始まったのは江沢民時代であり、胡錦濤政権、そして習近平政権に受け継がれたが、前政権と比べて習近平政権は貧困対策に一層力を入れている。具体的には、上述した①と②においてより明確な措置を打ち出し、徹底的に取り組む姿勢を打ち出した。①については、「精準扶貧」を唱え、貧困から脱却させる時間と指標を設定し、時間内に必ず指標を達成させなければならないとのことを幹部に求め、同時に仕事の内容と結果に対する点検を強化した。動員の性格がより濃厚になったのは、2015年に中央政府が「貧困脱却の難関攻撃戦に勝つための決定」を打ち出して以降である。この決定によれば、全国における農村の貧困世帯は、2020年までに衣食の不自由がなく、義務教育、基本的な医療と住宅の安全が保障されるなど、貧困な状況から脱却しなければならないということだった（『人民日報』2015.12.8)[8]。同年11月に開催された「中央扶貧開発会議」（貧困支援と開発に関する党中央の会議）では、中西部22の省や市の指導幹部は、直接貧困脱却の「攻堅戦」に関する宣誓書にサインし、それぞれの管轄範囲内の貧困脱却の責任を負った（『人民日報』2016.10.18)。そして各級政府・各部門の指導者は、中央レベルの国務院で設立された「扶貧開発領導小組」とその下の省・市・県レベルの「貧困支援開発弁公室」の指導のもとで活動した。活動の内容は、貧困県・貧困村・貧困世帯の確定から貧困支援の主体の特定、貧困支援内容の選定までさまざまな項目に細分化され、各項目に対して数値化方法に基づいて判定が行われた。

　②、すなわち人的・物的・財的資源の動員に関しては、まず中央の国家機関、国有企業、政府系事業組織などの幹部を動員して工作隊を編成し、幹部と貧困村との間に「一対一」の連携方式を通して支援を行った。貧困村に派遣された「駐村第一書記」は工作隊のトップとして、貧困村における村民の

生活水準の改善に関する責任を負わなければならない。その主な仕事は、ターゲットを絞った貧困世帯の選定、生活面における支援活動、公共サービスの提供、農産品販売ルートの拡大、企業の設立及び職業訓練など多岐にわたっていた（国務院扶貧開発領導小組 2020）。

　注意しておきたいのは、「一対一」の連携方式は、「属地的なコミュニティ」の存在を基盤としたことである。ここでいう「属地的なコミュニティ」とは、都市における街道―居民委員会、農村における村民委員会―村民小組を指し、いずれも土地の公有制とともに毛沢東時代から残された遺産だったが、習近平政権下の党組織建設の強化によって整備されるようになった（鄭 2023）。習近平政権は、「党による社会の組織化」を全面的に推進し、中央から社会の末端にある村レベルまで党組織のネットワークを張りめぐらせた。このことは、貧困支援の「一対一」の連携が迅速に行われることを可能にした。

　物的・財的資源については、2016 年から 2020 年までに連続 5 年間、中央財政から下りた貧困支援の資金は 5 年連続で毎年 200 億元ずつ増額され、2020 年には 1461 億元に達したと報道されている[9]。そのほか、政府部門・国有企業・人民団体・人民解放軍・事業単位の全組織は連携対象である貧困県または貧困村に対して直接、支援金を提供した（国務院扶貧開発領導小組 2020, 307-695）。このような資金の収集が、官僚に対する直接的な動員を通して行われたのは明らかである。その意味では、貧困脱却の政策執行は行政が主導した資源の動員と再分配の過程であったといえる。

　貧困脱却の目標のもとで、各級政府・各部門の指導幹部は、指標の達成に追われていた。計画通りに貧困脱却の効果をあげられなかった地域に対して、中央はさらに人的・物的・財的資源を投入して集中的に解決するよう地方の幹部に圧力をかけた。その圧力は、完成期限に近づけば近づくほど大きくなる。2020 年末までという期限に近づくと、各省・市・県では、「掛牌督戦」（社会に開示し、資源を総動員して問題解決をはかること）という戦略が打ち出されたのは、こうした背景下においてであった。このように、2020 年末に、絶対的な貧困が撲滅され、「小康社会の全面的な完成」を実現したと宣言したのである。

III　農村の基層ガバナンスの課題

　政治動員は、市場メカニズムに基づいて行われたものではなく、上から下へと行われたため、行政の強制力が伴った。この方法は、戦時下または短期間で効果を上げる場合は有効だが、平時の公共政策過程には必ずしも有効だと限らない。現実には、政策の立案から決定、執行のプロセスまで多元的な主体の参加が欠如し、目標の達成を求められた幹部たちは、あらゆる方法を講じて業績を作るため、常に彼らの活動を監督するといった問題がある。ここで貧困支援の政策を事例に、農村の基層ガバナンスの課題をみていく。

　基層レベルでは、村と郷鎮の幹部は「属地管理」と一票否決制の下に置かれているため、指標の達成に向けて同盟関係が形成し、上級部門からの点検に応じるために庇い合ったり、情報を隠蔽したり、数字を改竄したりすることがある（王 2014；唐・章 2019）。こうした業績主義や形式主義の問題に対して中央も警戒し、「第三者」による評定も提唱するが[10]、社会からの自律的な団体が育成されていない状況下では、「第三者」の力が弱く、その評定活動はどこまで存在し、同時に持続化できるのかが疑問である。

　また、貧困支援をめぐる人的・物的・財的資源の動員は、経済資源の浪費につながる可能性がある。貧困支援が郷鎮・行政村という属地的なコミュニティを対象に行われるため、その資金は、無数の郷鎮・行政村内に分配され、または何らかの経済的なプロジェクトに投資されるため、重複建設や重複投資という問題は避けられない。異なる行政村・郷鎮・県の間で模範もしくは「先進単位」（目立つ業績があげられた組織）の選定を行うことは、幹部たちの業績作りの風潮を助長し、資源浪費の問題をさらに深刻化させる危険性がある。

　村落レベルではどうだろうか。よく知られているように、村民委員会は法律の中で大衆自治組織として定められているが、村幹部が上から与えられた諸政策を執行しなければならないため、その自治機能は限られていた。どのようにその自治機能を強化するのかをめぐって 1990 年代からさまざまな議論が展開されており、村民選挙に関する実践も一部の地域において行われた。しかし、こうした議論は近年、あまりみられなくなっている。

2005 年 12 月の「社会主義新農村建設の推進に関する若干の意見」のなかで、「農村民主政治建設を強化し、社会主義新農村の農村ガバナンスを改善する」や「村党組織が指導する村民自治」といった表現が使用されているが（『人民日報』2006.2.22）、2022 年 1 月の「郷村振興の全面的な推進に関する意見」では、「農村民主政治建設」の代わりに使用されたのは、「実効性を高めるように郷村ガバナンスを改善する」（「突出実効改進郷村治理」）という表現である（『人民日報』2022.2.23）。また、村党組織が村に関する公共事務のすべてを指導しなければならないということも明記されている。

　すなわち、村落ガバナンスの主体は党組織であり、「大衆自治組織」としての村民委員会ではない。「村民自治」は、あくまでも党組織が指導する「自治、法治、徳治」のなかの一つにすぎず、それ以外、党組織は「法治」と「徳治」も行わなければならないのである。「法治」とは、ヤクザや犯罪者、村覇（村レベルの悪質ボス）などに打撃を加え、政権に対する家族・宗族勢力の浸透を排除し、社会的安定を実現することである。「徳治」とは、社会主義イデオロギーに関する宣伝を強化し、共産党の恩恵に感謝する教育文化活動を推進し、古い慣習を改革することなどを含む。村レベルの活動は、すべて党の管理下に置かれるのである。

　党書記とは「上」に選定されたのであって、村民によって選ばれた者ではない。そこで郷鎮政府の党組織はどこまで村民が信頼し、能力をもつ者を党書記として選定するのかという問題がまずある。前節でも考察したように、貧困脱却に関する仕事だけでも、上級部門の郷鎮政府や県から多くの仕事が割り当てられたため、村幹部がそのすべてに対応しきれないという問題もある。そもそも村民・村落全体にかかわる公共サービスの提供は、村の党書記や村民委員会の幹部によって簡単に行われるようなものではない。村民の利益に影響を与えることがなく、ただ村民を集めて娯楽活動やイベントを開催するだけなら比較的簡単といえるかもしれないが、道路の修繕やインフラ建設、さらに冠婚葬祭の改革まで行うとなれば、村民を動員して協力してもらわなければならない。田原の研究によれば、村落レベルでは、さまざまな主体が参加し、村民自身によって行われる部分が大きい（田原 2019）。そこで当然ながら、村民から信頼されている者のほうが村民の協力を得られやすい。

村党書記は、もし村民の意思に背いて政策を執行すれば、村民との間に緊張関係が生じることも十分ありうる。

　筆者は、かつて村落社会の「公共性」について、「私」に基づく共有関係であると指摘したことがある（鄭 2009）。村落社会は、私的関係で物事を解決する社会であり、村民の間で不公平を生じさせないのは、村落ガバナンスにとって重要といえる。村落レベルにおける公共サービスの提供においては、また資金や個人の能力、社会関係などと関係し、「能人」（有能者）の存在が不可欠である。「能人」は個人の資質や才能、努力などによって立身出世したならば、村落内で影響力をもつようになるが、政府の官僚により一方的に選定され、また独断的な方法で自己利益ばかりを追求すると、往々にして村民の不満を引き起こし、トラブルの原因になる。もちろん、「能人」はすべての村落にいるわけではない。筆者が調査した江西省の村落では、教員や公務員など一定の社会地位があって、人柄がよく、比較的年配の方は、村落のなかで影響力をもっていたが、宗族勢力が比較的強い村落には比較的「能人」が生まれやすく、村落によって大きなばらつきがあった。また、宗族勢力が比較的発達した地域では、公共サービスが多く提供されていることも近年の研究によって示されている（Tsai 2007）。

　村民を率いて共同富裕の道を実現するためには、資金、人材、ノウハウおよび「能人」が必要である。こうした要素が揃わずに、郷鎮の幹部に動員された村党書記は、道路建設や企業の設立のために安易に資金を調達することが少なくない。この点については、北方地域の農村におけるフィールド調査に基づいた周雪光の研究は興味深い。周の研究によれば、道路修繕に必要な資金の一部は、政府から援助されたが、残りの部分は村民自身によって工面されなければならなかった。村落における道路の建設を熱心に提唱していた県・郷鎮の幹部は、道路建設を行わせるよう村党書記を説得した。それに同意した村党書記は、村民から一部の資金を集め、同時に自分の社会関係を動員して親戚や友人などから資金を集めたが、道路建設の後、資金返却ができず、結果として集団的債務を残してしまった。このような債務発生のメカニズムは、郷鎮企業の発展が盛んに唱えられた 1980 年代から 1990 年代初期にかけても同様にみられる。当時、郷鎮政府に呼びかけられて、一部の村は銀

行または地方の金融機構からローンを借りて郷鎮企業を発展させようとしたが、思う通りの収益が得られず、債務を生み出したという。こうした問題に対して、周は村民自身による意思決定の欠如が最大の問題であると指摘している（周 2012）。

　では、中央から県まで各級の国家機関・国有企業および事業単位から派遣された「駐村第一書記」およびその工作隊は、どうであろうか。「駐村第一書記」は貧困脱却の総責任者であるため、実績を作らなければならない。彼らは大抵の場合、個人関係を動員して一定の資金やノウハウを村落に持ち込む。ただ、現地の状況を把握し、村民や村幹部とうまくコミュニケーションをとらなければ、活動を展開することが困難である。貧困支援の活動を順調に実施するためには、彼らは同時に、郷鎮幹部、県幹部とよい関係を保たなければならない。そこで、郷鎮幹部・村幹部と「駐村第一書記」との関係によって村落内部の権力構造が変わる。「駐村第一書記」が村落ガバナンスにほとんど干渉できないケースもあれば、「駐村第一書記」が村党書記の代わりに村落ガバナンスの主導権を握ったケースもあり、一様ではなかった（許・李 2017；孔 2018；唐・章 2019）。また、村落内部に「能人」がいるかどうかによって貧困支援の実績が大きく異なるため、「駐村第一書記」は「能人」の育成に力を入れる場合が多い。村落内部に「能人」が見つからなければ、都市で仕事している村落出身者を動員し、帰村させて「能人」として育成することがよくある（Liu and Liu 2022）。いずれにせよ、行政手段の介入によって村落内部の力関係は変化していると思われる。

　もう一つ指摘できるのは、「貧困」という「資源」をめぐって村民の間、村と村との間に争いが生じることだ。貧困世帯に選定されることは、いうまでもなく村民にとって大きなメリットがある。それは生活水準の向上のみならず、子どもの教育や健康問題など、さまざまな問題を政府に訴え、解決を求めることが可能になるからである。そこで、貧困世帯の選定のプロセスが公平なものであるかどうかが重要となる。制度上では、貧困世帯の選定は、村レベルで「両評二公」（党員による討議と大衆による討議、決議内容と決議の結果を公開する）を通して行い、その結果が現状を反映したものであるかどうかを郷鎮幹部が確認しなければならない。しかし現実では、多くの村では

討議のプロセスを経ずに貧困世帯が村幹部によって決められてしまい、また郷鎮幹部にとっては、貧困世帯に関する調査を実施するのは手間がかかるため、それを避ける傾向がある（王・賀 2015）。

　貧困世帯の選定に村民が納得しなければ、村民の間に緊張関係や対立が生まれることはよくある（王・賀 2015；魏・趙 2018）。貧困支援金の使用も同様である。支援金の獲得をめぐって、県と県、郷鎮と郷鎮との間に競争があり、上級部門の幹部とよい関係を保つ者は比較的有利な立場を得られる。どのような形で支援金を使用するのかは主に県の指導幹部の裁量に任せられているため、私的関係による影響を取り除くことは困難といえる。

おわりに

　一党体制の支配下にある中国の政策執行は、党の意思によって影響されやすい。毛沢東時代には、毛沢東一人の意思によって国家の政策が左右されてしまい、結果として文化大革命という大混乱が生じた。その教訓を取り入れて、党は 1980 年代に「党政分開」（党と行政の機能を分離させること）を唱えたが、「党政分開」は天安門事件以降、次第に提唱されなくなり、代わって社会における党組織建設の強化という方針が強調されるようになった。党組織建設の方針が徹底的に執行されたのは、習近平政権のもとにおいてである。毛沢東時代から残された遺産を基盤に党組織建設を進めた結果、党中央から社会の末端にある村民委員会と居民委員会まで垂直的な組織体制の構築が強化された。貧困脱却の政策であれ、コロナ対策であれ、いずれも党の垂直的な組織体制のもとで政治動員が行われたものである。

　本章の結論として、次の 3 点を指摘できる。第一に、習近平政権下の政治動員は基本的には毛沢東時代の政治動員を継承したものであるが、階級闘争および政治運動の実施を否定した点において毛沢東時代の政治動員とは大きく異なる。改革開放以降の公共政策の執行は基本的には官僚によって行われてきている。この点は現在も変わりがない。また、大衆動員の面においては、主に大衆の参加への呼びかけにとどまっている。この点からみれば、習近平政権下の政治動員は、主に官僚を対象とした動員であり、大衆を対象とした

ものではないといえる。

　第二に、政治動員の手法は 1980 年代から現在にいたるまで「進化」してきている。本章で検討したように、習近平政権の貧困脱却の政策は、「駐村第一書記」と貧困村との「一対一」の連携関係のほか、「属地管理」と一票否決制との結合、幹部の仕事内容に対する「第三者」評定や数字化管理などが新たな方法として実践されている。党は現在、それと同じ方法を用いて民営企業と村との「一対一」の連携関係を唱え、農村の経済発展をはかろうとしている。2022 年 2 月に発表された農村振興の政策のなかで唱えられている「万企興万村」（一万個の企業は一万個の村を振興するプロジェクト）がその具体的な方法である（『人民日報』2022.2.23）。

　第三に、政治動員は、中央レベルの指導者の判断と指令に基づいて上から下へと進められるため、市場メカニズムに基づく経済発展には適していない。貧困脱却に関する数多くの研究が示すように、この政策は、8 年間のうち 1 億人近くの貧困人口を削減するという目標を達成したといわれる。短期間でこの目標を達成できたのは、まさに動員がかけられたからである。しかし、貧困脱却の成果は、限られた時間で政府の官僚が資源を動員して完成したものであり、社会内部の力が主体として取り組んだものではない。「属地管理」と一票否決制のように幹部に対する厳格な判定が行われた状況のもとで、村・郷鎮・県幹部の間における同盟関係の形成や私的関係の影響、さらに資源の浪費につながる問題がある。こうした問題は、同じ政治動員の方法が用いられる限り、存在し続けるだろうと思われる。

　政治動員の手法は、党の統治にとって諸刃の剣のようなものである。それを使用して短期間で効果をあげれば、その一時的な効果をもとめてほかの政策執行にも用いていく可能性がある。しかし動員の手法を用いた政策執行はどのぐらいのコストがかかり、どのようなリスクをもたらすのかに関してはほとんど検証されていない。動員の方法をそのまま政策執行に用いるのは、今後経済の発展に大きなダメージを与えてしまう恐れがある。

1) 「人民戦争」「総体戦」は、社会の総動員を通して戦うことを強調するのに対し、「狙撃戦」は短期間で成果を上げなければならないことを強調し、「攻堅戦」は力を集中し

て難問を解決することを強調する。また、中国のコロナ対策は 2022 年 12 月から大きく転換された。

2) 検索の範囲は、それぞれ 2002 年 11 月 1 日から 2012 年 10 月 31 日、2012 年 11 月 1 日から 2022 年 10 月 31 日までである。

3) 毛沢東時代における政策のすべてが政治動員を通して執行されたわけではない。

4) 「条条」とは主に中央行政機関が地方政府に垂直的に設置した機構と系統であるのに対し、「塊塊」とは地方政府によって管理される機構と系統を指す。

5) ガバナンスを中国語では「治理」と訳される。ただ、「治理」の概念は上から下へと管理し、問題を有効に解決することを意味し、多元的主体の自主的な参与というニュアンスが弱い。

6) 大衆団体である新民主主義青年団、婦女連合会、労働組合なども党に協力して大衆を動員する役割を果たした。

7) 「属地管理」の用語は 1980 年代にすでに出現した。当時は「党政分開」(党組織と政府の機能を分離させること) の方針のもとで企業の党組織を企業所在地の区または街道の管理下に置かれることを意味していた。

8) 2011 年に設定された貧困世帯の判断基準によれば、一人当たりの純収入が毎年 2300 元以下である場合は貧困世帯とみなされる。

9) 中華人民共和国中央人民政府 HP を参照。http://www.gov.cn/xinwen/2020-12/03/content_5566565.htm 2022 年 10 月 22 日アクセス。

10) 「第三者」とは、政府から独立した組織または個人を指す (王・喬 2021)。

参考文献

岩崎正洋 (2005)『ガバナンスの課題』東海大学出版会。

国分良成 (2004)『現代中国政治と官僚制』慶應義塾大学出版会。

高橋伸夫 (2021)『中国共産党の歴史』慶應義塾大学出版会。

田原史起 (2019)『草の根の中国——村落ガバナンスと資源循環』東京大学出版会。

鄭浩瀾 (2009)『中国の農村社会と革命——井岡山の村落の歴史的変遷』慶應義塾大学出版会。

鄭浩瀾 (2023)「毛沢東時代の遺産と中国社会」加茂具樹編著『中国は「力」をどう使うのか——支援と発展の持続と増大するパワー』一藝社。

林秀光 (2007)「中国における利益集団と政策過程——中国華電集団公司による怒江の水力開発を事例に」『法学研究：法律・政治・社会』第 80 巻第 8 号、29–73 頁。

Lampton, David M. eds. (1987) *Policy Implementation in Post-Mao China*, Berkeley: University of California Press.

Lieberthal, Kenneth and David M. Lampton eds. (1992) *Bureaucracy, Politics, and Decision Making in Post-Mao China*, Berkeley: University of California Press.

Liu, Yu (2010) "Maoist Discourse and the Mobilization of Emotions in Revolutionary China," *Modern China* 36 (3), 329–362.

Liu, Zhipeng and Lili Liu（2022）"Cooptating the New Elites: Targeted Poverty Alleviation and Policy Implementation in Rural China", *China Review* 22（3）, 271–296.

Mertha, Andrew（2009）"'Fragmented Authoritarianism 2.0': Political Pluralization in the Chinese Policy Process", *The China Quarterly* 200（200）, 995–1012.

O'Brien, Kevin J. and Lianjiang Li（1999）"Selective Policy Implementation in Rural China", *Comparative Politics* 31（2）, 167–186.

Perry, Elizabeth J.（2002）"Moving the Masses: Emotion Work in the Chinese Revolution," *Mobilization:* 7（2）, 111–128.

Perry, Elizabeth J.（2011）*Mao's Invisible Hand: The Political Foundations of Adaptive Governance in China*, Boston: the Harvard University Asia Center.

Tsai, Lili（2007）*Accountability without Democracy: Solidary Groups and Public Goods Provision in Rural China*, New York: Cambridge University Press.

Wang, Yuhua and Carl Minzner（2015）"The Rise of the Chinese Security State", *The China Quarterly* 222（222）, 339–359.

国務院扶貧開発領導小組弁公室（2020）『中国扶貧開発年鑑』知識産権出版社。

孔徳斌（2018）「嵌入式扶貧的悖論及反思」『理論与改革』第 2 期、67–76 頁。

劉兆鑫（2019）「新時代政策執行的過程変遷及其走向」『中国行政管理』第 12 期、75–79 頁。

唐漢萍・章魁華（2019）「圧力型科層制下基層政府精準扶貧政策的執行様態」『上海行政学院学報』第 20 巻第 1 期、49–55 頁。

唐皇鳳（2007）「常態社会与運動式治理：中国社会治安治理中的『厳打』政策研究」『開放時代』第 3 期、115–129 頁。

許漢澤・李小雲（2017）「精準扶貧背景下駐村機制的実践困境及其後果」『江西省財政大学学報』第 3 期、82–89 頁。

楊志軍（2015）「運動式治理悖論：常態治理的非常規化」『公共行政評論』第 2 期、47–72 頁。

王春光（2014）「扶貧開発与村荘団結関係之研究」『浙江社会科学』第 3 期、69–78 頁。

王海娟・賀雪峰（2015）「資源下郷与分利秩序的形成」『学習与探索』第 2 期、56–63 頁。

王莉莉・喬微（2021）「脱貧成効第三方機構評估中的問題及其機制優化」『河北大学学報（哲学社会科学版）』第 46 巻第 3 期、131–138 頁。

魏程琳・趙暁峰（2018）「常規治理、運動式治理与中国扶貧実践」『中国農業大学学報（社会科学版）』第 5 期、58–69 頁。

周雪光（2012）「通往集体債務之路：政府組織、社会制度与郷村中国的公共産品供給」『公共行政評論』第 1 期、46–77 頁。

人民日報（年代順）

「中共中央国務院関於加強社会治安総合治理的決定」（1991 年 2 月 19 日）『人民日報』1996 年 3 月 1 日。

「中共中央国務院関於推進社会主義新農村建設的若干意見」（2005 年 2 月 31 日）『人民日報』2006 年 2 月 22 日。

「中共中央国務院関於打贏脱貧攻堅戦的決定」（2015 年 11 月 29 日）『人民日報』2015 年 12 月 8 日。

「健全落実社会治安総合治理領導責任制規定」『人民日報』2016 年 3 月 24 日。

「脱貧攻堅責任制実施弁法」『人民日報』2016 年 10 月 18 日。

「打响疫情防控的人民戦争」『人民日報』2020 年 2 月 4 日。

「中共中央国務院関於加強基層治理体系和治理能力現代化建設的意見」（2021 年 4 月 28 日）『人民日報』（2021 年 7 月 12 日）

「関於加強党的領導　為打贏疫情防控狙撃戦提供堅強政治保証的通知」『人民日報』2020 年 1 月 29 日。

「中共中央国務院関於做好 2022 年全面推進郷村振興重点工作的意見」（2022 年 1 月 4 日）『人民日報』2022 年 2 月 23 日。

第11章 ムスリマのヴェールをめぐる議論と実践
インドネシアを事例に

野中　葉

はじめに

『オリエンタリズム』でエドワード・サイードが明らかにした通り、イスラーム世界を内包するオリエントの女性たちは、西洋によって「限りない官能の魅力を発散し、多少なりとも愚かで、何はさておき男性に唯々諾々と従うもの」として描かれてきた。(サイード 1993, 25)。サイードの見方とは少し異なるかもしれないが、ムスリム女性に対する画一的なイメージは、現代の日本でも深く根付いているように思える。2022 年 4 月、筆者は慶應義塾大学湘南藤沢キャンパス (SFC) で担当する講義科目「イスラームと現代社会」の初回授業で、「イスラーム教徒と聞いて連想するものを書いてください」というアンケートを実施した。全回答者 83 人のうち「ヒジャーブ」、「ヴェール」、「スカーフ」など女性の被りもの（かぶ）を選んだ学生が 13 人いた。「ラマダーン（断食）」(18 人)、「豚肉を食べない」(9 人)、「礼拝」(7 人) などと並び、女性の頭の被り物は、学生たちがイスラームから連想する主要なものである。また、同じアンケートで、「『イスラームは ×× な宗教である』という文の 『××』にあなたなら何を入れるか」と聞いたところ、83 人中実に 25 人が「厳格」または「ストイック」と答えた。SFC の学生たちにとっても、「厳格な教えに従ってヴェールを纏う（まと）女性の姿」は、イスラームという宗教を象徴するもののようだ。

　同時にこのヴェールは、イスラームが女性抑圧の宗教であるとする偏見を証明するものとしてもしばしば利用されてきた。ライラ・アブー゠ルゴドは「ヴェールを纏う女性は強制されて、あるいは男性からの圧力に屈している

と思われている」（アブー＝ルゴド 2018, 29）と指摘したうえで、西洋世界の人びとがムスリム女性のヴェール着用を根拠に、「彼女たちを行為主体性を持つ個人とみなさず、自分の意思表明ができない女性」たちであると決めつけてきたと批判する（同，20）。

　筆者自身は東南アジアのインドネシアをフィールドに、ムスリム女性のヴェール着用に関する調査を行ってきた。はじめてインドネシアを訪れたのは、1990 年、高校 2 年生のときだった。日本からの交換留学生として、現地のムスリム家庭にホームステイをしながら現地高校に 1 年間通った。以前の論考でも記した通り、この 30 年の間にインドネシアのムスリム女性たちのヴェール着用の様子は 180 度変化したと言っていい（野中 2015, 2022）。インドネシアは、当時も今も、人口の約 9 割がイスラームを信仰するムスリム大国だ。しかし、1990 年代当時、日常的にヴェールを纏った女性はとても少なかった。常夏の気候の中、女性たちは半そでやひざ丈のスカートやズボンを着て、その服装は日本人の夏の装いとほとんど違わなかった。それが今では、町中を歩く実に多くの女性たちが頭を布で覆っている。そればかりか、長袖にくるぶし丈のスカートやズボンを着て、肌の露出は極端に少ない。インドネシアは、この間 1998 年の政変を経て、長期権威主義体制から民主化へと舵を切った。民主化初期には政治的・社会的混乱も経験しながら、2000 年代半ば以降は経済成長も進展していった。インドネシアの事例は、民主化や経済成長、これらに伴う教育水準の向上や消費文化の発展と並行する形で、ヴェールを着用する女性たちが増加していったことを示している。しかもインドネシア社会で他の人びとに先駆けてヴェールを着用し、ヴェール着用の広がりを牽引し続けたのは、主に都市に暮らし、様々な情報に自らアクセスができる大学生や大卒の社会人、つまり教育水準の高い若い女性たちだった。彼女たちは、強制されたり、男性の圧力に屈したり、主体性を持たない女性たちではなく、むしろ主体的にイスラームを学び実践する中で自発的にヴェール着用を選択した女性たちだった。

　ヴェール着用者が社会のマジョリティになる中、ヴェールを着用しない人に対する社会的プレッシャーが大きくなり、その社会的プレッシャーから着用に至る人もいるとさえ指摘されるようになった（塩谷 2012）。しかしイン

ドネシアでは、すべての女性がヴェール着用の潮流に乗り、また社会的圧力の中でそれに従うようになっていったわけでは決してない。当然、今でも、ヴェールを着用していないムスリム女性もいるし、彼女たちが一様に、ヴェール着用の女性たちに比べ信仰心が薄いと考えるのも短絡的である。彼女たちもまた、イスラームを学ぶ中で複数の解釈から「イスラームではヴェール着用を女性に義務付けてはいない」とする解釈を選び取り、実践しているのである。

　本章では、権威主義体制後期の 1980 年代から民主化後の 2000 年代のインドネシアで生じたヴェール着用をめぐる異なる三つの潮流と、それらを牽引した組織的活動を明らかにしながら、現代社会においてヴェールの実践や議論が多様に展開していること、そこに女性たちが主体的に関わっていることを示したい。一つ目に論じるのは、1980 年代頃から、スハルト大統領による長期権威主義体制下に生じた大学キャンパスを拠点とする大学ダアワ運動と、それに参加した女子学生やそれに影響を受けた女子高生の間に生じたジルバブと呼ばれるヴェール着用の潮流である。それ以前から、インドネシアでは成人女性の正装の一つとして、クルドゥンと呼ばれる薄手の布で頭をルーズに覆う慣習があった。しかしダアワ運動に参加した女性たちは、イスラームの教えに自覚的であり、これまでのクルドゥン着用は必ずしもイスラーム的ではないとして批判した。イスラームの教えに適うとされるヴェールの着用を始め、新たにクルアーンの用語から採用した「ジルバブ」という用語で自らの着用するヴェールを呼ぶようになった。二つ目は、2010 年代以降、インドネシアで女性たちのヴェールがヒジャーブと呼ばれ、多くの層の女性たちに抵抗なく着用されるようになったきっかけを作ったヒジャーバーズ・コミュニティの活動である。ヒジャーバーズ・コミュニティの活動が全国に広がることによって、それまでインドネシアでは使われてこなかったヒジャーブという単語が一般的になった。また、それまで高学歴の若い女性たちの一部に限られていたヴェール着用が幅広い層に拡大していった。最後に、民主主義、女性やマイノリティの権利擁護、思考の自由など近代的価値を用いながらイスラームの再解釈を目指すリベラル・イスラームを広める活動を行う「リベラル・イスラーム・ネットワーク（Jaringan Islam Liberal、以下 JIL）」

(Wahib 2012, 12-13) である。2001 年に発足した JIL は、活動の中で、ムスリム女性にとってヴェール着用は義務ではない、という主張を積極的に発信していった。

この三つの潮流を論じる前に、クルアーンなどイスラームのテキストを参照し、イスラームで命じられた女性の服装とヴェールの規定を確認しておこう。

I　女性の服装とヴェールに関するイスラームの規定

そもそもなぜムスリム女性たちは、ヴェールを着用するのだろうか。インドネシアでこの質問を女性たちにすると、ほぼ全員から「クルアーンで命じられているから」という答えが返ってくる。クルアーンは、イスラームの聖典である。イスラーム教徒はクルアーンに書かれた内容を、神の言葉そのものであり、神から人間に下された吉報かつ警告だと信じている。またイスラーム教徒にとって、クルアーンは人生の、また生活上のガイドラインでもある。この中に、女性の服装とヴェールに関する規定も含まれている。インドネシアでしばしば参照される女性の服装とヴェールに関する章句は二つある。一つは、胸元の覆いを命じる章句であり、もう一つは、長衣の着用を命じる章句である。

《女の信者者たちに言え、彼女らの目を伏せ、陰部を守るようにと。また、彼女らの装飾は外に現れたもの以外、表に現してはならない。また彼女らの胸元には覆いを垂れさせ、自分の配偶者、父親、配偶者の父親、自分の息子（中略）を除いて自分の装飾を表に表すことがあってはならない》（24 章 31 節）。

《預言者よ、おまえの妻たち、娘たち、そして信仰者の女たちに言え、己の上に長衣［ジャラービーブ：「ジルバブ」の複数形］を引き寄せるようにと。そうすることは、彼女らが見分けられ、害を受けないことに一層近い》（33 章 59 節）。

一つ目の章句では、イスラームを信仰する女性たちに対し、「胸元に覆い」を垂れることが命じられ、また「外に現れたもの以外」の「装飾」を「表に現す」ことが禁じられている。また、二つ目の章句からわかるのは、女性たちに対し、「見分けられ」、「害を受けない」ように、「長衣」を身に着けることが命じられているということである。しかしクルアーンには、女性の服装やヴェールに関し、これ以上に詳しい記述は見当たらない。

　クルアーンは先に述べた通り、イスラーム教徒が神の言葉だと信じているものであり、その文言自体を変更することは不可能である。しかし、クルアーンのメッセージは包括的かつ概略的であり、それぞれの事柄についての詳しい記述は書かれていないことも多い。そのため、クルアーンをどう解釈するかにムスリムの知的営為が集中し、解釈やイスラーム法学という学問分野が発展した（大川 2018, 149-150）。またクルアーンに書かれていない個別具体的な内容を理解する際に、クルアーンを補完するものとして参照されるのがハディース（預言者ムハンマドの言行録）である。ムハンマドは歴史上の人物であるが、アッラーの使徒とされ、彼の指示や行動はムスリムが従うべき規範とされている。つまり各時代の人間たちはクルアーンを参照し、ハディースも用いてその教えを解釈することによって、自分たちの人生や生活の指針を見出してきたのである。

　女性の服装の規定に戻ると、24章31節で書かれた「表に表すことがあってはならない」とされる「自分の装飾」が体のどの部分を指すのか、つまり覆わなければならない体の部分（「アウラ」と呼ばれる）はどこなのかについてクルアーンでは明確に述べられていない。したがって、これについては、各時代と場所で様々な議論が重ねられて、複数の解釈が存在するのである（Shihab 2004, 64-65）。

　女性が覆わねばならない体の部分、つまりアウラを示すものとして、現在のインドネシアでは、以下のようなハディースがしばしば参照される（同, 128-135）。

　　アーイシャによると、アスマ・ビント・アブー・バクルが薄手の服を着て預言者のところにやってくると、預言者は彼女から顔を背けて言っ

た。「アスマよ、女性は初潮を迎えたら、こことここを除いて身体を見られるべきではない」と言って、自分の顔と両手のひらを示した（アブー・ダーウードの『スナン』に収録）。

　（カターダによれば、）預言者は「アッラーと来世を信じる女性は、初潮を迎えたら顔と手のここまでを除いて、見せることは許されない」と言って、自分の腕の真ん中をつかんだ（タバリーのクルアーン注釈書に収録）。

　アーイシャは言った。「私が甥（アブドゥッラー・イブン・トゥファイル）のところに身を飾って訪れたとき、預言者が不機嫌そうにしたのでこう言った。『彼は私の甥です』と。すると預言者は『初潮を迎えた女性は、顔とこれ以外を見せることは許されない』と言って、自分の腕をつかんだ（同上）。

　これらのハディースから、現在のインドネシアでは、女性のアウラ、つまり覆わねばならない身体の箇所は「顔と両手以外の身体のすべて」とする理解が一般的である。現在、インドネシアで見られる多くの女性のヴェールは、顔だけを残して頭、喉、耳すべてを隠すものであり、また多くの女性たちの服装は、両手は出ているものの、その他の身体の部分はすべてが覆われている。一方で、後述するように、JIL ではこの解釈を普遍的なものではないと捉えている。

II　ヴェール着用への目覚めと広がり

1　大学ダアワ運動の出現
　前述した通り、筆者が初めてインドネシアで暮らした 1990 年頃まで、町中でイスラーム式のヴェールを身に着けている女性を見ることは珍しかった。イスラーム式のヴェールは、イスラーム学校や伝統的なイスラーム寄宿学校の女子生徒の制服としては知られていたし、また、メッカ巡礼を済ませた年

配の女性の中には、そのことを象徴的に周囲に示すため、頭を覆う人たちがいたようである。さらに、普段は頭を覆わない女性たちも、断食月明けの大祭の日やイスラーム関連の行事や勉強会に出席するときには、クルドゥンと呼ばれる薄いショールを頭に羽織る習慣があった。このクルドゥンは、成人ムスリム女性の正装という印象が強いものの、薄いショールを頭に羽織るだけで、髪の毛や耳や喉は見えるスタイルであり、あくまでも慣習的に着用されており、そこに、イスラームの教えが強く意識されていたわけではなかった。

　こうした状況に変化が生じるのは、スハルト権威主義体制下、大学生たちの活動の中からだった。1960年代半ば以降、初代大統領スカルノに代わり実権を握った第2代スハルト大統領による政権は、開発独裁体制としても知られている。西側の援助や資本を積極的に受け入れ、開発政策を推進することで経済発展を目指す一方、開発や経済成長の妨げになるような政府に対する批判的な活動は一切が厳しい監視と弾圧の対象となった。1970年代には、各地の大学でスハルトや政権に反対する学生運動が活発になった。しかし、1978年にバンドゥン工科大学など主要大学キャンパスに軍が乗り込み、キャンパスを占拠する形でこの学生運動を鎮めて以降、全国の大学で学生の政治的活動は禁じられた。こうした抑圧的な状況ではあったが、学生たちの中には、学内やキャンパス近くのモスクに集まってイスラームを学ぶ者たちが現れた。それはあらゆる活動が監視の対象になる中、唯一モスクだけが、軍や政権の監視から逃れ、唯一比較的に自由に集まれる場所だったからだ。モスクはもちろん、イスラーム教徒が礼拝を行う場所であるが、それと同時に、様々な社会的組織活動の拠点にもなり、また情報交換の場でもある。こうしたモスクで、クルアーンを読み、またイスラームを学びながら、学生たちは社会変革の可能性についても議論を重ねた。学生たちは、自らがイスラームを学び、また周囲に広めていくことで、よりよい社会を築くことができるようになるのではないかと考えるようになった。1980年代以降、こうした学生たちの活動が徐々に組織化し、学内のモスクを拠点にイスラームを広める大学ダアワ運動が全国的に展開するようになっていった。初期の拠点になったのは、バンドゥン工科大学のサルマン・モスクの活動であり、その後、全

国の国立大学に拡大していった。

　スハルト体制は、反対勢力を抑え込む抑圧的な体制であった一方、開発政策の恩恵によって経済は発展し、人びとの生活水準は向上し、さらに学校設立が進み、社会が安定したおかげで人びとの教育水準も向上した。これに伴い1980年代には大学生の数も全国的に増加した。同時に、翻訳出版技術が向上し、クルアーンのインドネシア語版や、英語やアラビア語で書かれた多くのイスラーム関連書籍がインドネシア語に翻訳されて出版された。大学生たちは、こうした書籍の主要な読者だった。さらに新聞、雑誌、テレビなどのメディアも発展し、先進国や他のイスラーム世界の情報がリアルタイムでインドネシアにも伝わるようになった。大学生たちは、こうした情報を敏感にキャッチする人びとでもあった。

2　ジルバブの着用

　モスクに集い、ダアワ運動に参加する学生たちの中にはもちろん女子学生も含まれていた。1980年代当時、大学生全体の中に占める女子学生の数は圧倒的に少なかった。この活動に参加する女子学生も男子学生に比べて数は限られていたものの、彼女たちは、クルアーンのインドネシア語訳を読み、イスラームを学び、友達や先輩と議論を重ねる中で、イスラームでは女性にヴェール着用が義務付けられていると理解するようになっていった。また同時に、テレビや新聞を通じてリアルタイムで伝えられる外国のニュースの影響も大きかった。特に、1979年のイラン・イスラーム革命で黒いヴェールを纏った女性たちが男性に交じって街頭デモに参加し、人びとを弾圧しイスラーム勢力を退けてきた皇帝を国外追放し、革命を成功させていく姿は、インドネシアの女子学生たちにも大きな衝撃を与えたようだ。こうして、ダアワ運動に参加する女子学生たちの中に、ヴェールを着用する人たちが現れたのである。

　彼女たちは、自分たちが身に着けるヴェールが、イスラームの教えに適ったものであり、これまでインドネシアで慣習的に着用されてきたクルドゥンとは違うものだと考えていた。先に紹介した33章59節の用語を用い、彼女たちは自分たちのヴェールをジルバブと呼ぶようになった。しかし当時、こ

うしたヴェールは市場に出回っていなかった。女子学生たちは、自分たちで無地の布を買い、正方形に切って縁を縫い、ヴェールを手作りして着用した。女子学生たちが参加した大学ダアワ運動では、周囲の大学生や、高校生や中学生たちにもイスラームを広める活動が積極的に行われた。友人や先輩後輩のネットワークの中で、短期間のうちにヴェール着用はダアワ運動に参加する大学生のみならず高校生にまで広まっていった。

　しかし政権側はこの動きを好ましく思っていなかった。政権と社会の安定を脅かすイスラーム勢力の伸長と捉えたのである。そこで政権側は、高校の制服規定を厳しく適用することで高校生にまで広がったジルバブ着用に歯止めをかけようとした。インドネシアの公立高校では、当時、全国統一の制服が定められていた。女子の制服は、半そでの白いブラウスとひざ丈の灰色のスカート、ひざ下までの長さの白い靴下という風に決められていた。しかしジルバブを着用するようになった女子生徒たちは、白いジルバブを頭に纏い、長袖の白ブラウスにひざ上までの長い白ソックスやくるぶし丈のスカートを身に着けることで肌の露出を避けて登校するようになっていた。これに対し政権側は、1982年、制服規定を再度周知徹底する教育文化省初等・中等教育長官決定を出した。これによって、規定服以外の長袖や長ソックス、ましてや頭を覆うジルバブの着用は規則違反だということになった。ジルバブを着用した女子生徒たちは、制服規定に違反しているという理由で授業に参加させてもらえなかったり、私立のイスラーム学校への転校を強要されたりとひどい仕打ちを受けた。しかしこのことは次第に新聞や雑誌に取り上げられるようになり、全国的なニュースになった。自らの信仰心から着用したジルバブを理由に、高校を退学しなければならない敬虔なムスリムの女子高生たちに対して同情的な論調が主流だった。全国的なニュースになったことがきっかけになり、ジルバブという用語も社会に浸透していったのである（野中 2015, 38–42)。

　1990年代に入るとスハルト大統領は、これまでの方針を転換し、イスラーム勢力を積極的に政権側に取り込もうとする姿勢が見られるようになった。高校生への制服規定は1991年に緩和され、ジルバブと長袖ブラウス、くるぶし丈のスカートも「特別服」としてその着用が認められた。大学では、ダ

アワの活動が活発化し、組織的な活動が各大学で展開し始めていた。この運動に参加する女子学生たちの間でのジルバブ着用は一般的になりつつあった。しかし全体から見れば、ジルバブ着用者は大学生の間でもまだほんのわずかだった。80年代の高校生に対する制服規定のようなあからさまな規制はなくなったが、ジルバブ着用者には、「後進的」、「田舎者」、あるいは「過激なイスラームグループの仲間入り」といったレッテルが貼られ、大学卒業後にいい就職ができない、いい結婚相手が見つからないなどと噂され両親や周囲にその着用を止められるケースも多かった。この時期までのジルバブ着用者は、こうした周囲との軋轢を生じながらも、それを乗り越えた女性たちであり、ジルバブ着用は彼女たちにとって大変大きな決断だった。彼女たちの多くは、イスラームを学び実践する中で、「神の導き（ヒダーヤ）」を感じて着用を決意した。彼女たちにとってのジルバブ着用は、神と自分と他者に対する信仰の表明の証だった（同，92）。

　1997年のアジア通貨危機に端を発する経済的混乱が引き金となり、30年以上にわたり続いたスハルト政権に対する人びとの不満が一気に噴き出し、改革（レフォルマシ）を要求する人びとがデモを全国規模で展開した。その結果、1998年5月についにスハルトは大統領の座を辞任した。大学ダアワ運動で活動していた大学生たちも、この運動の一翼を担った。女子学生たちは白いジルバブを纏い、男子学生と共に路上に出てデモに参加した。民主化後、この大学ダアワ運動を母体として、新しいイスラーム政党正義党（のちに福祉正義党に改名）が誕生し、2000年代半ばにかけて、この福祉正義党は特に都市部で勢力を拡大していくこととなる。この一連の政治変動の中で、ジルバブはこのイスラーム政党と結びつき、ジルバブという用語自体、政治的なイメージを感じさせるものとなっていった（同，47-48）。

III　ヒジャーバーズ・コミュニティの活躍

1　民主化後の展開

　民主化後のインドネシアでは、先に述べた通り、イスラームは廃れることなく、むしろ社会の様々な側面で存在感を増した。礼拝や断食をまじめに実

践する人たちが増え、イスラームに関連したアラビア語由来の挨拶や用語が日常的に使われるようになり、イスラーム的であることはよりよいことだという価値観が急速に広まっていった。

　これまでは、大学キャンパスやモスクでダアワ運動に参加する大学生や高校生たちにとどまっていたジルバブの着用も、社会のより幅広い層に広がっていった。それまでは、白や灰色や茶色など地味な色で無地のジルバブしか手に入らなかったが、2000 年代半ば頃からは、カラフルな色合いや柄物のジルバブも販売されるようになった。大学時代にダアワ運動に参加した人たちの中で、デザイナーやファッション業界で活躍する人たちが出現し、彼女たちが中心になって、異なる年齢層や階層の様々なジルバブやムスリム服が作られるようになっていったのである。

　ヴェール着用の社会的広がりには、メディアの役割も大きかった。2008年には映画『愛の章句』が上映され空前の大ヒットとなった。インドネシアの国産映画といえば全くイスラーム的でない低俗な恋愛物語か、ぞっとするようなバイオレンスか、B 級ホラーが一般的だったが、『愛の章句』はエジプトが舞台であり、敬虔で若くてハンサムで優秀でイスラームを学ぶインドネシア人留学生のムスリムが主人公で、ヴェールを着用した敬虔な女性たちも主要な登場人物だった。『愛の章句』は、インドネシアのムスリムの若者たちに、彼らが憧れ、理想にできるムスリム像を初めて提示した映画だったと評された（Heryanto 2014, 52）。これ以降、イスラームをポジティブに描く映画やテレビドラマが量産されるようになり、主要な登場人物には必ずといっていいほどヴェールを着用した敬虔なムスリム女性が描かれた。若いムスリム女性を主要な読者層とするライフスタイル誌やファッション誌も次々と発行され、こうしたメディアを通じて、人びとにヴェールのポジティブなイメージが植え付けられていった。もはや地味で無地で、やや政治色を帯びてしまったジルバブという用語は、こうしたヴェールのイメージには合致しなくなっていた。

2　ヒジャーバーズ・コミュニティの誕生とその活動

　自分たちがデザインして販売し、着用するヴェールやムスリム服は、ジル

バブから連想される「生真面目で厳格」とか「古臭い」といったイメージとは合致しない、という思いは、2000 年代半ば以降、徐々に増え始めたムスリム服のデザイナーやファッション業界の女性たちに共有されるようになっていた。2010 年頃、ジェナハラ・ナスティオン（Jenahara Nasution）、ディアン・プランギ（Dian Pelangi）、リア・ミランダ（Ria Miranda）という三人の若い女性デザイナーが、社会にヴェール着用を広めていく緩やかなコミュニティを作ることを決めた。この三人は、若い女性向けにヴェールやムスリム服をデザインし、自らもそれをおしゃれに着こなし、SNS を利用し自らのファッションや意見を積極的に発信していたため若いムスリム女性たちにはよく知られたオピニオン・リーダー的な存在だった。彼女たちは、自らの着用するヴェールをジルバブと呼ばずヒジャーブと呼び、また、新しく作るコミュニティを「ヒジャーバーズ・コミュニティ」と名付けた。

　ヒジャーブはアラビア語の単語であり、現代のアラブ地域を含め世界各地でムスリム女性のヴェールを指す単語として使われており、クルアーンにも見ることができる。例えば、以下の章句は、預言者の家を訪れた男性信仰者たちの振る舞いについて命じたものである。ヒジャーブの意味を伝える章句としても、よく知られている。

　　《おまえたちが彼女ら（預言者の妻たち）に必要なもの（借り物）を頼むときには覆い（帳）[ヒジャーブ] の後ろから彼女らに尋ねよ。おまえたちのそうしたことは、おまえたちの心にとっても彼女らの心にとっても一層清らかである》（33 章 53 節）。

　この章句が示す通り、ヒジャーブとはもともと「覆い」や「帳」を意味している。またこの章句では、男女が話をする際には、直接的な接触を避けるため、両者の間に「ヒジャーブ」を挟むことが命じられている。ジェナハラたちは、ムスリム女性のヴェールを指す言葉として世界中で使われている「ヒジャーブ」をインドネシアでも広め、それによって、「ジルバブ」が持つお堅いイメージを払拭し、ヴェール着用に対するハードルを下げて、ヴェールの着用それ自体を社会により広く浸透させたいと考えた。コミュニティの

名前は、「ヒジャーブ」に英語の「人びと」を示す接尾辞「-ers」をつけて「ヒジャーバーズ」とした。アラビア語でクルアーンに含まれる単語でもある「ヒジャーブ」に英語の接尾辞をつけることで、イスラーム的かつグローバルな印象を付加したとも言える。

　このコミュニティには、ジェナハラらの呼びかけに応じたデザイナー、モデル、ファッション・ブロガーなど30人ほどが創設者メンバーとして集まった。彼女たちは、皆、ヴェールを着用し、ファッション業界で活躍する20代から30代の女性たちだった。2010年11月にコミュニティが立ち上がると、メンバーはすぐにそれぞれのSNSを利用して、ヒジャーバーズ・コミュニティの創設を発信した。自分たちが着用しているヴェールをヒジャーブと呼ぼうということ、ヒジャーブ着用者たちが集い、ヒジャーブ着用の意味と必要性とよさを発信していく緩やかなコミュニティを作ったこと、賛同する人たちはSNSをフォローし、イベントに参加し、またそれぞれの立場でヒジャーブやヒジャーバーズという用語と活動を広めてほしいということを広く呼びかけた。オピニオン・リーダー的存在からの発信は、若いムスリム女性たちの間で大きな反響を呼んだ。各メンバーのツイートはリツイートを重ね、ヒジャーバーズ・コミュニティのFacebookページはフォロワーが急増し、YouTube動画も再生回数が激増した。

　オフラインでは、定期的にイスラーム勉強会が開催され、また社会奉仕活動も熱心に行われた。勉強会は、毎回異なるテーマが設定され、そのテーマに精通するイスラーム専門家や説教師を招いた講演会とディスカッションで構成された。女性が仕事を持つこととか、結婚相手をどう選ぶかなど、男性が多く参加する一般のイスラーム勉強会では扱われない女性向けのテーマが議論された。また、この勉強会では、毎回、参加者に現金やヒジャーブの寄付が呼びかけられた。それを元に、例えば雨期の洪水で被災した地区をメンバーが訪れて支援物資を提供したり、小児がん病棟を訪れて子供たち向けに本やおむつを提供したり、女性刑務所を訪れて集まった中古ヒジャーブを提供するなどの活動が行われていた。勉強会のあとには、メンバーがデザインする服のミニファッションショーや、ヒジャーブの新しい巻き方を紹介するヒジャーブ・チュートリアルなども頻繁に開催された[1]。

ヒジャーバーズ・コミュニティの広がりは、創設メンバーの SNS 上の発信とオフラインのイベント実施だけにとどまらなかった。ヒジャーバーズ・コミュニティの活動に賛同する人たちは、それぞれの地域でヒジャーバーズのコミュニティを作り、それぞれに活動を広めてほしいとメンバーが呼びかけたこともあり、それに呼応した各地の若い女性たちが、自らヒジャーバーズを名乗り、仲間を募って、地域で、また大学で、独自のコミュニティを創設していった。そして、各地でヒジャーバーズ・コミュニティ本体の活動に類似した活動を展開していったのである。筆者が調査をした 2013 年 3 月には、例えばジャカルタでは複数の国立大学と私立大学で、ヒジャーバーズのコミュニティがそれぞれの学生たちによって作られていた。また、ジャカルタ近郊のデポックや中部ジャワのジョグジャカルタなどの各都市でも、女性たちの呼びかけによるコミュニティが立ち上がっていた。お互いの活動は独立しており、それぞれに SNS などを通じて緩やかに情報共有しながら、活動は進められていた。2010 年代初頭から半ばにかけ、このヒジャーバーズ・コミュニティと、それに影響を受けて立ち上がった各地のヒジャーバーズたちの勢いは大きかった。彼女たちの自発的な活動と発信によって、ヒジャーブという名称は全国に広まり、より幅広い層の女性たちにヒジャーブ着用が広まっていったのである。

3　ヒジャーバーズ・コミュニティへの批判と反論

　若いムスリム女性たちの間でヒジャーバーズ・コミュニティの影響力が大きくなるにつれ、特に保守的なイスラーム指導者や説教師たちからの批判の声が強まった。その批判の多くは、ヒジャーバーズの女性たちの服装はイスラーム的ではないというものだった。こうした批判の声もまた、イスラーム指導者や説教師たちの SNS やブログなどを通じて、また彼らが講師役を務める勉強会を通じて、さらには彼らが出演する TV 番組や連載する雑誌の記事、また書籍を通じて、広まっていった。

　一例として、フェリックス・シャウによる『さあ、ヒジャーブを着けよう！』というタイトルの書籍の一節を紹介しよう。フェリックスは、華人でカトリックの家庭に生まれたが大学生のときにイスラームに入信した改宗ム

スリムである。国民国家制度を否定し、最終的にカリフ制の樹立を目指す国際的なイスラーム運動体ヒズブ・タフリール（解放党）の活動家として知られ、同時に、Facebook やツイッター、インスタグラムなどを通じて様々なテーマに関する自らのイスラーム的な見解を発信している。また、テレビに頻繁に出演したり書籍を出版したりと活発な保守系若手説教師としてもよく知られている。「シャリーアに適うヒジャーブ」の着用を呼びかける同著の中で、フェリックスは、ヒジャーブを着用していたとしても「行き過ぎた着飾り（タバッルジュ）」によって男性の注目を引くことはイスラームでは許されていないと主張する。クルアーン 24 章 31 節を引用し、「ヒジャーブの着用は男性からの視線を避けるためである」と述べ、「だからムスリム女性は、服や装飾で着飾って男性の注目を引いてはならない」と言う。また、クルアーン 33 章 33 節《おまえたちの家に留まり、昔のジャーヒリーヤ（イスラーム以前の無明時代）の華美さで飾り立ててはならない》を引用して、イスラームで「タバッルジュ」、つまり目立つための着飾りや飾り立てが禁止されているという主張を補強している（Siauw 2013, 96–100）。さらに、タバッルジュの例として、模様のついたヒジャーブを工夫凝らした巻き方で纏う女性のイラストが添えられており（同，113）、名指しはしていないものの、ヒジャーバーズ・コミュニティのメンバーやそれに影響を受けた女性たちの服装を批判していることは明確である。

　ヒジャーバーズの女性たちは、自分たちの服装に対し批判の声があることはよく理解していた。こうした批判を踏まえ、「自分たちの服装が「行き過ぎ」にならないよう常に心掛け、活動を通して、周囲にも呼びかけている」といった声が頻繁に聞かれた[2]。また、「服装の規定に関し、様々な解釈があることを理解したうえで、異なるイスラーム専門家や説教師の意見を聞き、最後には自分で考えて、自分でどの解釈を採用するか決める。そのために自分たちもイスラームを学ばなければならない」と主張する女性もいた[3]。最後に、ヒジャーバーズの女性たちの思考を知ることができる一例として、2013 年初頭、ジャカルタの私立イスラーム大学アル＝アズハル大学でヒジャーバーズのコミュニティを立ち上げたザキアの言葉を引用しよう。

　「私たちの活動や服装に対しては賛否両論あることは理解しています。行

き過ぎだとか、イスラームの教えに適っていないとか言う人たちもいます。でも私は、アウラを覆うという意図があるならば、それ以上は、個人の選択であり、個人に任された部分だと思っています。あとは神が判断すること。私たちの服装が、正しいか間違えているかを決められるのは神だけですから」[4]。

　ザキアの反論からわかるのは、説教師たちだけでなく、ヒジャーバーズの女性たちもまた、イスラームの教えに基づいて主張を展開しているということである。イスラームをよく知る保守層のイスラーム指導者たちが、イスラームを知らない若い女性たちの服装に対し、一方的にイスラーム的批判を展開しているという構図ではない。ヒジャーバーズの女性たちもまた彼女たちなりにイスラームを学び、その教えを理解し、自分たちの服装の正当性を主張している。ザキアの言葉は、次のクルアーンの章句に裏打ちされている。

　《おまえたちの舌が述べる嘘で、「これは許され、これは禁じられている」と言い、アッラーに対して虚偽を捏造してはならない。》（16章116節）

　神以外の人間が、他の人間の行いについて、神に成り代わり「これは許され、これは禁じられている」と言うのが正しいことなのだろうか、それは神が決めることなのではないか。フェリックスがイスラームの教えに基づきヒジャーバーズを批判したのと同様、ザキアもまた、イスラームの教えを引用することでフェリックスに反論しているのである。

Ⅳ　「ヴェール着用はムスリム女性の義務ではない」という主張

1　JILの創設と活動

　JILは、ヒジャーバーズ・コミュニティに先立ち、民主化直後の2001年に結成された。民主化を経て、表現の自由や政治的自由が制度的に保障されるようになり、イスラームと民主主義は両立するかといった議論も学術的に注目を集めた時代である（Hefner 2000）。一方で、民主化は、権威主義体制下では力で押さえつけられてきたイスラーム過激派たちにも自由を与えることになった。民主化直後から2000年代初頭にかけ、マルクやカリマンタンなどいくつかの地域では、こうした過激派や急進派のイスラーム勢力が関与し

た民族・宗教紛争が勃発した。また先に論じた大学ダアワ運動から成立した正義党は、カリスマ指導者を持たない新興政党だったにもかかわらず、清廉潔白なダアワ政党を謳（うた）い、都市部の大学生やイスラームに自覚的な若いエリート層に着実に支持を広げていた。

　JILの創設に関わったメンバーは、このように急激なイスラームの社会的政治的な勢力拡大を、平和的で寛容なインドネシア社会に対する脅威と捉えた。そして、イスラームの教えのリベラルな解釈が必要と考える人たちをつなぐネットワークを築くことで、こうした動きに対抗していこうと考えたのである。JILは、創設メンバー代表のウリル・アブシャル＝アブダッラー（Ulil Abshar-Abdalla）や、女性活動家ノン・ダロル・マフマダ（Nong Darol Mahmada）ら6人の若者たちによって2001年3月に結成された（Ali 2005, 4）。メンバーの中には、世俗教育を受け独学でイスラームを学んだ人もいるが、イスラーム寄宿学校やイスラーム学校で初等中等教育を受けたり、大学や大学院でイスラームを専門に学んだりした人が多いのが特徴である（同, 8）。また彼らの多くは大卒または大学院卒のエリートだった。

　JILは結成当初から、リベラル・イスラームを擁護する立場であることを強調した。彼らが主張するリベラルとは、「正統派（orthodoxy）」とされるものからの解放であり、社会を支配している不健全で抑圧的な秩序からの解放だった（Wahib 2012, 19）。そのために、民主主義、女性や非ムスリムの権利擁護、思想の自由など近代性の成果を用いながらイスラームの教えを批判的に理解することが必要だと主張した（同, 13）。JILは、大衆団体でも政党でもなく、賛同者を緩やかにつなぐ「ネットワーク」という形態をとった。北ジャカルタのウタン・カユ地区にあるJILのオフィスでは、頻繁に様々なテーマでのディスカッションが開かれた。これらのイベントには誰でも参加することができ、しばしば非イスラーム教徒や外国人の姿も見られた。JILの賛同者たちはメーリングリストに登録され、メール上での議論にも参加することができた。JILで頻繁に議論されたのは、イスラームと政治、ジェンダー問題、女性とヴェール、過激派とテロリズム、イスラームの教えの解釈、一夫多妻制など、現代の社会問題に直結するテーマばかりだった。

　筆者自身は、2004年4月にJILのオフィスを複数回訪れて、ディスカッシ

ョンに参加したり、活動家たちにインタビューしたりする機会があった。メンバーは皆、アラビア語と英語を話し、まじめにイスラームを勉強してきた高学歴の青年たちだと感じた。20代から30代前半くらいの年齢の男女が集い、女性たちの中には、ジルバブを着用している人もいたが、着用していない人たちが大半だった。オフィスの横には本屋やカフェもあり、とてもオープンな雰囲気で自由に議論できる空間だった。

　一方JILは、当初からメディアも効果的に活用した。自分たちの主張やディスカッションの内容を広く公開し、発信することで、実際に活動するメンバーは比較的少なくても、大きな社会的インパクトを与えることができたともいえる。先に述べたメーリングリストの活用のほか、ウェブサイトを活用してオフラインで実施したディスカッションやインタビュー、トークショーなどの内容を広く公開した。2004年4月の調査時には、ウェブサイトは毎週1回更新されていた。メンバーによる投稿記事や様々な分野で活躍する人物へのインタビュー記事が、毎週掲載された。またJILは、主要な全国紙や地方紙、また雑誌など数十にも上る印刷メディアに枠を持っていた。ウェブサイトに掲載された記事は、こうしたメディアにも掲載された。インタビューは、毎週1回オフィスに設置されたラジオブースで行われ、ライブで放送されたほか、インドネシア各地の40以上のラジオ局とも連携をしていて、各ラジオ局を通じても放送された[5]。また、当時JILは、国際NGOアジア・ファウンデーションから巨額の助成金を受けていた。JILの活動は、発展途上国における市民社会の発展を支える海外からの資金援助によっても維持されていたのである（同, 18）。

2　JILにおけるヴェール着用をめぐる議論

　2003年、JILからエジプトで出版された書籍のインドネシア語訳が出版された。本書はヴェール着用がムスリム女性の義務ではない、と主張する書籍だった。1994年にエジプトで出版されたムハンマド・サイード・アシュマーウィ著『ヒジャーブの真実とハディースの根拠』というアラビア語書籍のインドネシア語訳で、『ジルバブへの批判』というタイトルが付けられた。訳者は、JILの活動家の一人でエジプトのアル＝アズハル大学への留学経験

があるノフリアントニ・カハル（Novriantoni Kahar）であり、編集と巻頭言は
JIL 創設メンバーの一人で女性活動家のノンが担当した。表紙には、アジ
ア・ファウンデーションのロゴが記載され、この出版にも同団体からの助成
があったことがわかる。

　著者アシュマーウィは本書の中で、多くのムスリム女性がヴェール着用の
根拠としてきたクルアーンの 24 章 31 節と 33 章 59 節、さらに「ヒジャー
ブ」が含まれる章句としてよく知られる 33 章 53 節、また「顔と手以外を覆
う」根拠とされてきた複数のハディースの再検証を行った。アシュマーウィ
の主張は 4 点に整理することができる。まず一つ目は、「ヒジャーブ」とい
う語が含まれるクルアーン 33 章 53 節について。アシュマーウィによれば、
この章句で命じられているのは、男性信仰者と預言者の妻たちの間を「ヒジ
ャーブ」で隔てることであり、そのほかの一般の女性たちとの間には「ヒジ
ャーブ」は必要とされていない。二つ目は胸元への覆いを命じたクルアーン
24 章 31 節について。アシュマーウィによれば、この啓示の目的は女性信仰
者たちが胸元を覆うことによって、非ムスリム女性との見分けがつくように
するためだったという。ゆえに、この胸元を覆えという命令は、信仰者と不
信仰者を分ける必要があった時代にだけ有効なもので、永久に適用される命
令ではない。三つ目は、預言者の妻たち、娘たち、また女性信仰者に長衣の
着用を命じたクルアーン 33 章 59 節について。この章句は、ムスリムの自由
女性たちを、奴隷女性たちから区別する必要があったために下されたもので
あり、彼女たちが奴隷女性と間違われて、不埒な男性たちから嫌がらせを受
けないよう長衣の着用が命じられたと論じる。現代では、奴隷女性は存在し
ないため、自由女性と奴隷女性を区別する必要もなく、よって長衣の着用も
義務ではない。最後に四つ目は、「顔と手以外の体のすべてを覆う」根拠と
された複数のハディースについて。これらはいずれも伝承者の数が少なく、
信頼するに十分ではないとされる「アーハード」に分類されるハディースで
ある。また見せてもよいのは「顔と手」だけか、「腕の真ん中より下」も含
まれるのかなど、お互いに矛盾する点も見出される。よって、これらのハデ
ィースは参考にすることはできても、永久的に有効ではなく、特定の時代と
状況に強く結びついた一時的な命令と考えるべきだと結論づけた（Al-Asyma-

wi 2003, 5–22）。

　インドネシア語版『ジルバブへの批判』には、JIL の女性活動家ノンの巻頭言が付けられている。ノンはこの中で、現在のインドネシアでは、ジルバブが社会でイスラームが実践されていることを示す最も明確な指標であるかのように扱われていること、さらに、ジルバブがまるでイスラームそれ自体であるかのようにみなされていることを批判している（同，vi）。そのうえで、本書は、ジルバブ着用が義務ではないことを検証し、預言者の教友たちの間でのジルバブ着用の伝統は、宗教上の義務ではなく、文化的な義務だったことを明らかにすると述べる。そして最後に、「ジルバブ着用は、ムスリム女性の選択の一つであり、自己を探求するための手段であり、そこに強制や圧力があってはならない」と結んでいる（同，xv）。

　当然、本書や JIL の主張には賛否両論があった。おそらく批判の意見の方がずっと大きかったと思う。筆者は 2004 年 3 月から 6 月まで、世俗の大学における女性たちのジルバブ着用現象をテーマにした修士論文執筆のための調査で、インドネシアに滞在した。この間に、JIL の活動にも関心を持ち、オフィスを訪れ、活動の参与観察や活動家へのインタビューを実施した。一方で、大学ダアワ運動に参加しジルバブを着用し始めた女子学生たちの間では、本書や JIL の主張に惑わされてはいけないと警戒する声が頻繁に聞かれた。JIL のコアメンバー、つまり専属のスタッフは当時でも 10 人程度、小さな集団ではあったが、JIL はオンラインとラジオ、プリントメディア、さらにオフラインの活動を上手に組み合わせて効果的に主張を発信することができる新しいタイプの運動体だった。当時は、民主化が進展する中、ジルバブ着用者が増加し始めていた時期であり、JIL の展開した議論は決して社会の主流にはならなかったが、増加していくジルバブ着用者たちの間でも、そのインパクトはとても大きかった。

おわりに

　本章では、西側先進諸国で、また日本で、虐げられる存在として誤解されることの多いムスリム女性とヴェールをテーマに、権威主義体制後期の

1980年代頃から民主化を挟んで2010年頃までの30年ほどの間で展開した、インドネシアのムスリム女性たちによるヴェール着用をめぐる議論と実践を検証した。大学ダアワ運動から派生したジルバブ着用、ヒジャーバーズ・コミュニティが牽引したヒジャーブの定着、JILによる問題提起で社会にインパクトを残した「ヴェール着用は義務ではない」という主張、いずれの潮流においても、女性たちは積極的に議論に参加して活動を展開した。そして、自分たちが何をどのように着用するかに関する社会的潮流を作り出していった。いずれに対しても、同時代の宗教権威者たちから、また主張の異なるグループから批判の声があった。しかしそれに対しても女性たちは臆することなく反論し、活動を進めていった。

　また、これら三つの潮流はいずれもイスラームの教えに基づいてヴェール着用の仕方を提示したが、その主張はそれぞれに異なっている。不変のテキストであるクルアーンをいかに解釈し理解するかによって、ヴェールの規範は多様であり可変的だった。神が唯一であることを認め、神に帰依しつつ、日常の中で何をどのように纏うか、また纏わないかに関し、女性たちはイスラームを学びながら、異なる潮流を作り出してきたのである。

　社会に根付いた規範の中で異なるヴェール着用の仕方を選択するムスリム女性たちの姿は、実は、「自由」に服装を選んでいると考えている非イスラーム教徒の日本人とそれほど変わらない。人間は社会的生き物であり、集団の中でしか生きられない。私たちの行動や選択は、自覚的であるかそうでないかにかかわらず、私たちが属する集団に根付いた規範やルールの、また他者の目の制約を受けている。イスラーム教徒が、クルアーンを読みそこから派生するいわば書かれた規範に従う一方で、日本人は決して書かれてはいない場の「空気」を読まなければならない。読んでいるものが違うだけで、社会的な規範や他人の視線など、様々な制約の中で服装を選んでいることに違いはないように思える。

　厳格な宗教の教えや権力を持つ男性たちに虐げられ、声をあげることもできないかわいそうな人たちとレッテルを貼ってしまうことにより、ムスリム女性が主体的に関わってきた様々な社会的潮流は見えなくなってしまう。またムスリム社会内部の多様性にも目が向けられなくなってしまう。本章では、

インドネシアのムスリム女性たちが主体的に関わってきたヴェール着用をめぐる議論と活動を明らかにした。これを通じ、イスラームやムスリム女性に対する読者の皆さんの誤解を少しでも取り除くことができたなら、本章の目的は達成されたと言えるだろう。

1) 2013年3月の現地調査での参与観察、および当時ヒジャバーズ・コミュニティ・ジャカルタの代表を務めていたシィファ・ファウズィアへのインタビュー（2013年3月11日実施）より。
2) 先述のシイファへのインタビュー。
3) ジョグジャカルタでヒジャーバーズのコミュニティを立ち上げたキキへのインタビュー（2013年3月9日実施）より。
4) インドネシア・アル＝アズハル大学でヒジャーバーズのコミュニティを立ち上げたザキアへのインタビュー（2013年3月18日実施）より。
5) JILオフィスでの参与観察およびJIL活動家ノン・ダロル・マフマダへのインタビュー（2004年4月6日実施）、同ノフリアント・カハルへのインタビュー（2004年4月12日実施）より。

参考文献

アブー＝ルゴド、ライラ（2018）『ムスリム女性に救援は必要か』（鳥山純子・嶺崎寛子訳）書肆心水。

大川玲子（2018）『クルアーン──神の言葉を誰が聞くのか』慶應義塾大学出版会。

サイード、エドワードW.（1993）『オリエンタリズム（下）』（板垣雄三・杉田英明監修／今沢紀子訳）（平凡社ライブラリー）平凡社。

塩谷もも（2012）「ジャワにおけるヴェール着用者の増加とその背景」床呂郁哉・西井涼子・福島康博編『東南アジアのイスラーム』東京外国語大学出版会、287-309。

中田考監修（2014）『日亜対訳　クルアーン』（中田香織・下村佳州紀訳）作品社。

野中葉（2015）『インドネシアのムスリムファッション──なぜイスラームの女性たちのヴェールはカラフルになったのか』福村出版。

野中葉（2023）「インドネシア：変身する女性と社会──近年のチャダル着用現象を事例に」岡真理・後藤絵美編『イスラーム・ジェンダースタディーズ⑤──記憶と記録にみる女性たちと100年』明石書店、226-239。

Ali, Muhamad（2005）"The Rise of the Liberal Islam Network（JIL）in Contemporary Indonesia," *American Journal of Islamic Social Sciences* 22（1）, 1-27.

Al-Asymawi, Muhammad Sa'id,（Penerjemah: Novriantoni Kahar dan Oppie Tj）（2003）*Kritik atas Jilbab*, Jakarta: Jaringan Islam Liberal.

Hefner, Robert W.（2000）*Civil Islam: Muslims and Democratization in Indonesia*, Princeton: Princeton

University Press.

Heryanto, Ariel （2014） *Identity and Pleasure – The Politics of Indonesian Screen Culture*, Singapore: NUS Press.

Shihab, M. Quraish （2004） *Jilbab: Pakaian Wanita Muslimah*, Jakarta: Lentera Hati.

Siauw, Felix Y. （2013） *Yuk, Berhijab!*, Bandung: Mizania.

Wahib, Ahmad Bunyan （2012） *Liberal Islam in Indonesia – Jaringan Islam Liberal on Religious Freedom and Pluralism*, Saarbrucken: Lap Lambert Academic Publishing.

第12章 | 自由、選択と人間の不安

ヴ、レ・タオ・チ

はじめに

1990 年代半ばに国連が自由に対する関心を提起して以来、自由は新たな意味を持つようになった。しかし、行動としての自由には信頼という隠れた側面があり、私たちはそのことに気づきにくい。信頼に注目することは、自由のもう 1 つの側面であるリスクに人々がどのように対処しているのかを明らかにするのに役立つ。拡大しているオンラインプラットフォームによって支配されている社会状況においては、なおさら有益である。本章の目的は、2 人の現代の社会学者、ニクラス・ルーマン（Niklas Luhmann）およびアンソニー・ギデンズ（Anthony Giddens）の助けを借りて、この隠れた側面に焦点を当てることである。

I　自由と人間の安全保障

人々が自由について具体的に考えるのは、ある特定の問題に直面した時や、特定の問題によって身動きが取れなくなった時のみである。その時に考える自由とは、問題からの自由や、あるいは問題を自力で解決するという自由である。自由とは言いかえれば、自分の対極にあるもの、あるいは人々を対極に連れていく手段である。その人々にとっての世界は、その特定の問題と付随する複雑性に埋め尽くされている。人々がただ望むのは、問題が取り除かれることで人生がより簡単で単純でよいものになるということである。問題との距離感が未来の可能性についての想像を決定づける。

概念としての人間の安全保障は、「人間開発報告書1994」（UNDP 1994）の中の国連開発計画プログラム（UNDP）によって初めて提示された。この概念には2つの重要な原則が含まれている。すなわち、恐怖からの自由と欠乏からの自由である。これら2つの原則は新しいものではないが、1994年のこの報告書には、その後の人間の安全保障に対する私たちのアプローチを規定する2つの重要な中間目標が記載されている。それは1）国境および国家の中心的役割から人々中心の課題として注意を移行させること、2）日々の生活状況における人々の関心に注目すること、この2つである。

　2003年に、アマルティア・セン（Amartya Sen）および緒方貞子を共同議長とする人間の安全保障委員会は、もう1つの重要な文書「安全保障の今日的課題（CHS 2003）」を発表した。この文書にはもう1つの重要な原則が含まれている。それは、「インフォームド・チョイス（情報に基づく選択）を行い、生活の多くの領域において、理念と利益のために行動するため」の自由である。その自由を実現するために、人間の安全保障は「人々は自らの幸福を決定づける上で最もアクティブな参加者である」という認識から始める必要があり、人々が自分自身のために行動する「能力」の開発を目指す必要がある。これより4年前、セン自身が彼の最も有名な著書である *Development as Freedom*（『自由と経済開発』）（1999）について説明する際に、この問題を提起していた。彼は次のように語っている。「個人の主体性が最終的に［こうした］欠乏［満たされていない基本的欲求、基本的な自由、私たちの環境に対する脅威の悪化およびその他］に対処する中心的な存在である。私たちが直面する問題に対抗するためには、個々の自由を社会的なコミットメントとしてとらえる必要がある」[1]。

　しかし、人々が問題から解放されて「対極」で生きることができるようになり、そして自由がもはや手段ではなく日常生活の条件になると、新たな疑問が生じる。日常生活の条件としての自由は、よい生活を保障するものなのだろうか。人々は生活のあらゆる側面において自身のために行動する自由を、常に享受するのだろうか。人々はどの時点においても、恐怖と欠乏からの自由に加え、選択からも解放されたいと思っているのだろうか。もしそうであれば、選択からの自由と選択する権利のはく奪とを、私たちは区別できるの

だろうか。これらの疑問に答えるには、私たちが自由を行使している複雑な世界に注意を向ける必要がある。

II 複雑な世界における信頼

「選択する自由」の中心にあるのは、信頼して頼れるのは誰かを決定する自由であるといえる。子供たちをよく世話するのは誰か、年老いた両親の面倒を見るのは誰か、おいしく健康的な食事を提供するレストランはどこか、フライト中によいサービスを提供する航空会社はどこか、それらを決定する自由である。

信頼がなぜこんなにも重要な意味を持つのか、それは単に1つの単純な事実による。それは、世界が非常に複雑化している、ということである。労働の細分化は、人々をますます限定的なスペシャリストにしている。私たちは自身の生活の多くの側面を管理することをあきらめざるを得ず、大抵は見知らぬ他人ではあるがそうした側面のスペシャリストに自分たちの生活を任せている。輸送やコミュニケーションにおける技術の進歩によって、どこにいるかにかかわらず、私たちはかつてない広大な空間にさらされている。ギデンズが言うところの「時間—空間の距離化」（Giddens 1990, 17-21）現象は、私たちの社会的交流を否応なく複雑化している。「時間」と「空間」が場所に結びついていた頃の社会的交流は、現在と比較して単純で効率的であった。他者の個人的かつ私的な情報があれば、十分に日々を過ごしていくことが可能だった。

世界のこの複雑性を考慮すると、私たちの「自由」は機会と課題の双方に関して存在している。リスクは双方に付随する。私たちは自分がなりたいと思う姿に対して、より多くの機会、つまりは可能性を持っている。それと同時に、そうした機会をどのように利用するかは、信頼に関する問題を引き起こす。私たちのあらゆる社会的交流には、見知らぬ人々が——彼らと直接目と目を合わせることがあろうとなかろうと——関わっている。信頼できるのは誰なのだろうか。私たちの生活の様々な側面や将来への見通しを委ねられるのは誰なのだろうか。

自由が生活の条件と化すと、人々は見知らぬ人々を「現実的に受け入れる」（Giddens 1990）か、あるいは見知らぬ人々の中から信頼できる人を積極的に探すか（Luhmann 1979）の、いずれかを選択する。信頼がなければ、あるいは他者を信頼する能力がなければ、日々の生活を送ることは、不可能と言わないまでもとても疲弊する作業である。ギデンズはこのように言う。「行動がずっと目に見えていて、思考のプロセスがはっきり分かる人であれば、あるいは作動が完全に分かっていて理解できているシステムであれば、信頼する必要はない」（Giddens 1990, 33）。

　ところで、他者を信頼するのは、その人の人物の全てを理解しているかどうかに比べ、その人が何をする人物か、どのような役割を担っているか、どのような知見を持っているか、そしてどこに所属しているか等に基づいているところが大きい。私たちは生活のあらゆる側面において、医師、教師、弁護士、建築家等の専門家を必要としており、専門家のリストは拡大し続けている。

　これらの「専門家」は「抽象的システム」――「今日私たちが生きている物質的環境および社会的環境の大きな領域を構成する技術的業績または専門的知見」のシステム（Giddens 1990, 27）を象徴している。つまり、私たち一人一人は、他者の生活の1つの側面における専門家である。そして自分たちの知見の領域を超えれば、私たちは世界に対して「無知」であることを特徴とする「一般人」の領域に戻ることになる。

　ギデンズにとって、離れた時間と空間にわたる予測の「保証」は抽象的システム、特に専門家システムに対する信頼を促進するものである。また彼は「人々の猜疑心や少なくとも警戒心の根拠となるのはまさにこの『無知』だ」（Giddens 1990, 89）と言う。こうした抽象的システムに対する「信頼における相反する側面」、すなわち信頼と疑念は、通常「継続的な日々の行動に日常的に組み込まれ、たいていの場合、日々の生活に固有の状況によって強まるものである」（Giddens 1990, 90）。したがって、信頼は「進んで傾倒する」というよりは、「他の選択肢がおおむね排除されている状況を現実的に受け入れること」（Giddens 1990, 90）である。

　この「現実的な受容」は、大半の人間が「自己の連続性、および行動を取

り巻く社会的および物質的環境の一貫性」(Giddens 1990, 92) において抱いている信用に対する、人々の必要性に由来している。換言すれば、信頼は「人やシステムの信頼性」(Giddens 1990, 34) における「特定の種類の信用」(Giddens 1990, 32) である。ギデンズによれば、「完全な情報」の欠如は人々にとって大きな問題である。彼はこの欠如を「無知」としてとらえている。無知は信頼するための条件であり、信頼は「無知が存在するところでのみ要求される」(Giddens 1990, 89) のである。

　したがって、無知は現代の人々の受動的な状態であり、専門性が深く進んだ結果である。自分たちが誰で、どのように生きるかについての混乱を最小化するためには、人々は他者に依存する必要があり、他者に依存できると感じる必要がある。

　ギデンズと同様、ルーマンも現代社会における「信頼」の必要性を認識している。「信頼が全く無ければ、朝起きることにさえ支障が生じる。漠然とした不安の感情、身がすくむような恐怖の犠牲者になってしまう」(Luhmann 1979, 5)。しかし、ルーマンの信頼に対する動機の見解は、ギデンズとは非常に異なっている。

　ルーマンは、システムおよび個人が直面している世界の複雑性について、ギデンズより強い関心を持っている。彼にとって、世界そのものは、システムがとらえている世界のあり方、さらに言うと、個人が見ている世界のあり方よりもはるかに複雑である。システムという言葉によって、ルーマンは様々な機能（経済、家族、宗教、法律、政治、科学、教育、芸術、マスメディア、医療システムなど)[2] のシステムを表現している。したがって、複雑さの軽減がシステム「および」個人にとって必要である。

　この世界は、システムそのものが提供し実現できる以上の可能性で成り立っている。その意味において、システムは世界よりもより高度な秩序（限られた可能性、より少ない多様性）を示している。この秩序の度合いの相違は、[……] システムが世界の「主観的な」イメージを発達させることによって相殺される。すなわち、システムは世界を選択的に解釈し、受け取った情報を扱い、世界の極端な複雑性を有意義に適応できる程度の複雑性

にまで引き下げ、それによって自らの経験と行動の可能性を構築する（Luhmann 1979, 36）。

　現代性の下では、「分化した社会秩序は、問題を扱う上でより多くの処理能力があり、そのため世界をより複雑なものとしてとらえることができる」（Luhmann 1979, 53）。この新たな条件の下で、「信頼は通常かつ合理的な生活様式の基本的な前提となる」（Luhmann 1979, 54）。なぜなら信頼は「複雑性軽減のより効果的な形」（Luhmann 1979, 9）だからである。

　ルーマンは、「軽減された複雑性の伝達物として作用する、一般化されたコミュニケーション媒体」（Luhmann 1979, 60）としてお金、真実および権力の例を取り上げている。たとえば、お金の流動性は情報の必要性を引き下げる（Luhmann 1979, 56）が、一方で「真実（たとえば科学）は間主観的な複雑性を引き下げるための伝達物として機能する媒体である。信頼は真実が得られる場合にのみ成り立つ」（Luhmann 1979, 57）。権力については、ルーマンは「政治および行政権力のある組織は、［世界の複雑性の］軽減プロセスを中央集権化する傾向があり、それは拘束力のある決定を行う能力を有することを意味する。［……］必要に応じてこうした決定は権力によって実行される」（Luhmann 1979, 59）と主張している。したがって、人々が信頼する時は、基本的に「安全弁としてのコミュニケーションのための一定の機会の有効性において」、または「こうした機会の有効性を大幅に高めるシステムの一般的な機能において」信頼している（Luhmann 1979, 61）。

　信頼をシステムの信頼性における信用とみなしていたギデンズとは異なり、ルーマンは、信頼は人々が行う「決定」であり、予測が裏切られるという予測のリスクを伴っている、と考えている。

　信頼は［……］非常に重要な選択に関係していて、その選択においては信頼の侵害によって起こる損害が、保証された信頼によって得られる便益よりも大きい可能性がある。そのため、信頼する人は他者の行動の選択によっておこる過度な損害の可能性を認識し、その可能性に向かう姿勢を選択している。単純に期待する人は、不確実であるにもかかわらず信用してい

る。信頼は不測の事態を織り込んでおり、期待は不測の事態を無視している（Luhmann 1979, 27）。

　換言すれば、リスクの認識は信頼決定の一部であり、それには人々による状況の「認識理解」が必要である（Luhmann 1979, 87）。認識のプロセスであるが故に、「単に想定しているだけの可能性をすぐに行動の根拠にせずに、冷静に信頼による失望の可能性を予測する」ための「内面の安全」や「自信」があれば、人々は積極的に信頼する（Luhmann 1979, 86）。

　ルーマンの言うには、この自信を生み出すのは、システムが機能していると人々に信頼させ、人々に信頼を植え付ける必要がある、高度に分化された社会の成せる技である。そうした社会は「信頼の創造と安定化のための多様なメカニズムを相応に準備し」、「したがって、システムに固有の信頼に対する準備をより必要とし、同時に、単純な社会においてよりもより多くの面で信頼に対する準備の負担を軽減する」必要がある（Luhmann 1979, 93）。

　ギデンズは、信頼と疑念という相反する側面によって特徴づけられた現実的な受容を、人々が「無知」であるためとした（Giddens 1990, 89–90）が、ルーマンは、システムに対する人々の姿勢に対してより批判的な見方をして、「不信は信頼の反対の概念ではなく」、信頼の欠如の結果ではないとした。むしろ、不信は否定的な予想による複雑性を軽減する「信頼と機能的に同意義のもの」である。「この理由から、信頼と不信のどちらかを選択できる（そして選択しなければならない）」（Luhmann 1979, 79）。

　信頼についてのこうした議論はすべて実生活にも当てはまるのだろうか。

Ⅲ　組織およびプラットフォームに対する信頼

　2017 年、（特に経営およびビジネスの分野における）信頼についての第一人者であり著作家であるレイチェル・ボッツマン（Rachel Botsman）は、彼女の2 冊目の著書、*Who Can You Trust?*（『TRUST──世界最先端の企業はいかに〈信頼〉を攻略したか』）の中で、大胆な発言をした。

欧州連合（EU）からの離脱（ブレグジット）の採択およびドナルド・トランプの当選は、歴史上最大といえる信頼の変化から生じた重大な兆候の第一波である。その変化とはすなわち、統制された組織から個人への変化である（Botsman 2017, 5）。

ボッツマンは、私たちは「エリート、専門家および権力当局」よりも「人々」（家族、友人、ユーザー、同僚、さらには見知らぬ人々）に対してより信頼を置いているとし、「伝統的な組織よりも個人が支配権を持つ時代である」と結論づけた（Botsman 2017, 5）。

それより20年も前に、ルーマンは彼の著書、*Theory of Society*（『社会の理論』）（1997）の中でボッツマンがとらえたことをすでに予測している。

現代のコンピュータ技術は、私たちをさらに重要な段階に連れていく。また専門家の権威も脅かす。原則として、将来誰もが自分のコンピュータで、医師や弁護士などの専門家の意見をチェックすることができるようになる。医師がある種の投薬治療の有効性には科学的根拠がないと主張したとしても、私たちはその根拠を見つけだす。また、弁護士がある種の法的問題についての判決がないと主張しても、私たちはそれを見つけ出す（Luhmann 1997, 187–188）。

この専門家に対する疑念は、ギデンズの「相反する側面」と同様ではない。その疑念は無知の結果でも、完全な情報の欠如の結果でもなく、無知の対極にあるものである。人々はインターネット上でより多くの情報にアクセスできるため、かつての「科学による合理性の独占」（Beck 1992, 29）に対抗することが可能である。しかし、ボッツマンとは異なりルーマンは、人々の中で膨れ上がる疑念は、人々がシステムへの信頼に頼らざるを得ないという事実を変えるものではない、と論じている。

このことは、コミュニケーションに頼っている人はすべて信頼に頼らざるを得ない、という事実を変える。しかし、電子データ処理の時代において、

この信頼はもはや個人的なものでも、社会的地位において実施されるものでもなく、システムに対する信頼にすぎない（Luhmann 1997, 188）。

　おそらくルーマンは、オンラインプラットフォーム、特に人々の社会的交流のための新たな空間であるソーシャルネットワークサービス（SNS）が、爆発的に普及することを予想していなかった。人々はこうしたソーシャルネットワークを利用して、専門家の権威に対抗するための情報を得ることができる。それだけでなく、専門家の情報や決定に代わる合理的な手段としてソーシャルネットワークを活用し、そこから得られる情報を頼りにしている。

　2018 年のピュー研究所による調査（Turner 他，2020）がよい例を示している。調査した米国成人 10,618 人のうち、人生で重要な意思決定をする際に自身のリサーチに頼ると回答したのは 96％、友人や家族を頼るのは 93％、そして専門家を頼るのは 84％ だった。具体的にそれぞれをどの程度頼るかという質問に対しては、回答に大きな違いが見られた。自身のリサーチに「非常に」頼っていると回答したのは 81％、友人や家族を「非常に」頼っているのは 43％、そして驚くべきことに（驚くにはあたらないのかもしれないが）専門家を「非常に」頼っているのはたった 31％ だった。自身のリサーチに頼ると答えた 96％ のうち、46％ がデジタルツール、すなわちオンラインリサーチを使っている。

　2019 年の OnePoll 社による 2,000 人のアメリカ人を対象にした健康調査（Haaland 2019）では、65％ が自身の健康問題を自己診断するためにインターネット（具体的には「Google」検索）を使用したことがあると回答した。調査対象者の 26％ にはかかりつけ医がおらず、10 人中 6 人が医者にかかるのを可能な限り避けている。病院を避けるのは、医療費（47％）や、医師が話した症状を信じてくれないこと（37％）が原因の一部として挙げられている。つまり、Google は「セカンドオピニオン」を与えてくれる役割を果たしているだけでなく、制約のある人々にとってのよりよい代替手段である。

　信頼は組織から個人へシフトしつつあるのだろうか。それとも、疑念を持たれながらも、組織への信頼は依然として人々の日々の生活にとって不可欠なのだろうか。

組織に対する不信が高まっていることは否定できない。この不信の高まり
は組織のパフォーマンスにも部分的に起因しているが、そのことも目新しい
事実ではない。この不信感は、人々が自由に自らの意見を表明する機会が増
していることによって表面化し得る。社会運動、市民権運動、および現在の
ソーシャルネットワークは、急進的変革の背景にある根本的な力である。オ
ンラインプラットフォームは、情報、物およびサービスの代替源を見つけら
れる場所というだけではない。個人的自由の拡大および選択の拡大の接点で
もある。

　人々は「顔の見えないコミットメント」（たとえば、誰がその知識を生み出
しているか、あるいは誰がお金の流れを合法化しているかを具体的に知らずにお
金や専門家の知識を信頼すること）と、「顔の見えるコミットメント」（たとえ
ば、個人と抽象的システムとの間の「アクセスポイント」である銀行窓口の職員
に対する信頼）に関与している（Giddens 1990, 88）。昔は組織に対する信頼は
「簡単」であったとボッツマンは言っている。なぜなら「私たちは何につい
ても、公共団体、銀行、新聞といった組織を頼れると知っていた。組織は私
たちのアイデンティティを守り、支払いを保証し、私たちの信念の世界を構
築するためのしっかりした土台を与えてくれた」（Giovanni 日付不明）。

　組織に対する信頼（図 12-1）は階層になっている。その信頼メカニズムの
下で、人々は日々の生活を通じて彼らを導いてくれる専門家および組織の
「権威ある判断」におおむね頼っている。この組織への信頼は、不信によっ
て疑問を抱かないかぎりは、「距離化された時間と空間にわたる予測の保証」
（Giddens 1990, 28）によって、組織の信頼性に対する信用としてのギデンズの
信頼観に近いものとなる。こうした予測の保証は 3 つの特徴によって可能と
なる。すなわち、専門家の知識（知見）の独占、システムの説明責任、およ
び真実を分析し集団的決定を執行するシステムの手段と権力の正当性、この
3 つである。代替として、人々はギデンズの意味するところのコミットメン
トとして、抽象的システムを信頼する。このコミットメントは、専門家がお
おむね知識を独占し、個人には限定的な自由しかなく、代替手段があまりな
かったインターネット以前の世界を反映している。そうした背景から、ギデ
ンズ自身も「信頼」と「信用」の区別をする必要性を感じていなかった

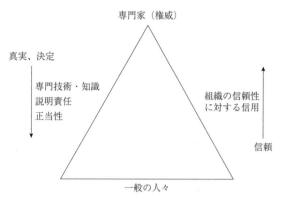

図 12-1　組織に対する信頼

（Giddens 1990, 32-34）。

　ルーマンの信頼に対する見解は、科学の独占に疑義が生じ、個人の自由が増大し、選択が豊富になった現代の世界により即している。したがって、信頼は単なるコミットメントではなく、決定である。そのため、信頼は信用とは区別する必要がある。

　ルーマンによれば（1988, 98-99）、信用は代替手段を考慮することはない。「失望する可能性は非常に稀である」ため、信用は「失望の可能性を考慮しない［……］」。また、彼は「信用」にもう1つの根拠を付け加えている。それは、「他にどうしていいか分からないから」である。失望は、起こるとすれば、それは「外部に帰属するもの」であり、人々の責任ではない。一方で、信頼は「あなた自身の事前の関与を必要とする」。つまり、人々の代替手段に対する「認識理解」およびリスクがそれぞれ関わっている。「もし、他者の行動によって失望させられる可能性があるにもかかわらず、ある行動を優先して選択する場合、その状況を信頼の状況と定義する」。この場合、失望は「内部に帰属するもの」であり、人々の責任となる。

　ルーマンの信頼に対する見解は、オンラインプラットフォームに支配された世界をよりよくとらえている（図12-2参照）。

　この章では、オンラインプラットフォームの定義にOECDによる定義を採用している。それは「インターネットを介したサービスを通じて交流する、

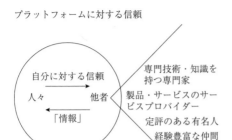

プラットフォームに対する信頼

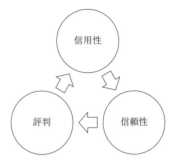

信頼とは以下に対する信用

図 12-2　プラットフォームに対する信頼

2人以上の別々だが相互依存しているユーザー（企業、個人を問わず）間の交流を促進するデジタルサービス」（OECD 2019）である。オンラインプラットフォームは、EC サイト（Alibaba、Amazon、Taobao（淘宝）、Etsy 等）、サーチエンジン（Google 等）、クリエイティブコンテンツ共有サービス（YouTube、TikTok、Instagram 等）、ソーシャルメディアおよびコミュニケーションサービス（Facebook、Twitter 等）、シェアリングサービス（Uber、Airbnb 等）といった、インターネット上の様々なサービスで成り立っている。

　組織に対する信頼とプラットフォームに対する信頼の本質的な違いは、前者が垂直的かつ階層的であるのに対し、後者は横並びかつ民主的である点である。オンラインプラットフォームにおける社会的交流は、他者がどんな人物かは問わない。そこには、組織に対する信頼にみられる専門家および権威当局との間の権威的関係性はない。

　ここで言う「他者」は仲間（友人、同僚）等の知人および組織の専門家、サービスプロバイダー（販売者、製品を売ろうとするマーケター）、有名人（セレブ）、あるいは見知らぬ人々を含む。組織における非個人的な関係性とは異なり、人々はプラットフォーム上で（メッセージやコメント機能により）直接の交流が可能なため、他者との非個人的な関係性でさえ親密なものにすることが可能である。この作られた親密性は、おそらく本物ではないが、人々が信頼に基づいて決定を行っているという確証になる。

　プラットフォームは情報の選択肢を大きく広げると共に、選択についての

情報を大きく広げる。皮肉なことに、選択についてより多くの情報が得られると、選択から距離ができることになる。いくつもの選択肢から選ぶことがなくなるからである。マイケル・ルイス（Michael Lewis）はダニエル・カーネマン（Daniel Kahneman）とエイモス・トベルスキー（Amos Tversky）の著作を以下のように引用している。「人々は複数の物事の中から選択はせず、物事の説明の中から選択をするのである」（Lewis 2016, 278）。

　情報に関して的確に振る舞うことができれば、人々は自分を「権威当局の判断」の単なる受容者ではなく、自分の生活を自分でコントロールしているという幻想を抱くようになる。また、専門家からのものを含めた情報を判断でき、それに基づいて信頼すべき「説明」を選択できる。そのプロセスは時には単純化されて、「誰が信頼できるか」という単純な疑問になる。

　見知らぬ人々の中から誰が信頼できるかを決定するのは難しい作業である。人々は見知らぬ人の資格（専門的なシステムによって認識されている業績）や評判（格付、レビューおよび再生回数等によって一般の人々に認識されているもの）に頼る。人々が信頼の決定について資格に頼ることは、依然としてその資格を発行している組織に信頼を置いていることを意味する。ある意味では、評判そのものも一種の資格である。一定数のフォロワー（たとえば100万人）がいるユーチューバーはゴールドクリエイターアワードを獲得する。

　プラットフォームにおける最大の課題は、信憑性と説明責任の問題である。彼らが自身について、あるいは彼らの製品やサービスについて言っていることは本当なのだろうか。信頼が損なわれた時、誰が責任を負ってくれるのだろうか。ユーザーの失望に対処してくれるのは、何あるいは誰なのだろうか。

　UberやAirbnbのようなシェアリングエコノミーのプラットフォームは、高い水準の説明責任や責任が求められる日本においては、市場を確立するのに未だに苦戦している。日本以外では、Uber（アプリまたはインターネットによるタクシー配車サービス）は乗客とドライバー（文字通り運転ができ運転免許証を持っている人なら誰でも）を、モバイルアプリケーションを通じてマッチングしている。誰もがドライバーになる可能性があるため、質の低いドライバーや、劣悪な車、最悪な経験をするリスクは高い。注意が必要なのは、こうしたドライバーはUberの従業員ではなく独立した契約者である点である。

乗客やドライバーに何か悪質な問題が起こった場合、Uber は損害請求を巧みに逃れるのが普通である。

　日本のローカルな規制は、こうしたドライバーを「非プロフェッショナル」と判断して、この新企業の市場をライドシェアだけに限定している（Reuters Staff 2020）。Uber が日本でできることは、日の丸リムジン、東京エムケイ、エコシステム等の地域のタクシー会社およびそのドライバー（社員）と提携して、東京の Uber ユーザーに 600 台を提供してもらうことである（Steen 2020）。Uber 以外のケースでは、日本でのプラットフォームは主にソーシャルメディア、コミュニケーションおよびクリエイティブコンテンツに集中している。

　オンラインプラットフォームにより新しいナイーブな時代が到来した。人気があるか有名であれば、その人の発言は信頼される。発言や見た目が信頼できそうであれば、その人の行動は信頼される。知見はもはや単なる専門的知識や訓練、科学の問題ではなくなった。ユーチューバー、ティックトッカー、ストリーマー、ブロガー、ブイロガー（動画ブログ Vlog を発信する人）、KOL（キーオピニオンリーダー）、インフルエンサー等、自分たちの経験を共有して富を築く人々の人気上昇をみれば、「そこにいた、あるいはそれを行った」という個人的な経験も知見の基礎となっていることが分かる。彼らはアカデミックな地位も知見も必要としない、従来とは異なる新しい成功を体現している。人気、信用性と信頼性の混同により、人々はほとんど直感的に他者を判断し、信頼するようになっている（図 12–2）。

　信頼することは簡単になったが、それがまた人々の不安の源泉ともなっている。失望した場合、誰の責任なのだろうか。プラットフォームは責任を負わない。Facebook や YouTube、Twitter は、プラットフォームに掲載された情報の信憑性や倫理を管理しようとするが、ユーザーの特定の失望については、その責任はユーザー側にある。その発端にユーザーがとった信頼の決定があるからである。正しくないレビューを出したことによって約束に背いたと「他者」と責めることは可能である。皮肉なことに、その「他者」もそのユーザーを「レビューし」「格付する」ことが可能である（たとえば Uber の場合）。評価は個人的なものになり得るのである。

IV　自由と人間の不安

「安全保障の現代的課題」が伝えているように（CHS 2003, 4）、人々は「自らの幸福を決定づける上で最もアクティブな参加者」であり、そうあるべきである。この議論に関わる、自分のために行動することが可能な自由は、キャス・サンスティーン（Cass R. Sunstein）の「積極的選択」と関連づけることができる。すなわち、人々は選択を押し付けられるのではなく、「選択をすることを選択する」（Sunstein 2015, 16）のである。彼によれば「積極的選択」は、人々が食べ物や服、その他の日々の必需品に対する嗜好等、時間と共に変化し得る特定の好みを把握するための「ダイナミズムのレベル」を保証し得るものである（Sunstein 2015, 101）。しかし、サンスティーンも、人々が「官民の組織に対し大きな不信感を抱き、そうした組織によるいかなる誘導も避けようとする」（Sunstein 2015, 87）のでない限り、「積極的選択」が常に好まれるとは限らない、と述べている。その意味において、人々が「積極的選択」を好むのは、組織による選択を避け積極的に代替物を探すためである。以下は典型的な事例と言えるかもしれない。

L.A.X. は 19 歳のベトナム人で、骨形成不全症のため生まれつき寝たきりである。政府は中部ベトナムに住む彼に、地域のどの公立医療機関でも無料で治療が受けられる、障がい者健康保険証を支給している。彼は記憶にある限り、一度もその健康保険を利用したことがないと言う。病気になると（たいていは風邪）、彼の母が近くのドラッグストアか（健康保険が適用されない）医者の家 3) に行く。「それ（市販の薬）はそこまで高くない」と彼は言う（2019 年 8 月、ベトナムの現地調査）。

L.A.X. の母が健康保険に頼らないのは、次の 2 つの理由からである。1) 健康保険が適用される公立病院で「無料の」薬を得るためには面倒な手続きがあり、入院が必要でない限りは利用したくない、そして 2) より重要なことは、健康保険によるサービスよりも効率的な他の代替サービスが手ごろな価格で市場に存在することである。

公的医療サービスが不人気なのには、もう 1 つの理由がある。公的医療サービスでは通常、安価なベトナム製の薬（thuốc nội）が提供されることであ

る。多くのベトナム人は依然として、輸入薬（thuốc ngoại）のほうが質がよいという神話を信じている。

2020年11月9日、第14期国会第10回会議において、ベトナム副首相のVu Duc Dam は「健康保険は標準的な薬をカバーできるにすぎない。高価な特許薬のためには人々は自己負担する必要がある。毎年、国の医療費の合計は約120兆ドンだが、そのうち健康保険がカバーしているのは約36〜37％である」（Le 2020）と指摘した。

その限界を踏まえて、患者からは「なぜベトナムの薬（thuốc nội）だけなのか。私の行いが悪いから、'thuốc nội' しか処方してくれないのか」という不満や「thuốc ngoại を処方してください、どんなに高くてもかまいません。その費用を払うために牛を2頭売るつもりです。ベトナムの薬を飲んでも、安心できません」といった切実な訴えが聞こえてくる（Phung 2015）。

代替薬を探しながらも、大半のベトナム人は「よいものは何か」についてあいまいで漠然とした考えしか持っていない。彼らにとってよいものとは、「外国の」薬、「米国の」薬、あるいは「日本の」薬である。彼らは「Google」、口コミ、あるいはその多くは医療の専門家でも薬剤師でもないオンライン販売業者に頼っている。多くのベトナム人は「外国の」薬に対し非常に高い価格を喜んで支払うが、その発売元や品質を確認する手段はない。医薬品を販売する人々を信頼するのみである。

そのような場合、失望のリスクも分からないので、「信頼」さえも大きな問題にならない。彼らのよいものが欲しいという「希望」が、彼らにその選択を信用させているのである。ベトナムの人口の90％が健康保険に加入しているが、世帯当たりの自己負担額は全支出の43％に上り、WHOが推奨している基準値の二倍になっている。多くのベトナムの世帯は、ひどい医療費支出のリスクにさらされており、自己負担額は40％を超えている（Anh Dao 2022）。

同様の問題は、先進国でもみられる。2016年の *New York Times* の記事は、人々の自由の行使における医療保険の仕組みについて、別の深刻な事例を掲載している（Goodnough and Pear 2014）。パトリシア・ワンダーリッチ（Patricia Wanderlich）（61歳）は、年収5万ドルでシカゴ郊外の造園会社にパートタイ

ムで働いていた。彼女は2014年に医療保険制度改革法（Affordable Care Act
(ACA)）[4] によって健康保険に加入した。2011年に脳内出血を起こし、また、
モニタリングが必要な2つ目の小さな動脈瘤が見つかったからである。しか
し、彼女の新しい医療保険には年間6,000ドルの免責額[5] が設定されていた。
彼女はMRI検査をやめて、それで問題なく済むよう願っていると言う。「動
脈瘤が大きくなっていないことを確認するためだけに何千ドルも払うなん
て」「そんなお金はありません」と彼女は言う。しかし、MRI検査をやめた
決断の裏にはさらに事情がある。

　彼女の健康保険の高い免責額は彼女の保険料が安いことを意味している
（61歳という年齢を考えると、おそらく彼女の月額保険料は100ドル未満であ
る）[6]。この健康保険は高免責額医療保険（HDHP）としても知られている。

　しかし彼女の深刻な健康状態と収入上の制約から、彼女は難しい判断を迫
られた。決定が難しいのは、どのような選択肢があるか彼女が知らないから
ではない。ある意味、決定するのは簡単である。収入の制約から彼女が選べ
るのは唯一、HDHPだけである。難しいのは、この唯一の選択肢がもたら
す不確実性である。保険に入っていても、保険会社が彼女の自己負担額ある
いは自己負担率に基づいて支払いを始める「前」に、彼女は医療サービスに
自己負担で少なくとも6,000ドル支払わなければならない[7]。彼女は「お金
が足りない」という最悪の事態に備え、定期的なMRI検査等のために頻繁
に保険を使わずに、使用を抑制することにしている。

　それでも、ワンダーリッチは彼女の年齢層（55〜64歳）に該当する他の多
くのアメリカ人よりは幸運である（55〜64歳という年齢は高齢だが、医療プロ
グラム上は十分高齢（65歳）ではない）。2020年の米国において55〜64歳の
年齢層の人口は4,240万人であった（Statista 2021）。そのうち8.5%は保険に
加入しておらず（2019年）、これはこの年齢層の360万人が無保険であるこ
とを意味している（Statista 2021）。米国の非常に高額な医療費を考えれば、
健康保険に加入しないというのは危険な選択肢の1つなのである。

　その上、米国では「手頃な値段の」健康保険は手頃な医療サービスを保証
してくれない。人々は収入に見合ったタイプの健康保険を選択する自由を持
っている。しかし、各健康保険によって利用できる医師や病院のネットワー

クが異なるため、必要な時にいつでもどの病院でも行ける自由はない。新たな状況は彼女のようなHDHP加入の人々に新たな一連の決定を迫り、それぞれの決定について、人々は再び多くの違う選択に直面する。

　通常、人々は年度の初めに健康診断を受けるよう助言される。それによって、問題があれば対処して年度末までに免責額を支払うか、ナーストリアージ連絡サービス等の低コスト医療ケアを探すことができる。健康問題が医師にかかるほど深刻なものかどうかについて、指導を受けることができる。また、ケアのために貯蓄すること、医療提供者と費用について話すこと、価格と品質を比較すること、あるいは医療サービスの価格を交渉することも助言される。

　2003年、HDHP加入の人々が医療費の貯蓄について税制優遇措置を受けられるようにするため、医療貯蓄口座（HSA日付不明）が創設された。医療貯蓄口座とは、この口座から支払う免責額、自己負担額、自己負担率、およびその他の費用は非課税となり、HDHP加入の人々は医療費支出を減らすことができる仕組みのことである。

　米国の中低所得者のための健康保険は、予防医療のためのものではなく、財政的ダメージを回避するための手段である。健康保険に加入しないことも含め、何もしないことも合理的な選択肢の1つである。過去20年間、健康保険に加入していないアメリカ人の数は常に2,000万人から3,000万人の間、人口の10％超で推移してきた。それはもう1つの別の結果——医療費による過去最高数の破産につながっている。

　先に見たように、困難かつ粗末な選択肢しかないことは、人々の認知能力や教育的背景とは関係がない。困難かつ粗末な選択肢は、貧困を許容しない国における「積極的」選択の結果である。多くのアメリカ人にとって、健康に関する診断は——健康診断を受けることはそうないが——日常的なことである。彼らは、収入の変動や、行政次第で起こり得る医療政策の変更等、多くの要因を考慮しながら、毎年健康保険を見直していく必要がある。

　先に述べたように、（2,000人中）65％のアメリカ人が健康上の問題を自己診断する代替手段としてインターネット（具体的には「Google」）を利用しているのは、そうした手間のかかる計算が理由である可能性もある。

プラットフォームによるものを含め、医療サービスのための非公式なチャンネルへの依存、また、ベトナム人やアメリカ人の健康保険の利用度が低いことは、彼らの責任ではない。むしろそうした状況は、彼らが持っている選択肢が好ましくないことを反映している。英国の元保健大臣アラン・ジョンソン（Alan Johnson）は次のような見解を持っている。「健康状態が悪いのは、人々が行う選択というよりは、むしろ人々にとって可能な選択の方が原因である」（Upton and Thirlaway 2010, 356）。

　積極的選択あるいは選択の自由は、人々の「自立」、すなわち自分自身で選択する自由と主体性を促進するものかもしれない。しかし、選択するというその行為は、「彼らの幸福」を反映していない（Sunstein 2015, 95）。サンスティーンが指摘しているように、人々が選択について完全に自立していれば、プロジェクションバイアス、マイオピア、あるいは非現実的な楽観主義といった「感情予測」の失敗（あるいは「誤った期待」の問題）に直面する可能性がある。「こうした失敗のために、人々は幸福に寄与しない物に積極的に多額の支払いをし、幸福に寄与する物には払いたがらない」（Sunstein 2007）。

　発展途上の社会では、信頼は依然として「個人的信頼」から組織に対する信頼に移行してゆく途中だが、プラットフォームの出現は人々に機会と多大なリスクの両方をもたらしている。SNSやその他のプラットフォームがもたらす幅広い選択肢、自分自身を表現する自由、そして直接的かつ効率的な相互交流によって、人々は刺激されている。人々は選択に心を奪われている。生活のあらゆる事柄に関する意思決定のことで、思考を支配されている。組織に対する信頼が未だ確立していないために、人々は代替手段を求めてプラットフォームに向かう。問題は、プラットフォームが詐欺的サービスにとって金脈になっている点である。そうした詐欺的サービスは、信頼できる代替手段を必要としている人々を搾取している。信頼が報いられるとは限らず、むしろまれである。失望したと報告することで他人に忠告することはできるが、そうした失望は放置されることがほとんどである。

おわりに

　オンラインプラットフォームおよびそのサービスは、私たちの政治、経済、そして日々の生活を形作っている。しかし、組織から個人に対する信頼に私たちはシフトしつつあるというボッツマンの見解には、私は賛同できない。組織への信頼は依然として、そして多くの点で、社会のバックボーンであり、またそうであるべきである。組織に対する信頼は、可能なことに対する組織の公約と、組織の責任および失望に対処する能力に基づいて構築されているものだからである。

　そのような組織の責任は、リスクが放置された状態のプラットフォームにはないものである。評判に頼った信頼は得ることができるが、言葉通りの本当の意味での信頼は時間をかけて構築されなければならない。対照的に、組織に対する信頼は、信頼の決定が欠如していることによってよりよく計測することができる。私たちは信用があるから信頼ができる。信頼は「むしろ継続的状態のようなもの」（Giddens 1990, 32）であり、「通常継続的な日々の行動に日常的に組み込まれ、たいていの場合、日々の生活に固有の状況によって強まるもの」（Giddens 1990, 90）である。

　たとえば、ほとんどすべての日本人は健康保険について決定を行う必要がない。健康保険に対する決定は政府によって行われている。したがって、大きな信頼の決定が人々の毎日の意思決定から省かれているのである。日本人は健康保険に関して代替物を選択する自由はあまりないが、自分の都合に合わせていつでもどこでも、官民問わずいかなる医療機関でも行ける、ほぼ完全な自由を持っている。リスク計算は十分許容範囲内に収まっている。

　SNS は、あらゆる種類の情報を生み出すのに役立っているため、組織の信用性に疑問を投げかけることが可能である。人々は信頼するかしないかを選択するために情報に頼る。ルーマンによれば、不信は信頼の欠如ということではない。「複雑性を軽減する」のに役立つという点で信頼と同等なものである。人々は信頼するかしないかを決めるために「完全な情報」ではなく、十分に簡略化された情報を必要とする。不信は、脅威になる可能性を持つが、同様に組織にとってチャンスにもなる。人々の失望に対処することによって、

信頼を生み出せるかもしれないからである。SNS によって促進された「信頼」と「不信」の間の選択における力学は、「軽減のシステム」としての組織にとって、信頼を生み出し構築する上で積極的な役割を果たすためのエンジンとなり得る。評判はプラットフォームが支配する時代の通貨であるかもしれないが、信頼は依然として、自由が日常生活の条件となりつつある現代の生活の基礎であり、そうであるべきである。

　信頼する時、人々は選択する自由を手放すという選択をする。むしろ、信頼して他者の情報、選択、決定に委ねるのは、自分自身を選択から解放するためである。だからこそ、組織は世界の複雑性の信頼できる「軽減」を生み出すために、委ねられた自由についての責任をより意識すべきなのである。

1)　New York Times ウェブ版掲載の Sen の著書「自由と経済開発」の導入部より（Sen 1999）。

2)　「宗教の機能は偶発性の不可避性を管理することである。科学は真実であることあるいは真実と思われることとそうでないことを、区別する方法を提供する。法律は規範的な予想を、その予想と相反する行動にもかかわらず安定化する。経済は支払いを通じて社会の欠乏に対応し規定し、それによって将来の欲求充足に対する不安を取り除く。そして政治は社会に、集団的に拘束力のある決定を行う手段を提供する」（King *et. al* から引用, 2003, p.11）

3)　ベトナムの大半の医師は、診療時間外は自宅で個人的な医療サービスを提供している。

4)　オバマケアとしても知られている医療保険制度改革法（Affordable Care Act）は、連邦貧困水準（FPL）100％ から 400％ の所得の世帯に対し、健康保険料を引き下げる補助金（保険料の税額控除）を支給して手頃な健康保険への加入を可能にするもので、2010 年 3 月に発効した（Affordable Care Act 日付不明）。

5)　免責額は「健康保険の支払いが始まる前に、対象の医療ケアサービスに対して自分で支払う金額である。たとえば、2,000 ドルの免責額ならば、対象のサービスに最初の 2,000 ドル分を自分で支払う。免責額を支払い終えた後は、通常は対象サービスの自己負担額あるいは自己負担率だけを支払い、保険会社が残りを支払うことになる」（Deductible 日付不明）。

6)　この推測は、ブロンズプランの場合 45,000 ドルの所得の 60 歳が 3％（108 ドル）を支払っているという 2019 年の情報に基づく（Fehr 2019）。

7)　彼女の免責額のみを参照すれば、日本の年間所得 370 万円未満の世帯のための（自己負担）上限額と同じである（高額療養費制度）。そのような世帯は医療費を自己負担で月 57,600 円を超えて支払うことはない。情報は（日本の）厚生労働省のホームページから引用。https://www.mhlw.go.jp/content/000333279.pdf　Retrieved on November 2, 2022.

参考文献

Affordable Care Act（ACA）. n.d. Retrieved from https://www.healthcare.gov/glossary/affordable-care-act/　Retrieved on November 2, 2022.

Anh Dao（2022）"Tiến dân "bốc hơi" khi nhà thuốc "tốc biến"" [People's money evaporates as drug stores are mushrooming.] *Lao động*. https://laodong.vn/su-kien-binh-luan/tien-dan-boc-hoi-khi-nha-thuoc-toc-bien-1070418.ldo　Retrieved on August 28, 2022.

Beck, Ulrich（1992）*Risk Society: Towards a New Modernity*, London: SAGE Publications（『危険社会——新しい近代への道』法政大学出版局，1998 年）.

Botsman, R.（2017）"Who can you trust? How technology brought us together and why it might drive us apart", *Public Affairs*, New York.

CHS（Commission on Human Security）（2003）"Human Security Now", UN, New York.

Deductible. n.d. Retrieved from https://www.healthcare.gov/glossary/deductible/　Retrieved on November 2, 2022.

Fehr, R., *et.al.*（2019）"How Affordable are 2019 ACA Premiums for Middle-Income People?", Kaiser Family Foundation（KFF）https://www.kff.org/health-reform/issue-brief/how-affordable-are-2019-aca-premiums-for-middle-income-people/　Retrieved on August 28, 2022.

Giddens, A.（1990）*The Consequences of Modernity*, Pali Alto, Cal.; Stanford University Press.

Giovanni, B. n.d. "Trust Report: Insights into the Technology of Trust", *Innovatrics*. https://trustreport.innovatrics.com/rachel-botsmanthe-issue-of-trust-does-not-lie-in-the-technology-it-lies-in-the-culture/　Retrieved August 27, 2022.

Goodnough, A. and Pear, R（2014）"Unable to Meet the Deductible or the Doctor", *The New York Times*. https://www.nytimes.com/2014/10/18/us/unable-to-meet-the-deductible-or-the-doctor.html　Retrieved on August 28, 2022.

Haaland, M.（2019）"Americans are quick to believe they have a serious disease after they Google their symptoms", *New York Post*. https://nypost.com/2019/11/08/americans-are-quick-to-believe-they-have-a-serious-disease-after-they-google-their-symptoms/　Retrieved on August 27, 2022.

Health Saving Account（HSA）. N.d. Retrieved from https://www.healthcare.gov/glossary/health-savings-account-hsa/　Retrieved on November 2, 2022.

King, M., and Thornhill, C.（2003）*Niklas Luhmann's Theory of Politics and Law*, London; Palgrave Macmillan.

Le, Ha（2020）"Vì sao bệnh nhân có BHYT vẫn phải tự mua thuốc bên ngoài?" [Why patients with health insurance still buy medicine from outside with their pocket money], *Nhân dân*. https://nhandan.vn/vi-sao-benh-nhan-co-bhyt-van-phai-tu-mua-thuoc-ben-ngoai-post623831.html　Retrieved August 27, 2022.

Lewis, M.（2016）*The Undoing Project: A Friendship That Changed Our Minds*, London; Independent Publishers.

Luhmann, N.（1979）*Trust and Power*, Reprint, Cambridge, U. K.: Polity Press. 2017.

Luhmann, N.（1988）"Familiarity, Confidence, Trust: Problems and Alternatives", *Trust: Making and*

Breaking Cooperative Relations, (Chapter 6, 94–107). Great Britain: Basil Blackwell. https://www. nuffield.ox.ac.uk/users/gambetta/Trust_making%20and%20breaking%20cooperative%20relations.pdf Retrieved August 27, 2022.

Luhmann, N. (1997) *Theory of Society*, Pali Alto, Cal.; Stanford University Press.

OECD (2019) "What is an "online platform"?", *An Introduction to Online Platforms and Their Role in the Digital Transformation*, OECD Publishing, Paris (19–26). https://doi.org/10.1787/19e6a0f0-en Retrieved on November 2, 2022.

Phung, Nguyen (2015) ""Thân phận" thuốc nội trên sân nhà" [Fate of domestic medicine at its home base], *Nhân dân*. https://nhandan.vn/than-phan-thuoc-noi-tren-san-nha-post238117.html Retrieved on August 28, 2022.

Reuters Staff (2020) "Uber widens taxi app to Japan's Tokyo but ride-sharing still barred", *Reuters*. https://www.reuters.com/article/us-uber-japan-idUSKBN24416F Retrieved August 27, 2022.

Sen, A. (1999) "Introduction of Development as Freedom", *The New York Times on the Web*. https:// archive.nytimes.com/www.nytimes.com/books/first/s/sen-development.html Retrieved on August 26, 2022.

Stastita (2021) "Resident population of the United States by sex and age as of July 1, 2020", Retrieved from https://www.statista.com/statistics/241488/population-of-the-us-by-sex-and-age/ Retrieved on August 28, 2022.

Stastita (2021) "Proportion of non-elderly people without health insurance in the U.S. in 2020 and 2021, by age", https://www.statista.com/statistics/498532/percentage-and-rate-of-us-non-elderly-without-health-insurance-by-age/ Retrieved on August 28, 2022.

Steen, E (2020) "Uber is finally available in Tokyo after six years in Japan", *Time Out*. https://www. timeout.com/tokyo/news/uber-is-finally-available-in-tokyo-after-six-years-in-japan-070620 Retrieved on August 27, 2022.

Sunstein, Cass R. (2007) "Willingness to Pay Versus Welfare", *Harvard Journal of Law and Public Policy*, University of Chicago Law & Economics, Olin Working Paper No. 326, University of Chicago, Public Law Working Paper No. 150, Available at https://ssrn.com/abstract=959724 Retrieved on November 2, 2022.

Sunstein, Cass R. (2015) *Choosing Not to Choose: Understanding the Value of Choice*, Oxford, U. K.: Oxford University Press.

Turner, E. and Lee R. (2020) "Most Americans rely on their own research to make big decisions, and that often means online searches", *Pew Research Center*. https://www.pewresearch.org/fact-tank/2020/03/05/most-americans-rely-on-their-own-research-to-make-big-decisions-and-that-often-means-online-searches/ Retrieved on August 27, 2022.

UNDP (United Nations Development Programme) (1994) "Human Development Report 1994: New Dimensions of Human Security", New York.

Upton, Dominic and Katie Thirlaway (2013) *Promoting Healthy Behavior: A Practical Guide for Nursing and Healthcare Professionals*, London and New York: Routledge.

索　引

ア行

アカウンタビリティ　20
アトリビューション　58
アメリカ・ファースト　110-111
イスラーム　4, 193-203, 205-210, 212-214
一党体制　176-177, 187
一票否決　180, 183, 188
インターネット　4, 9, 51, 53, 58-60, 62-63, 81, 85, 123, 167, 171, 224-229, 234
インド太平洋　78, 104, 141-147, 150-152
ウクライナ侵攻（危機，戦争）　3-4, 9, 57, 59, 63, 71, 73, 76, 79, 83-85, 95, 102-104, 107, 113, 115-117
宇宙　2, 25, 51-53, 55-57, 61, 63
欧州連合（EU）　76, 89, 224
オリエンタリズム　193

カ行

課税回避　32, 36-37, 46
ガバナンス　1-2, 5, 25, 51-52, 55-58, 62-63, 89, 99, 121, 126, 129, 131, 133, 135, 137, 152, 175-177, 183-186
基層――　175-176, 182
カラー革命　15, 17, 72
（トランプ派による）議会乱入暴動事件（MAGA 反乱）　108
北大西洋条約機構（NATO）　71, 76, 89-96, 110, 114
ギデンズ，アンソニー　217
規範　1, 9, 25, 61-62, 96-97, 169, 197, 213
クアッド　149-150

クルアーン　195-200, 204-205, 207-208, 211, 213
経済安全保障　45-46, 54, 150-152
ゲームチェンジャー技術　54
権威主義　2, 9, 10-17, 19-26, 72, 103, 104, 110-111, 157, 162-165, 194-195, 199, 208, 212
競争的――　24
選挙――　11, 13, 24
閉鎖型――　12
国際共通最低課税　32
国際保健規則（IHR）　121, 125
固定相場制　40-43
コペンハーゲン基準　96, 98

サ行

サイバー技術　63
サイバーセキュリティ　58-59, 131
自治秩序　157-158, 160-161, 165, 172-173
資本移転への介入　37
自由　4, 9-14, 17, 20, 25, 46, 57, 71, 78, 80, 86, 90-93, 95-96, 98-99, 101-103, 110, 142, 144, 148-151, 157, 159-163, 165, 167, 170, 172, 181, 195, 199, 208-211, 213, 217-220, 226-227, 231-237
宗教　2, 62, 77, 102, 109, 157-167, 170-173, 193, 209, 212, 213, 221
人権外交　100-101, 103
信頼　62, 110, 126, 138, 184, 211, 217, 219-230, 232, 235-237
聖教　158-160, 162-165, 168, 171-172
政策過程　176, 183

政策執行　175-176, 179-180, 182, 187-188

政治動員　175-183, 187-188

勢力（影響）圏　74

選挙干渉　9

選択　18, 20, 24, 52, 80, 95, 159, 194, 208, 212-213, 217-223, 226-229, 231-237

専門家　3, 61, 123, 131, 136, 205, 207, 220, 224-226, 228-229, 232

戦略的競争　111, 145-146, 151-152

属地管理　180, 183, 188

タ行

近い外国　69, 74, 83

地経学　2-3, 54-55, 141, 144, 150-151

地政学　2-3, 55, 70-71, 73-74, 80, 97, 141, 143-144, 146, 148-151

中央銀行電子通貨　39

中国化　157, 168-171

ツイート（Twitter, tweet）　228, 230

天安門事件　16-17, 20, 168, 170, 180, 187

統治秩序　157-163, 165, 172

トランプ，ドナルド　60, 107-113, 116-117, 125, 224

ナ行

人間の安全保障　2, 128-130, 133-134, 217-218

ハ行

灰色市場　166

バイデン，ジョー　59, 95, 99, 107-109, 111-117, 151

ハイブリッド戦争　2, 69, 74, 81, 83-86

狭間の政治学　79-80

パレート最適　31

パワーバランス　76, 79, 143-148

パンデミック（新型コロナウイルス）　3-

4, 60, 107-109, 111, 113, 117, 121-125, 130-132, 134-135, 175-176, 180-181, 187

パンデミック基金　125-126

非現金化（キャッシュレス）　37-39

ヒジャーブ　193, 195, 204-207, 210-211, 213

貧困脱却　175, 181-182, 184, 186-188

プーチン，ウラジーミル　3, 59, 71-77, 81, 84-85, 114-117

武器化された相互依存　151

プラットフォーム　122-123, 150-151, 217, 223, 225-230, 235-237

ブレトンウッズ体制　41-43

偏見　193

マ行

マイノリティ　96, 195

ミドルクラス外交　111-112, 114

民主化　3, 10, 13-17, 20, 22, 24, 72, 76, 80, 93, 194-195, 202, 208, 212-213

　　——の第三の波　10, 12-14, 16

民主主義　4-5, 9-16, 19-20, 22, 24, 26, 62, 71-72, 90, 92-96, 99, 101-104, 111, 195, 208-209

　　主権——　71-72

　　——の後退　9-12, 25

民主的制度（民主制度）　22-24, 62

ヤ・ラ・ワ行

ユーラシア　3, 54-55, 69-71, 73-74, 76, 78-80, 86, 149, 172

リスク　9, 34-35, 37, 99, 128, 131, 133, 136, 175, 188, 217, 219, 222-223, 227, 229, 232, 235-236

ルーマン，ニコラス　217, 221-225, 227, 236

ワクチン供与メカニズム（COVAX）

121–123, 125, 133

英数字

COVAX　→ワクチン供与メカニズム
EU　→欧州連合
G7　62, 89–90, 103–104, 125
G20　89, 124–126

Google　225, 228, 232, 234
IHR　→国際保健規則
NATO　→北大西洋条約機構
PPR（予防，備えおよび対応）　125–126,
　130, 134, 137–138, 175, 234
UHC（ユニバーサル・ヘルス・カバレッ
　ジ）　129, 131, 134

編者

神保 謙（JIMBO Ken）
慶應義塾大学総合政策学部教授。専門分野：国際政治学。
慶應義塾大学大学院政策・メディア研究科後期博士課程単位取得退学。博士（政策・メディア）。
主要著作：『アジア太平洋の安全保障アーキテクチャ―地域安全保障の三層構造』（日本評論社、2011年）。

廣瀬陽子（HIROSE Yoko）
慶應義塾大学総合政策学部教授。専門分野：国際政治、旧ソ連地域研究。
東京大学大学院法学政治学研究科博士後期課程単位取得退学。博士（政策・メディア）。
主要著作：『コーカサス―国際関係の十字路』（集英社新書、2008年）（第21回「アジア・太平洋賞」特別賞受賞）。

著者（掲載順）

加茂具樹（KAMO Tomoki）
慶應義塾大学総合政策学部教授。同学部長。専門分野：地域研究（現代中国政治外交）、比較政治学。
慶應義塾大学大学院政策・メディア研究科後期博士課程修了。博士（政策・メディア）。
主要著作：『中国は「力」をどう使うのか―支配と発展の持続と増大するパワー』（編著、一藝社、2023年）。

和田龍磨（WADA Tatsuma）
慶應義塾大学総合政策学部教授。専門分野：国際マクロ経済学、計量経済学。
慶應義塾大学経済学部卒業、ボストン大学経済学博士課程修了。Ph. D.（経済学）
主要著作："Let's Take a Break: Trends and Cycles in US Real GDP"（共著），*Journal of Monetary Economics* 56（6）749–765, 2009.

土屋大洋（TSUCHIYA Motohiro）
慶應義塾大学大学院政策・メディア研究科教授。専門分野：国際関係論、情報社会論、サイバーセキュリティ。
慶應義塾大学大学院政策・メディア研究科後期博士課程修了。博士（政策・メディア）。
主要著作：主要著作：『サイバーグレートゲーム―政治・経済・技術とデータをめぐる地政学』（千倉書房、2020年）。

鶴岡路人（TSURUOKA Michito）
慶應義塾大学総合政策学部准教授。専門分野：国際安全保障、現代欧州政治。
慶應義塾大学法学部卒業、英国ロンドン大学キングス・カレッジ博士課程修了。Ph. D.（War Studies）
主要著作：『欧州戦争としてのウクライナ侵攻』（新潮選書、2023年）。

中山俊宏（NAKAYAMA Toshihiro）
元慶應義塾大学総合政策学部教授。専門分野：アメリカ政治外交、アメリカ政治思想。
青山学院大学大学院国際政治経済学研究科博士課程修了。博士（国際政治学）。2022年5月死去。
主要著作：『理念の国がきしむとき―オバマ・トランプ・バイデンとアメリカ』（千倉書房、2023年）。

國枝美佳（KUNIEDA Mika）
慶應義塾大学総合政策学部専任講師（有期）。専門分野：アフリカ、グローバルヘルス、個人コミュニティ行動変容。
ハーバード大学公衆衛生大学院武見国際保健フェロー、東京大学医学系研究科国際保健学博士後期課程単位取得退学。
主要著作：「戦争・テロ―世界の公衆衛生課題」『公衆衛生』vol. 81, no. 2（2017年2月）。

田島英一（TAJIMA Eiichi）
慶應義塾大学総合政策学部教授。専門分野：中国地域研究、公共宗教論。
慶應義塾大学大学院文学研究科博士課程単位取得退学。文学修士。
主要著作：『弄ばれるナショナリズム―日中が見ている幻影』（朝日新聞出版、2007 年）。

鄭　浩瀾（ZHENG Haolan）
慶應義塾大学総合政策学部准教授。専門分野：中国近現代史、歴史社会学、中国地域研究。
慶應義塾大学大学院政策・メディア研究科博士取得。博士（政策・メディア）。
主要著作：『中国農村社会と革命―井岡山の村落の歴史的変遷』（慶應義塾大学出版会、2009
年）。

野中　葉（NONAKA Yo）
慶應義塾大学総合政策学部准教授。専門分野：地域研究（インドネシア）、現代社会と宗教、
女性とイスラーム、マレー・インドネシア語教育。
慶應義塾大学大学院政策・メディア研究科博士課程修了。博士（政策・メディア）。
主要著作：『インドネシアのムスリムファッション―なぜイスラームの女性たちのヴェールは
カラフルになったのか』（福村出版、2015 年）。

ヴ、レ・タオ・チ（VU Le Thao Chi）
慶應義塾大学総合政策学部専任講師。専門分野：ヒューマンセキュリティー、リスク評価と選
択行為、意思決定論。
慶應義塾大学大学院政策・メディア研究科博士号取得。博士（政策・メディア）。
主要著作：*Agent Orange and Rural Development in Post-war Vietnam*, 2020, Routledge.

シリーズ　総合政策学をひらく

流動する世界秩序とグローバルガバナンス

2023 年 3 月 25 日　初版第 1 刷発行
2023 年 3 月 31 日　初版第 2 刷発行

編　者――――神保謙・廣瀬陽子
発行者――――慶應義塾大学総合政策学部
　　　　　　　〒 252-0882　神奈川県藤沢市遠藤 5322
　　　　　　　https://www.sfc.keio.ac.jp/
発売所――――慶應義塾大学出版会株式会社
　　　　　　　〒 108-8346　東京都港区三田 2-19-30
　　　　　　　TEL　03-3451-0931　FAX　03-3451-3122
装　丁――――鈴木衛
印刷・製本――株式会社理想社
カバー印刷――株式会社太平印刷社

慶應義塾大学出版会

シリーズ「総合政策学をひらく」全5巻

慶應義塾大学湘南藤沢キャンパス（SFC）が、日本で初めて「総合政策学部」
を 1990 年に開設してから 30 年を迎えました。シリーズ「総合政策学をひら
く」は、「実践知」の学問として定義され、個々の先端的学問領域に通暁しつ
つも、それらを総合的にとらえ直して問題解決するために学際領域に踏み込
もうとする新しい「知」＝総合政策学の「今」と「この先」を示すためのブッ
クプロジェクトです。

流動する世界秩序とグローバルガバナンス
神保謙・廣瀬 陽子 [編]　　　　　　　　定価2,750円（本体価格2,500円）

言語文化とコミュニケーション
宮代康丈・山本薫 [編]　　　　　　　　定価2,750円（本体価格2,500円）

社会イノベーションの方法と実践
琴坂将広・宮垣元 [編]　　　　　　　　定価2,750円（本体価格2,500円）

公共政策と変わる法制度
新保史生・和田龍磨 [編]　　　　　　　定価2,750円（本体価格2,500円）

総合政策学の方法論的展開
桑原武夫・清水唯一朗 [編]　　　　　　定価2,750円（本体価格2,500円）